세상을 비추는 달

어느 문파의 세상 보기

세상을
비추는
달

초판 1쇄   2019년 10월 21일

지 은 이   최솔빛
펴 낸 이   강만식

기획·편집   최민석
디 자 인   정형일
마 케 팅   이중경
제 작 처   (주)예인미술

펴 낸 곳   ㈜도서출판 혜윰
출판등록   2016년 9월 5일 제406-2016-000117호
전   화   070-7510-5768
팩   스   032-724-2205

네이버 포스트   https://post.naver.com/hyeumbooks

ISBN 979-11-88575-19-0 03340

· 이 도서의 국립중앙도서관 출판예정도서목록(CIP)은 서지정보유통지원시스템 홈페이지(http://seoji.nl.go.kr)와 국가자료종합목
  록 구축시스템(http://kolis-net.nl.go.kr)에서 이용하실 수 있습니다. (CIP제어번호 : CIP2019039666)

세상을 비추는 달

최 솔 빛

세상 보기
어느 문파의

혜윰

들어가기에 앞서

˚본문에 사용한 단어나 지칭은 본 저자의 원글을 가능하면 그대로 살렸습니다.

˚외래어 표기, 사투리, 인터넷 용어 등은 맞춤법에 따라 고치지 않고 본문 흐름과
분위기에 맞게 사용했습니다.

˚특정 세력, 집단, 인물 등을 지칭할 때 인터넷 이용자들에게 고착된 용어를 그대로
사용했습니다.

˚문재인 대통령과 노무현 전 대통령을 지칭할 때도 존칭을 생략하거나 인터넷에서
널리 쓰이는 용어를 가리지 않고 사용했습니다.

˚본 도서를 읽는 독자분들은 위의 사항을 넓은 마음으로 양해해 주시기 바랍니다.

책을 펴내며

　절박함 때문이었다. 역사의 부름에 따라 현실정치에 발을 내디딘 문재인이라는 인물을 본격적으로 알게 되고 그를 적극적으로 지지하게 되면서 갖게 된 마음은 간절함이었다. 그가 반드시 그 부름에 제대로 응답할 수 있는 기회를 갖기만을 바랐다. 그래서 페이스북에 조금씩 글을 쓰기 시작했다. 내가 그를 위해서 할 수 있는 건 많지 않았으니까.

　그가 마침내 대통령에 당선되고, 벌써 임기의 절반쯤에 다다른 지금, 그는 많은 일을 이루었다. '이게 나라냐?' 하고 묻던 그 나라는 '이게 나라다!' 하는 자부심을 가질 수 있는 나라로 바뀌고 있다. 그러나 한편, '적폐 청산'과 '재조산하'는 결코 쉽지 않은 과제임을 다시 한번 우리에게 일깨우는 시간이었다고 할 수 있다. 대표적인 적폐 집단인 수구 야당과 언론, 검찰, 사법부는 조금도 변하지 않았다. 지금의 이른바 '조국 대전'은 개혁에 저항하는 그들의 집중된 공세다. 그 '광란'은 그들의 저항 강도를 그대로 보여준다. (이와 관련된 글 몇 개는 책 출간 일정상 넣지 못했다.)

　이재명으로 집약되는 건 진보진영의 민낯이다. 이미 노무현 대통령을 수구 세력이 하는 것보다 더 비난해대던 그때 그 자세 그대로 문재인 정부에도 날을 세우는 진보 좌파들이 유일하게 옹호하는 자가 이재명이다. 노선의 차이도 넘어설 지경이다. 이건 진보 좌파라는 사람들도 도덕성, 정의, 공정, 상식에는 정작 전혀 신경 쓰지 않는다는 증거이다. 그들에겐 이데올로기 판 '우리가 남이가'와 '목적 지상주의'만 있을 뿐이다.

문재인 정부를 향한 총구가 사방에서 겨눠져 있다. 그리고 언제나 불을 뿜는다. 그 '총탄'을 몸으로라도 막아내고자 하는 사람들이 문재인 대통령 지지자, 즉 '문파'다. 오해와 공격을 받으면서도 오직 문재인 정부의 성공만을 위해 진흙 길 가는 것을 주저하지 않는 사람들이다. 내가 물론 문파의 대표는 아니지만, 이 책이 문파를 이해하는 데 조금이라도 두움이 된다면 더 바랄 게 없다. 물론 문재인 정부에도 애정과 지지를 보내주기를 바라는 마음 역시 간절하다. 굳건한 지지만이 문재인 정부의 성공, 나아가 대한민국의 업그레이드를 이끌 수 있다.

책을 내게 되면서 예전에 쓴 글들을 다시 읽어보니 졸필이 아닐 수 없다. 이런 글들을 책으로 낸다는 게 상당히 부끄럽다. 그래도 문재인 정부에 마이너스가 되진 않겠지, 하는 '근거 없는 주관'에 따라 용기를 낸다. 그리고 더 많은, 필력 좋은 문파들의 목소리가 온라인을 넘어 오프라인에도 쏟아져 나오기를 바라는 마음도 한몫했다.

'돈도 안 될' 책을 선뜻 출판해주신 혜윰 출판사 분들께는 특별한 고마움을 전한다. 감마식 대표님은 물론 출가 실무를 책임지신 최민석 에디터님, 책을 예쁘게 디자인해 주신 디자이너님, 그리고 편집부 모든 분에게 진심으로 감사드린다.

**문재인 정부 5년 중
가장 중요한 분수령이 되고 있는
2019년 가을 문턱, 시애틀에서
최솔빛**

2017년
까지의
기록

어느 문파의
세상보기

물에 빠진 개는
두들겨 패라

『아Q정전』으로 유명한 중국의 문호 루쉰(노신)의 말이다. '물에 빠진 개는 두들겨 패라.'

중국의 어느 대학에서, 비리 문제로 인해 학생들이 들고일어나 결국 총장 등 관련자를 쫓아내는 승리를 거둔다. 이때 부르주아 지식인 임어당은 물에 빠진 개는 패지 말고 페어플레이하라고 나선다. 이미 승리했으니 그 관련자들을 용서하자는 것이었다. 이에 노신은 「페어플레이는 아직 이르다」라는 글을 통해 이를 정면으로 논박한다.

> "순진한 사람은 개가 물에 빠진 것을 세례받은 것이라 여기면서, 그가 분명 참회했을 터이고 다시는 사람을 물지 않으리라 생각한다. 그러나 이것은 착각이며, 그것도 엄청난 착각이다. 요컨대, 나는 사람을 무는 개라면, 땅에 있든 물속에 있든 모조리 때려야 할 부류에 속한다고 생각한다."

상황에 몰려 잠시 주춤하고 있는 세력을 그냥 둬선 안 된다는 것이었다. 루쉰은 신해혁명 때의 예를 들면서, 당시 혁명가들이 '물에 빠진 개'를 그냥 내버려 두어 결국 위안스카이(원세개)의 반혁명 세력이 혁명가들을 수없이 물어 죽이게 되었다고 설명한다. 따라서 페어플레이는 상대에 따라, 페어플레이 받을 자격이 없는 사람들에게는 조금도 '페어하게' 대할 필요가 없고, 상대가 '페어하게' 나온 다음에 '페어해도' 늦지 않다고 강조한다. 다음과 같이 단언하면서.

> "반개혁가들의 개혁가에 대한 악랄한 박해는 한 번도 미뤄진 적이 없으며, 그 수단의 극렬함도 이미 극에 달했다. 오직 개혁가들만이 아직도 꿈을 꾸고 있으

며, 늘 손해만 보고 있다."

박근혜와 새누리는 물에 빠졌다. 그러나 지금 몸 한 번 부르르 떨어 물기 떨어내고 있는 중이다. 박근혜가 '법적으로' 직무 정지일 뿐('사실상' 처음부터 직무 정지였음. 최순실이 다했으니) 황교안이 그 자리에서 사드, 국정교과서 등등 똑같은 정책들을 밀어붙이고 있다. 김기춘은 여전히 배후 실세로 상황을 컨트롤하고 있고, 우병우는 증거 인멸을 끝낸 듯하다. 새누리는 헌재에서 탄핵을 기각시키거나 인용을 최대한 늦추게 하려고 청문회 증인들과 짜고 치는 고스톱까지 벌인다. 박사모 등 수구 집단도 본격적으로 광장으로 나오기 시작했다. (엄청난 금액의 국민 세금이 이들 '보수 단체'에 '보수'로 지급되었을 듯) 경찰은 촛불이 헌재를 압박하는 것을 최대한 막기 위해 나서고 있으며, '폭력 시위'를 조장하기 위한 폭력 진압도 저지를 가능성이 있다.

저들은 아마도 '한번 해볼 만하다'는 생각을 아직 하고 있을 것이다, 물기를 떨어내면서. 모든 권력 기관을 장악하고 있으니 그런 생각을 하는 게 가능하고, 게다가 여기서 아예 밀리면 끝장이니 '악랄한 박해'와 '그 수단의 극렬함'도 어디까지일지 모른다.*

촛불의 불꽃이 조금이라도 사그라들면, 바로 이빨을 드러내고 물어뜯을 것이다. 그리고 그렇게 물어뜯기면 다시는 저들을 물에 빠뜨릴 기회조차 갖지 못하게 될 수도 있다.

지금은 무조건 두들겨 패야 할 시기다. 저 개들이 한숨 돌릴 기회를 주는 '대선 전 개헌, 제3지대, 비박과의 연대' 운운하는 개 부류들도 같이 패야 한다. 다시는 사람을 물 꿈도 꾸지 못하게 만들어야 한다. 정말로 '탄핵 기각되면, 혁명'이라는 심정으로.

– 2016. 12. 19.

---

* 나중에 드러났지만, 저들은 계엄을 선포하고 군대를 동원해 촛불을 짓밟는 친위 쿠데타까지 기도했다.

단재 신채호와 이승만, 그리고 임정으로부터 배우는 교훈

단재 신채호, 역사학자이자 독립운동가. 초기에는 민족주의와 계몽주의에 기울었으나 이후 아나키즘 사상으로 무장했던 혁명가. 그가 '역사란 아(我)와 비아(非我)의 투쟁이 시간으로부터 발전하고 공간으로부터 확대되는 것'이라고 한 역사 정의는, E. H. 카아가 '역사는 과거와 현재의 끊임없는 대화'라고 한 것과 토인비가 '도전과 응전'으로 규정한 것만큼이나 뛰어난 통찰이었다.

그는 원칙에는 타협 없는 정치인이기도 하였다. 3·1운동 후 임시 정부 수립에도 참여하였는데, 이승만이 국무총리로 선출되자 이를 격렬하게 반대하였다. 이승만이 미국에 위임 통치 청원서를 제출한 것 때문이다. 이후에도 신채호는 임정을 바꾸려고 노력했지만, 결국 이승만이 대통령에 선출되자 "이완용은 있는 나라를 팔아먹었지만, 이승만은 없는 나라를 팔아먹으려 한다"라고 성토하면서 임정과 완전히 결별하였다.

신채호의 주장이 옳았다는 건, 1925년 임정 스스로 이승만을 탄핵했다는 것에서도 분명히 드러난다. (박근혜 탄핵이 인용되면 우리 역사상 두 번째로 완전 탄핵당하는 대통령이 된다.) 사실 이승만은 해방 이후 대통령이 된 후 독재를 하면서 완전히 이미지가 망가졌지 해방 전까지는 이미지가 그런대로 괜찮았다. 일반 국민은 그 실체를 전혀 몰랐다고 할 수도 있다. 임정 수립 시 참가 요인들이 이승만의 명망을 활용하려고 한 것도 그런 이유에서다. 그때 온건파들에게 신채호의 행동은 임정 분열 책동으로나 여겨졌을 것이다.

그러나 임정이 임정다워진 것은 나중에 이승만을 축출하고, 그리고 더 나중에 김구가 주석에 오르면서 단일 지도 체제를 이루었을 때부터다. 그전까지는 임정의 위상을 제대로 갖추지는 못했다.

처음부터 임정이 이승만을 배제하고 신채호의 주장을 따랐다면, 좀 더 일찍 제대로 된 면모를 보였을 것이다. 당시 이승만을 옹립한 세력들은, 그래도 같은 독립운동 세력이니 함께 가야 한다는 취지에서였을 것이다. 그가 하와이에서 교민들에게 거둬들이는 독립운동 자금을 기대한 것도 있을 것이다. (물론 이승만은 이걸 제대로 임정에 보내지 않았고, 이것이 탄핵의 이유 가운데 하나이기도 하다.)

일본 제국주의에 반대한다고 모두 같은 편은 아니었다. 특히 이승만 같은 쓰레기는 더욱더 아니었다. 비판할 건 비판하고 쳐낼 건 쳐내야 한다. "허무한 사실을 제조·간포해서 정부의 위신을 손상시키고 민심을 분산"시켰다는 것이 이승만 탄핵문 내용의 일부이다. 지금도 허무한 사실을 제조·간포하면서 정권 교체 세력의 위신을 손상시키고 민심을 분산시키려는 자들이 존재한다.* 이승만의 경우처럼 몇 년 뒤에 하지 말고 지금 비판하고 쳐내야 한다. 그래야 임정의 시행착오를 되풀이하지 않는다.

덧말_새누리에 반대한다고 모두 같은 편은 아니다.

— 2017. 1. 22.

---

* 문재인 후보에 대해 흑색선전하던 이재명과 그 지지자들을 말한다.

문재인, 안희정, 이재명의 '화법'을 다룬 한겨레 기사를 보고

이 기사 역시 한겨레의 뿌리 깊은 '노-문 증오증'을 보여준다. 안희정과 이재명에 대해선 슬쩍 지적하는 제스처를 취하지만 본질을 회피하며 결국 감싸주는 내용으로 일관하는 한편, 문재인에 대해선 폄훼로 도배한다.

제목부터 문재인은 '선비형'이다. 유약하다는 프레임을 지겹게도 쓰고 있다. 그런데 어떤 교수의 말을 빌려 '선비형'이면서 '지성'도 없고 '실력'도 없단다. '선비'인데 '지성'이 없어? 평가하려면 일관성이라도 있어야 하지 않나? '실력'이 없다고 주장하는 근거도 없다.

기사 강조문에도 문재인에게만 '어눌'하다는 단점이 들어가 있는 반면, 안희정은 '국정 책임자 어법'이고, 이재명은 '쉽고 솔직한 언어'라고 두둔한다. 모든 걸 선의로 보고 원론만 두리뭉실 얘기하면 국정 책임자 어법이 되고, 좌충우돌 네거티브하면 쉽고 솔직한 언어가 되는 건가? (이재명은 그렇게 솔직해서 다른 후보를 주어는 빼고 '돌려 까기' 하나?)

그리고 이런 소리도 한다. "방향이 맞든 틀리든 안철수나 이재명에겐 일관되게 짜인 메시지가 있다. 문 전 대표는 화학적으로 소화한 말을 한다기보다, 병렬적으로 입장을 나열하는 쪽에 가깝다." 한겨레의 안철수, 이재명 사랑 압축판이다. 안철수에게 일관되게 짜인 메시지가 있다고? '이럴 수도 있고 아닐 수도 있습니다'가 트레이드 마크인, 그래서 별명이 '간철수'인 사람한테? 그리고 사드 배치 문제만 해도 왔다 갔다 하는 이재명이 일관된 메시지? 진보인 척은 혼자 다 하면서 또 어디 가선 자기는 보수주의자라고 하는 게 일관된 메시지? (뭐, 일관되게 '돌려 까기'는 하더라.)

이외에도 이재명에 대해선 사실상 칭찬 일색이다. 솔직하다, 사이다다,

정곡을 찌른다 등등 뭐 새로운 얘기도 없다. 그런데 언어가 척박하다고 하는데, 이재명이 SNS에서 하는 말을 봐라. 그건 척박한 게 아니고 경박한 거다. 게다가 마치 이재명은 문제가 없는데, 우리가 '곱게 자라' 그를 이해하지 못하는 것처럼 써놨다. ("어려움 없이 성장한 필부들에겐 낯설다." 운운.) 그래, 곱게 자라서 미안하다. 곱게 자라서 이재명이 네거티브하는 걸 보면 욕이 올라오더라. 그리고 이재명은 투박하고 불안한 이미지에 갇혀 지지율이 하락한 게 아니라 개인 문제점들이 검증 도마 위에 오르고 경박한 언어로 내부 총질을 해서다.

안희정에게 '지사형'이라고 네이밍하는 것도 기가 찰 일이다. 세상 어느 '지사'가 모든 사람의 의도를 선의로 파악하는가. 독립 애국지사들은 일제의 의도를 선의로 파악해서 독립운동에 목숨을 걸었나? 그리고 어느 '지사'가 적폐 청산 대상과 손을 잡으려 하는가. 그런 말을 하는가. 뭐, 안희정이도 '지사'이니 그런 '지사'형이라면 수긍한다. 딱 거기까지.

문재인의 언어야말로 병렬이 아니라 그의 온 인생으로 되새김질하고 소화해서 내놓는 결과물이다. 그래서 그의 말엔 그의 삶과 철학이 녹아 있다. 노-문 콤플렉스 정신 질환자들한테는 그렇게 안 보이겠지만 말이다,

한겨레가 문재인에게 좋은 소리 하길 기대하지 않는다. 그냥 입을 다물어 줬으면 좋겠다.

- 2017. 2. 2.

왜 조금만 다르면 비판하냐고 하는 사람들에게

왜 조금만 다르면 비판하냐고 하는 사람들이 있다. 그런데 그 비판이 정말 '달라서' 비판하는 건지, '틀려서' 비판하는 건지는 제대로 구분하지 않는 것 같다. 다르다고 비판할 순 없지만 틀리다면 비판해야 한다. 더구나 그 '틀림'의 정도가 '조금'인지 아닌지는 명확한 기준이 있는 것도 아니다.

안희정의 '대연정, 이원집정부제, 이명박근혜 정책 계승, 박근혜는 이미 청산됐다'는 등의 발언들은 다른 게 아니라 틀린 거다. 이재명의 여러 가지 결격 사유와 끊임없는 네거티브도 그렇다. 이걸 비판하지 말라는 것인가? 짚고 넘어가지 말라는 것인가? 그러면 정말 세상에 '평화'가 오는 걸까? 민주개혁 세력이 통 큰 단결을 하게 되는 걸까?

같은 편이자 한 팀이라고 한다. 그래 맞다, 동의한다. 그런데 왜 안희정과 이재명의 네거티브에 대해선 지적하지 않는가. 문재인이 조중동과 한경오 등 온갖 매체와 기득권 세력에게 부당하게 공격당할 때 왜 함께 맞서지 않는가. 왜 비를 같이 맞지 않는가. 한 팀이라며? 같은 편이라며?

나? 안희정이나 이재명이 부당한 공격을 받는다면, 거기에 대해선 얼마든지 같이 싸워줄 용의가 있다. 그런데 아직까진 그런 걸 본 적이 없다. 띄워주는 것만 봤을 뿐.

모든 게 '기승전 문재인'인 세상, '이게 다 문재인 탓이다'라는 사람들 속에서 문재인에겐 그 지지자와 국민밖에 없다. 그래서 나서는 것이다. 노통을 잃었듯 그렇게 문재인마저 잃을 수는 없기 때문이다.

그러면 또, 너무 극렬하게 하지 말라고 한다. 그렇게 하는 건 정치 혐오만 일으킬 뿐이라고. 어느 정도까지 가야 '극렬'이 되는 건지 모르겠다. 욕이 들어가면 '극렬'인가? (그럼 난 극렬이 된다.) '야권의 소중한 자산'(?)을 비판하면 '극렬'인가? (아. 또 극렬이 되네.)

이게 문제라고 생각된다면 해결 방법은 간단하다. 당신들이 같이 나서면 된다. 비판할 것에 대해선 같이 비판하고, 부당한 공격엔 같이 맞서면 된다. ㄱ '절대량'이 많아지면 '극렬'의 농도두 엷어질 것이다. 그렇게 하지 않겠다면, 일관되게 침묵하면 된다. 사생결단의 심정으로 나서는 사람들 뒤에서 '공자님 말씀'으로 훈장질하지 말고.

– 2017. 2. 17.

부드러운 직선

높은 구름이 지나가는 쪽빛 하늘 아래
사뿐히 추켜세운 추녀를 보라 한다.
뒷산의 너그러운 능선과 조화를 이룬
지붕의 부드러운 선을 보라 한다.
어깨를 두드리며 그는 내게
이제 다시 부드러워지라 한다.
몇 발짝 물러서서 흐르듯 이어지는 처마를 보며
나도 웃음으로 답하며 고개를 끄덕인다.

그러나 저 유려한 곡선의 집 한 채가

곧게 다듬은 나무들로 이루어진 것을 본다.

휘어지지 않는 정신들이

있어야 할 곳마다 자리 잡아

지붕을 받치고 있는 걸 본다.

사철 푸른 홍송숲에 묻혀 모나지 않게

담백하게 뒷산 품에 들어 있는 절집이

굽은 나무로 지어져 있지 않음을 본다.

한 생애를 곧게 산 나무의 직선이 모여

가장 부드러운 자태로 앉아 있는

- 도종환, 『부드러운 직선』

　현재 정치인들 가운데 '부드러운 직선'의 이미지와 가장 잘 맞는 정치인은 아마도 문재인일 것이다. 뭐, 내가 그의 지지자라서 그렇게 생각하는지도 모르겠다. 그런데 부드러운 게 아니라 수구 기득권에겐 말랑한 안희정(이명박 근혜도 선한 의지로 했다는 것과 부정 선거, 쿠데타는 과거의 역사일 뿐이라는 궤변만 봐도), 곧다기보다는 뻣뻣한, 결과만 중시하고 과정은 별로 중요하게 생각하지 않는 이재명('박스 떼기'를 하고 네거티브를 하는 걸 보면)에게서 '부드러운 직선'의 이미지는 일부러 찾으려 해도 찾을 수 없다. 다른 당 정치인들은 아예 언급할 가치조차 없고. 그냥 낙서 수준이라….

　문재인에게서 '부드러움'만 보는 사람들이 있다. 유약하다는 프레임을 씌운 결과이다. 언변이 유창하지 않다는 시각도 한몫했다. (그러나 요즘 그를 보면 이것도 선입견에 불과하다는 걸 알 수 있다.) 그러나 그는, 노무현이 자신보다 더하다고 했던 원칙주의자로, 어디까지나 직선이다.

　그는 평생 '휘어지지 않는 정신'으로 인권 변호사의 길을 걸었으며, 독재와 싸웠으며, 노무현 대통령과 끝까지 함께했다. 숱한 변절자들을 보노라면 이거 자체가 쉬운 게 아니라는 걸 알 수 있다. 직선이 아니라면 힘든 일이다.

문재인이 '부드러운 직선'으로서의 모습을 제대로 보여준 것은 아무래도 민주당 당 대표 시절이었을 것이다. 반대 세력이 그렇게 흔들어대는데도 그는 꿋꿋했다. 결코 대충 타협하지 않았다. 원칙을 지키며 혁신안을 관철시켰고 민주당을 변화시켰다. '권리당원제'를 도입하고 새로운 인재를 영입해 당에 새바람을 불어넣었다. 직선의 모습이었다.

그러나 그는 또한 부드러웠다. 자신을 흔드는 세력에 대해 같은 식의 대응을 하지 않았다. 공격하지 않았다. 치고받고 싸우는 난투극(?)을 벌이지 않았다. 그런데 이상도 하지. 그의 '부드러움' 앞에 상대방이 제풀에 나가떨어졌다. 안철수가, 김한길이, 박지원이….

나는 그가 대통령이 되어도 '전투'를 하지도, '공격'을 하지도 않으리라고 생각한다. 다만 '부드럽게', '직선의 원칙'을 세울 뿐일 것이다. 그런데 그것이 수구 기득권엔 가장 통렬한 응징이 될 것이다. 주류 교체의 초석이 될 것이다. 그걸 알기에 저들은 필사적으로 '문재인만은 안 돼!'를 외치고 있는 것이다.

수구 기득권은 강하다. 그러나 '부드러움'은 '강함'을 이긴다. '유려한 곡선의' 대한민국이라는 '집 한 채'는 '곱게 다듬은 나무들'로 이루어지게 될 것이다.

- 2017. 2. 19.

추가 덧말_'부드러운 직선'의 힘으로 원칙과 상식의 회복, 적폐 청산, 남북 평화 교류의 초석을 놓더니 여기에 그치지 않고 '진정한 독립'의 길까지 열어놓는다. 이건 생각조차 하지 못했던 일이다. '유려한 곡선의' 대한민국이라는 집 한 채가 '곱게 다듬은 나무들'로 정말로 새롭게 지어지려고 한다.

봄은 오리니

기다리지 않아도 오고
기다림마저 잃었을 때에도 너는 온다.
어디 뻘밭 구석이거나
썩은 물웅덩이 같은 데를 기웃거리다가
한눈 좀 팔고, 싸움도 한 판 하고,
지쳐 나자빠져 있다가
다급한 사연 듣고 달려간 바람이
흔들어 깨우면
눈 비비며 너는 더디게 온다.
더디게 더디게 마침내 올 것이 온다.
너를 보면 눈부셔
일어나 맞이할 수가 없다.
입을 열어 외치지만 소리는 굳어
나는 아무것도 미리 알릴 수가 없다.
가까스로 두 팔을 벌려 껴안아 보는
너, 먼 데서 이기고 돌아온 사람아.

– 이성부, 「봄」

봄은 올 것인가? 아직 날은 차다. 정권 교체의 봄까지 많은 난관은 그대
로 남아 있다. 탄핵은 완성되지 않았으며, 특검 연장은 불발되었다. 범죄
자를 옹호하는 '종박' 세력의 준동은 미친 '우박'처럼 거리에 날리고 있다.
여기에 여야 골고루 포진해 있는 정치 자영업자들은 변종 내각제와 대통
령 임기 단축 등을 골자로 한, 자신들의 평생 영화를 위한 개헌을 추진하

고 있다. 그들의 헌법에 국민은 없다. 자신들의 기득권 유지를 위한 권력 구조만 중요할 뿐.

어쩌면 봄은 지금 어디선가 한눈팔고, 싸움도 하고, 지쳐 나자빠져 있는지도 모른다. 우리가 바람이 되어 달려가 깨우지 않으면 봄은 오지 않을는지도 모른다.

결국, 우리가 바람이 되어야 한다. 촛불은 바람에 꺼지는 것이 아니라 바람 타고 더 훨훨 타오른다는 것을 보여주어야 한다. 바람으로 '우박'을 모두 날려 버려야 한다.

그렇게 정권 교체를 이룩하는 날, 뜨겁게 두 팔을 벌려 우리의 봄을 안아 보자.

- 2017. 3. 1.

문재인 후보에게
압도적인 힘을!

[문재인 후보는 "이번 대선은 적폐 세력의 집권 연장이냐, 완전히 새로운 대한민국이냐, 갈림길이 되는 역사적인 선거다"라며 "남은 43일, 어떤 변수도 있어선 안 된다. 검증 한 방에 무너질 수 있다. 검증 안 된 후보로는 위험하다"라고 역설했다. 이어 "검증이 끝난 후보, 도덕성에 흠결 없는 후보, 어떤 공격에도 무너지지 않을 후보, 태산같이 든든한 후보가 누구냐. 가장 완벽하고, 가장 확실한 정권 교체, 누구냐"라고 목소리를 높였다.]

문재인은 역시 모든 걸 알고 있었다, 안희정, 이재명의 약점들을. 그래서 이 사람들로는 정권 교체가 불가능하다는 것을.

계속해왔던 얘기지만 반복한다. 문재인 아니면 정권 교체는 불가능하다. 지금 민주당 지지율이 높다고 그게 전부 안, 이한테 가는 게 아니다. 문재인 아니면 민주당 지지율부터 폭락한다.

그리고 수구들이 지금 저렇게 지리멸렬한 것도 문재인이 태산같이 버티고 있기 때문이다. 어차피 자기네 누가 나와도 게임이 안 되기 때문에 맘 편하게(?) 자신들끼리 도토리 키 싸움을 하고 있는 것이다.

그런데 만일 안희정이나 이재명이 나온다면? 만만한 사람들이 나온다면? 수구 세력에게 이건 정말 해볼 만한 싸움이 된다. 그들은 급속도로 결집할 것이다. 자한당, 바른미래당 등은 쉽게 뭉칠 것이고, 박근혜 때문에 새누리 못 찍어도 야당도 도저히 못 찍겠다며 투표를 포기하겠다는 '전통의 무조건 1번' 유권자들도 태세를 전환할 것이다, 적극적인 투표 참여로. 그런데 마치 누가 나와도 정권 교체가 된다고 생각하고, 그래서 이번 기회(?)를 놓치지 않으려고 발버둥치는 안, 이와 그 지지자들을 보면 제대로 된 판단력이 있는지 의심스러울 지경이다.

문재인의 호소처럼, 더욱더 압도적으로 문재인에게 힘을 몰아주어야 한다. 그것이 정권 교체는 물론 나아가 적폐 청산의 추동력이 된다. 더구나 민주당이 국회 과반을 차지하지 못하고 있는 현실에선(그것도 '사쿠라'들 포함해서) 국민의 힘이 뒷받침되지 않으면 우리가 문재인에게 원하는 걸 문재인도 할 수 없다.

문재인에게 무언가를 원하는가? 그렇다면, 문재인에게 힘을 주어라.

- 2017. 3. 2.

'강성 친문'의
길

얼마 전에 미주 어떤 연대모임을 탈퇴했다, 나의 '강성 친문 성향'으로 인해. 그리고 최근엔 이곳에서 나와 수년간 함께 활동해온 분을 저격하며, 사실상 연을 끊다시피 했다,[*] 역시 나의 '강성 친문 성향'으로 인해. 나한테 개인적으론 무척 잘해주셨던 분인데 말이다. 그러나 이재명을 지지하는 수준을 넘어 우상화하고, 문재인에게 투표한 사람들을 '세뇌된 민초'라고 하는데 도저히 그냥 있을 수는 없었다.

내가 지금 '강성 친문'이 된 것은 어쩌면 '노통 트라우마'가 남아서인지도 모르겠다. 노무현 대통령이 그렇게 가시고, 남은 건 문재인뿐이라는 생각, 그마저 잃을 수는 없다는 생각, (게다가 문재인은 그 자체로 얼마나 매력적인 인물인가) 그래서 '반문질'하는 사람들에 대한 격렬한 반감.

혹시라도 내가 보여주는 모습 때문에 문재인이 싫어진다고 하는 사람이 있다면 '말없이 고이 보내드리오리다.' 그 정도로 줏대 없는 사람과는 같이 갈 필요를 못 느끼니까.

그런데 솔직히, 지금 '반문질'하는 진보 쪽 사람들은 나중에 문재인이 대통령 되고 나서, 그가 하는 게 조금이라도 마음에 안 들면, 뭔가 가시적인 성과가 드러나지 않으면 노통 때처럼 불화살을 쏘아댈 사람들이라고 단언한다. '거 봐라, 그래서 난 문재인이 처음부터 탐탁지 않았다'라고 자기 합리화를 하면서 말이다. 그러나 난 문재인과 끝까지 같이 가기로 작정한 몸, 그때마다 그들과 싸우게 될 것이다. 지금 사람 관계 좋게 좋게 간다고 끝나는 문제가 아니라는 것이다. 그럴 바에야 처음부터 전선을 분명히 하는 것이 좋다고 생각한다, 문재인을 따라오지 않으면 나하고는 척을 질 수밖에 없다는 것을.

---

[*] 나중에 이분과는 화해했다.

원칙 없는 '친목질'을 정치판으로 옮겨놓으면 안희정의 '대연정'이나 마찬가지이니까.

물론 문재인은 신이 아니며, 모든 일을 할 수도 없고, 또 그가 하는 일 모두가 마음에 드는 건 아닐 수도 있다. 당연하다. 그러나 큰 틀에서 그가 가고자 하는 방향으로 모두가 가야 한다고 생각한다. 일희일비하지 말고 힘을 몰아주면서…. 그게 진보 전체가 사는 길이라고 확신한다.[*]

문재인 정부가 성공적으로 마무리되었을 때, 그때 나도 부드러워지도록 하겠다. 될는지 모르겠지만.

– 2017. 3. 3.

투표를
보이콧한다는
진보들에게

운동권이었던 내 후배 가운데 지난 대선 때 투표 안 한 걸 떳떳하게 이야기하는 녀석이 있다. 원래 운동권은 혁명을 좋아하는 사람들이라 합법 공간에서의 선거는 그다지 중요하게 생각하지 않는 경향이 있다(제도권에 들어온

---

[*] 만에 하나 문재인이 실패하면 다른 정치 세력이 잘 될까? 더더욱 기회는 사라질 것이다. 수구 세력의 '반동'만 강해질 뿐.

운동권은 정작 정의보다는 의석 숫자에만 집착하기도 하지만). 선거를 통해 궁극적인 변혁은 이룰 수 없다는 게 그들의 마인드다. 여기에다 지난 대선 때는 부정 선거가 이루어졌으니 이런 구조에서 투표는 무의미하다는 게 그 녀석의 생각이었다.

선거를 통한 진보는 한계가 있을 수 있다. 그런데, 그러면 혁명을 할 것인가? '민중의 혁명적 요구'가 분출될 때까지 기다릴 것인가? (선거 무용론에 빠져 있는 그 후배 녀석이 그렇다고 혁명을 위해 뭔가를 하는 것 같지는 않다.) 합법 공간에서의 일은 그렇게 의미가 없는 것인가?

우리는 합법적인 촛불시위를 통해 박근혜를 끌어내렸다. 선거를 통해 적어도 우리는 김대중과 노무현을 당선시켰고, 그만큼 우리 사회는 전진했다고 믿는다. 물론 운동권이 보기에 김대중과 노무현은 모두 보수고, 수구 세력과 큰 차이가 있다고 생각하지 않는다. (이라크 파병과 한미 FTA는 그 증거로 내세우는 단골 메뉴다.) 그러니 선거를 통해 누가 되든 별 신경을 쓰지 않는 거다. 아예 투표를 안 하든가, 아니면 사표가 될 줄 뻔히 알면서 진보 정당을 찍든가.[*]

진보를 자처하는 사람들이 자신들의 정치적 소신에 따라 소위 진보 정당을 찍겠다면 그 선택은 존중한다. 그러나 선거 자체를 보이콧하지는 말라. 혁명을 하는 게 아닌 다음에야 우리는 선거를 통해 조금이라도 나가는 게 중요하기 때문이다. 그만큼 절박하기 때문이다.

부정 선거가 이루어지는 구조라 투표가 의미 없다고 투표를 포기하는 행동은 오히려 부정 선거를 도와주는 행위다. 투표수 자체가 적으면 조작질도 쉽다. 게다가 이승만 시절도 아니고, 지금 부정 선거도 지지율이 엇비슷할 때 저지르기 쉽지, 지지율이 압도적으로 차이가 난다면 쉽게 저지르지 못한다. 부정 선거가 걱정되면, 될 가능성이 있는, 그리고 되어야 하는 후보를 압도적으로 지지하라. 그렇게 투표하는 건 정치 소신 상 도저히 못

---

[*] 오히려 자신들의 투쟁 노선을 선명하게 부각시키기 위해 수구 세력의 집권을 바라는 측면도 없지 않아 있다. 욕 나오는 일이다.

하겠다면 선거 감시 활동이라도 철저히 하라. 부정 선거가 이루어지니 투표도 안 하고 아무것도 안 하겠다는 건 결과적으로 수구 세력에게 도움될 뿐이다.

글이 길어졌다. 한 줄 요약한다.

투표해라. 되어야 하고, 될 가능성이 있는 사람에게.

— 2017. 4. 1.

반문 민주당 후보들과 그 지지자들의 착각

40%를 넘나드는 민주당 지지율, 부동의 1위 후보 문재인. 이게 그들이 꿈을 꾸는 근거다. '이번에 어떻게든 문재인만 제치면, 새누리 등의 조직적 역선택을 받아서라도 대선 후보만 되면 대통령 될 수 있다. 민주당 지지율과 문재인 지지율은 모두 나에게 또는 내가 지지하는 후보에게 올 것이다. 내가 또는 내가 지지하는 후보가 이렇고 새누리 찍을 거야?'

꿈들 깨시라. 지금 민주당 지지율은 문재인 효과가 반영된 것이다. 민주당이 별로 마음에 들진 않지만, 문재인 때문에 지지하는 비율은 상당하다. 그리고 여전히 민주당은 지지 안 해도 문재인은 지지하는 국민 또한 많다. 특히 영남에서 그렇고, 그리고 이 영남 표 없이 정권 교체는 불가능하다.

만에 하나, 이번의 불합리한 경선 룰로 인해 국민 여론과 다르게 문재인이 낙마한다면 민주당 지지율은 반 토막 날 것이다. 정당민주주의도 제대로 구현 못 하는 당을 끝까지 지지할 사람은 많지 않다.

그리고 여론과 다르게 경선 결과가 나온다면 그건 조직 동원과 역선택의 결과일 수밖에 없다. 지지율이 뭐 대충 비슷하기라도 해야 납득이 갈 텐데, 이건 아예 게임이 안 되는데 그게 뒤집힌다? 그 결과를 과연 국민들이 합리적이라고 받아들일 수 있을까? 문재인을 제치고(?) 나올 민주당 후보는 조직 동원과 역선택을 통해 후보가 되었다는 족쇄를 처음부터 차고 나오는 것이다. 그런데 문재인 지지가 그대로 넘어온다고?

게다가 그 후보와 그 지지 그룹이 '박스 떼기의 달인'이라면 상황은 더욱 심각해진다. 2007년 정동영의 득표를 조금 웃도는 선에서 지지율은 고착될 것이다. 그나마 이건 제대로 검증도 안 했을 경우이다.

정통 회장 출신인 그 후보가 칼춤을 시원하게 잘 출 것 같아 지지하는 사람들이 있다. 그러나 그 칼춤도 본인이 도덕적으로 떳떳할 때 제대로 출 수 있는 것이다. 과연 그가 논문 표절한 사람들에게 칼을 휘두를 수 있을까? 측근 비리 있는 사람들에게 휘두를 수 있을까? 철거민 같은 사회적 약자들을 함부로 대하는 사람들에게, 허위사실을 유포하는 사람들에게 휘두를 수 있을까? 음주 운전은? 검사 사칭은? 댓글 알바(가 아닌 정규직)를 운영하는 국정원은 무슨 자격으로 개혁할 것인가? 자신도 그래왔던 마당에…. 본인 스타일이 '내로남불'이면 국민도 용인할 거라 보는가?

반문 후보들과 그 지지자들은 착각에서 깨어나라. 솔직히 당신들에게 정권 교체의 절박함은 있는지 묻고 싶다. 이번에 만약 당신들로 인해 정권 교체가 좌절된다면 당신들은 영원히 죽을 것이다. 그런데 문제는 대한민국이 같이 죽는다는 것이다.

- 2017. 4. 2.

내가 원하는
진보

내가 원하는 진보는, 지금껏 단 한 번도 흔들리지 않은 수구 기득권 체제에 일단 금부터 가게 하는 것, 해방 이후부터 지금까지 우리 사회를 지배해온 주류를 교체하는 것, 그 시작이라도 하는 것, 단 한 걸음이라도 앞으로 나가는 것, 그런 의지와 가능성을 가진 사람에게 힘을 실어주는 것, 가슴속에 불가능한 꿈을 지니고 있지만 철저히 리얼리스트가 되는 것, 그것이다.

페미니즘을 내세우지만 결국 일베와 똑같은 메갈, 워마드 인간 혐오자들, 정권 교체의 대의보다 지금 당장의 '결혼'이 더 중요한 것 같은 일부 동성애자들, 현실에 천착하지 않고 자신들의 진보관만 원론처럼 외우는 운동권들, 이들이 수구 기득권과 본질적으로 다른 점을 나는 알지 못한다.

사실 수구 세력도 이들을 그다지 공격하지 않는다. 이들이 하는 게 수구들에게 전혀 위협이 안 되기 때문이다. 게다가 수구 세력이 가장 싫어하는 정치인과 집단을 그렇게 공격해주니 오히려 이뻐 보일 것이다.

수구 세력에 위협이 안 되는 진보, 그게 정녕 진보일까?

- 2017. 4. 2.

한국의
프롤레타리아여,
단결하라

[노동절을 맞이하여]

지금 하나의 유령이 한국을 떠돌고 있다. 진보 정당이 표를 얻어야 진보가 확장되고 그들의 정책이 반영될 거라는 유령이.

공산주의란 유령은 역사적 실체가 되었지만, 한국에 떠도는 이 유령은 유령일 뿐이다. 관념론적 환상일 뿐 실체가 될 수 없다. 오히려 진보 개혁 세력의 집권 자체를 막을 수도 있고, 집권해도 개혁의 추동력을 떨어뜨리는 역할을 하게 될 것이다. 개혁 전선 최선두에 선 후보의 낮은 득표율은 좌우 모두가 발목을 잡을 구실이 된다. 물어뜯을 빌미가 된다. 특히 수구 기득권에겐 엄청난 무기를 쥐여주어 개혁에 대한 저항을 더 크게 불러오는 일이다.

취업 자체가 안 되는 청년들, '정규직 프롤레타리아'조차 못 된 비정규직들, 여전히 삶의 무거운 무게를 견뎌야 하는 많은 노동자, 이들의 숨통을 트이게 해주고 희망을 품을 수 있게 할 진보의 선택은 무엇이어야 하는가.

그 발걸음은 진보 정당의 '의미 있는(?) 득표'가 아니라 집권 가능한 개혁 후보의 압도적인 득표에서 시작된다. 게다가 문재인 후보의 공약은 심상정 후보와 크게 다르지도 않다. (오히려 원전 폐지에 대한 의지는 문 후보가 더 높다.) 따라서 문재인에 대한 전폭적 지지가 절대적으로 필요하다

지난겨울, 수백만이 모였던 촛불은 적폐를 청산하고 이제 수구 기득권 체

제에 안녕을 고하자는 것이었다. 이번의 정권 교체는 무엇보다도 그것이 우선이다. 시대의 대의다. 그 역할을 수행할 후보를 모든 노동자는 선택해야 한다. '노동자 세상'은, 주장만 선명한 당에 던지는 '사표'로는 결코 열리지 않는다.

수구 기득권 지배 세력으로 하여금 프롤레타리아의 투표 혁명 앞에 '벌벌 떨게 하라.' '프롤레타리아가 잃을 것이라곤 족쇄뿐이고 그들이 얻을 것'은 새로운 세상이다. 한국의 프롤레타리아여, 문재인으로 단결하라!

– 2017. 4. 30.

담쟁이와
문재인

기울어진 운동장, 흔히 민주 세력에 불리한 언론 환경을 얘기할 때 쓰는 말이다. 근데, 그 정도라도 되면 다행이다. 조중동 및 종편을 보라, 공중파 3사를 보라, 이른바 진보 언론들을 보라. 하나 같이 문재인만 공격하고 있다. 문재인에게 이건 기울어진 운동장 정도가 아니라 아예 절벽이다. 인터넷이라도 없었으면, 문재인은 일찌감치 아래로 떨어졌을 것이다.

절벽에 붙어 온 힘을 다해 오르고 있는 것이 문재인과 정권 교체를 갈망하는 국민이다. 문재인에 대한 모든 비난은 문재인 개인으로 끝나는 게 아니라 바위틈을 움켜쥐고 있는 사람들의 손아귀를 강제로 펴려고 하는 행위이다. 절벽 아래로 사람들을 떨어뜨리는 일이다.

문재인은 사람들의 손을 잡고 절벽을 오르고 있다. 한 명이라도 더 같이 손잡고 올라가야 한다. 그 수가 많을수록 절벽을 오르기가 쉬워진다.

손아귀에 힘 더 주고 악착같이 오르자. 그리고 마침내 정상에 올라, '절벽 같은 언론 환경'도 더 이상 우리의 삶을 농단할 수 없다는 것을 저들에게 반드시 가르쳐주자.

저것은 벽
어쩔 수 없는 벽이라고 우리가 느낄 때
그때
담쟁이는 말없이 그 벽을 오른다.

물 한 방울 없고, 씨앗 한 톨 살아남을 수 없는
저것은 절망의 벽이라고 말할 때
담쟁이는 서두르지 않고 앞으로 나간다.

한 뼘이라도 꼭 여럿이 함께 손을 잡고 올라간다.
푸르게 절망을 다 덮을 때까지
바로 그 절망을 잡고 놓지 않는다.

저것은 넘을 수 없는 벽이라고 고개를 떨구고 있을 때
담쟁이 잎 하나는 담쟁이 잎 수천 개를 이끌고

결국 그 벽을 넘는다.

- 도종환, 「담쟁이」

- 2017. 5. 3.

대선 과정을
돌아보며

문통령의 당선이 확정될 때까지 큰 고비가 있었다면 아마 각 당 경선이 끝나가는 시점, 온 언론의 집중 지원 속에 안철수가 치고 올라왔을 때가 아니었나 싶다. 절대 숫자는 아예 비교가 안 됨에도 경선 득표 비율만 갖고 마치 안철수가 새로운 '대세'로 부각이나 하는 것처럼 언론들이 떠들어 댔다.

문재인이 그때 1차 경선에서 과반 득표를 못 하고 결선까지 갔다면 어떤 상황이 발생했을까? 안철수가 '압도적 득표'를 통해 후보로 확정된 것과 자연스럽게 비교가 되었을 것이다. 문재인 후보 확정은 결선까지 5일을 더 끌어야 했고, 이 시기에 언론은 안철수 대세론을 대대적으로 떠들었을 것이다.

그랬다면, 그때 어쩌면 안철수의 지지율이 문재인을 추월하거나 턱밑까지 쫓아왔을지 모른다. 그리고 그런 상황이 벌어졌다면, 후보 단일화까지는 아니더라도 '비문-반문' 표가 안철수에게 집결하는 '유권자 단일화'가 진행되었을 가능성도 있었을 것이다. 실제로 그랬던 것처럼, 나중에 안철수의 본바닥이 드러나 지지율이 다시 꺾였겠지만, 문재인과 그 지지자들은 훨씬 더 힘든 선거 운동을 해야 했을 것이다.

이런 얘기를 하는 이유는 바로 완전 국민 경선의 문제점을 다시 짚고자 함이다. 1차 모집 선거인단의 압도적 지지가 있었기에 결선까지 가지 않은 것이었지, 2차 모집 선거인단의 문재인 득표율은 과반에 미치지 못했다. 그게 1차 모집 선거인단에서도 그랬다면…. 내 생각에 1차 모집 때는 민주당 지지층과 문 지지자들이 역선택을 우려하여 대거 참여하고 지인들의 참여에도 혼신의 힘을 기울인 결과이고, 2차 모집 때는 더 이상 여력이 많이 남지 않은 상황에서, 반대로 역선택 표의 유입이 많아서 생긴 일이 아니었나 한다.

당 후보를 뽑는 일에 완전 국민 경선은 어울리지 않는다. 그건 오로지 권리당원의 몫이어야 한다. 권리당원들의 그 '권리' 보장은 민주당 개혁을 위해서도 반드시 필요하다.

- 2017. 5. 11.

추가 덧말_권당의 권리는 아직도 보장받지 못하고 있다. 21대 총선 공천룰 정하는 방식에서조차 권리당원은 여전히 병풍 역할만 해야 했었다.

맑시즘과 성리학, 그리고 한국 진보 집단에 대한 단상

물질세계는 인간의 의식과 관계없이 객관적으로 독립하여 존재한다. 그러나 서로 떨어져 있는 것이 아니라 '상호 연관, 상호 침투'의 작용을 하며 관계를 맺고 있다. 그리고 인간 역시 그러한 물질세계와 관계를 맺고 있고.

인간이 물질세계와 관계를 맺는 방식은 '인식'과 '실천'이다. 인간의 의식은 스스로 객관 세계를 인식하고 거기에 실천 작용을 한다. 그리고 그 '경험'을 바탕으로 '재인식', '재실천' 작용을 하게 된다.

아주 거칠게 정리했지만, 아마도 이것이 맑시즘의 '변증법적 유물론'의 핵심 내용일 것이다. 그런데 이와 비슷한 이론이 동양 철학에도 있다. 아이러니하게도 관념론 철학이라고 할 수 있는 성리학에….

성리학의 핵심 명제 가운데 하나는 격물치지(格物致知)이다. 신영복 선생의 해석에 따르면 격물은 사물과의 관계를 통하여 인식을 얻는 것이고, 치지는 실천을 통하여 앎[知]에 이른다는 것이라고 한다. 사람에게는 인식 능력이 있고 사물에는 이치가 있기 때문에 앎을 이루기 위해서는 사물로 나아가서 그 이치를 궁구해야 한다는 것으로, 실천에 의한 사물과의 접촉을 인식의 제1보로 규정하고 있다는 것이다.

인간과 물질세계의 관계, 인식과 실천 작용을 다루고 있다는 점에서 맑스의 변증법적 유물론과 성리학의 격물치지론은 놀라울 정도로 흡사하다. 그런데 맑시즘이 현실의 혁명이론으로 발전한 것은 변증법적 유물론을 역사에 대입시킨 역사적 유물론으로 승화했기 때문이지만, 성리학이 끝내 관념론으로 머문 것은 사물과의 접촉, 실천 작용의 현실 대입 없이 사물의 이치가 무엇이냐 하는 것을 의식 안에서 궁구하는 데만 치중했기 때문이 아닌가 하는 생각이 든다.

그러나 맑시즘에도 분명히 한계는 있다. 유물론이 객관적인 현실 세계를 분석하는 틀로서는 어느 정도 유용하지만, 그 역시 현실 그 자체는 아니고 어디까지나 이론이라는 것이다. 제대로 '실사구시'를 하지 못한다면 유물론 역시 현실 세계를 제대로 반영하지 못하는 관념론과 다를 바가 없게 된다. 즉, 맑시즘의 '성리학화'라고 할 수 있을 것이다.

애당초, 19세기 자본주의 시절 나온 『자본론』으로 20세기, 21세기 자본주의를 제대로 해석한다는 건 불가능하며, 역사적 유물론 역시 그대로 적용되지 않는다는 것은 세계 근현대사가 말해주고 있다. 처음부터 한계가 있는 이론인데, 거기다 더해 그것이 관념화되고, 교조화된다면 그 문제는 더욱더 크다고 할 수 있다. 맑시즘이 지배담론이 되자 수구 이데올로기가 되어버린 구소련과 동구권에서 알 수 있듯이.

성리학이 지배담론이었던 조선 시대, 격물치지에서 보여주는 성리학의 개혁성은, 성리학이 지배담론으로 굳어져 갈수록 빛이 바래졌고, 결국 성리학은 수구 이데올로기로 전락했다. 그 극복을 모색하기 위해 나온 것이 실학이었다. 실학도 큰 테두리에서는 성리학의 일부라고 하지만 실학은 원래의 성리학이 약간 가지고 있던 '유물론성'을 끄집어낸 역사적 의미가 있었다고 할 수 있다.

나는 지금 진보 언론과 진보 정당의 모습에서 교조화되고 수구 이데올로기가 된 맑시즘과 성리학의 이미지를 본다. 그들이 노무현과 문재인 지지자들을 바라보는 시각은, 맑시스트들이 교조주의에 매달려 사민주의나 다른 진보주의를 바라보던 시각, 고루한 성리학자들이 실학을 바라보던 것과 크게 다르지 않다고 생각한다.

맑시즘처럼, 성리학처럼, 그들도 한때는 역사의 정방향에 서 있었다. 그러나 이제는 역사의 흐름을 거스르는 존재가 되었다. 문통령 지지자들에 대한 저들이 공격은 그에 대한 인식이 결여되었거나, 애써 부정하고 외면하겠다는 몸부림에 다름 아니다. 앞으로는 그 몸부림조차 희미해질 것이다. 또, 그렇게 되어야 한다. '역사적 유물론' 따지다 결국 '역사의 유물'이 된 맑시즘처럼, 조선 후기에는 역사의 반동이 된 성리학처럼.

– 2017. 5. 16.

동요하는 배는
닻을 내려라*

강경화, 김상조 등 문통령이 임명한 내정자들의 사퇴를 바라는 사람들이 있다. 문통령 지지자들(?) 중에도 있다. 그들을 임명하는 건 문통령에게 부담이 된다는 이유로.

그런데 그들이 사퇴하면 정말로 문통령의 부담이 줄어드나? 그들이 사퇴하면 어디 '완전무결한' 후보자가 혜성처럼 등장이라도 하나? 내각 구성원에 대한 문통령의 인사가 처음부터 어긋나면 그게 문통령에게 부담이 되고, '발목잡기'에서 승리의 맛을 본 야당은 더욱더 기고만장해질 것이다. 국민 절대다수가 찬성하는 일을 좌절시키면 앞으로 '국민 보기를 개돼지같이 하라'는 정신 역시 훨씬 공고해질 수밖에 없다.

게다가, 그 내정자들의 사퇴를 주장하는 것은 이명박근혜 정부 때 임명된 자들과 그들을 동격으로 취급해 버리는 일이다. 똥 묻은 것과 겨 묻은 것을 같이 취급하는 것, '도토리 키재기'도 안 하는 것은 '전부 아니면 전무'의 사

* 김형수 시인의 산문집 제목을 빌려온다.

고방식이나 마찬가지다. 그건 한국 진보 세력의 전매특허 아니던가?

벌써 문통령에게 전적으로 힘을 실어주는 게 '부담스럽고', 비판할 건 하겠다는 문통령 지지자들은 닻을 내려라. 소위 '극성 문빠'들은 흔들리지 않는 함대를 구축할 터이니.

– 2017. 5. 31.

문재인 대통령의
현충일 추념사를 보고

'애국'이란 말에 이토록 품격을 더해준 사람과 연설이 있었던가? '애국', 어쩌면 사람들이 좀 촌스러워하던 단어, 어쩌면 시장 바닥에 굴러다녀도 아무도 쳐다보지 않았을는지도 모르는 물건 같은 단어, 박사모나 일베 따위들만 자신들의 수구질을 덮기 위해 억지로 끌고 가 이용하기만 했던 단어.

운동권 가운데 계급 투쟁을 강조하는 부류 역시 '애국'이란 말에는 알레르기 증상을 보였다. '국가란 지배 계급의 도구'라는 도그마에 갇혀…. '프롤레타리아에게 조국은 없다'란 말도 금과옥조로 여겼다. 이에 비해 NL 쪽에선 '조국'을 얘기하고 '애국'을 강조하기도 했다. 이걸 진중권은 '딸國질'한다고 비아냥거렸지.

어떤가? 문통령도 '딸국질'하는가? 나라, 내가 태어나고 자란 곳, 지금의 나를 만들어준 곳, 나의 부모와 가족들이 함께 숨 쉬고 영원히 우리 후손들이 살아가야 할 곳, 이런 곳에 대한 사랑은 '수구초심'과 같은 마음 아니던가? 그리고 그것은 곧 거기서 살아가는 '민'에 대한 사랑이기도 하고.

문통령의 추념사는 지금 우리 시대가 담아야 할 '애국'의 모든 걸 말하고 있다. 독립운동하신 분들과 전쟁에 참전하고 후방에서 헌신한 분들은 물론 파독 광부와 간호사, 어린 여공들, 5·18과 6월 항쟁 참여자까지 모두 애국의 반열에 올려놓고 있다. 소름 끼치도록 명백한 진실이지 않은가.

게다가 문통령은 국가의 역할까지 적확하게 지적한다. '독립운동을 하면 3대가 망하고 친일을 하면 3대가 흥한다는 뒤집힌 현실'을 바로 잡는 것, '전쟁의 후유증을 치유하기보다 전쟁의 경험을 통치의 수단으로 삼았던 이념의 정치, 편 가르기 정치를 청산'하는 것, 참전용사들이 '이념에 이용되지 않고' 명예를 지킬 수 있도록 하는 것, 파독 광부와 간호사, 어린 여공들, 5·18과 6월 항쟁 참여자 모두 기억하고 명예롭게 하는 것 등 나라를 나라답게 하기 위해서 반드시 필요한 것들이다.

그럴 때만이 문통령이 언급한 것처럼 '국가를 위해 헌신하면 보상받고 반역자는 심판받는다는 흔들리지 않는 믿음'이 세워질 수 있다. 반민특위가 와해된 이후 공염불이 되어버린 저 믿음이 다시 세워지는 나라, 그것이 새로워진 대한민국이고 우리가 기꺼이 사랑할 나라이다.

- 2017. 6. 6.

SNS 시대, 그리고 촛불과 '문자'

바야흐로 1인 미디어 시대, 국민들의 본격적인 정치참여 시대다. 이걸 가능하게 한 건 인터넷의 발전과 SNS의 등장이라고 할 수 있을 것이다.

인터넷은 노무현 대통령의 당선을 가능하게 했다. 여기에 놀란 수구 세력이 인터넷 장악을 위해 포털을 끌어들이고 각종 알바와 댓글단을 운영하였으며, 일베를 키웠다. 그런데 이제 SNS가 등장한다. SNS는 문재인 대통령의 당선을 이끌었다고 할 수 있다(정확하게는 SNS 활동을 한 문통령 지지자들). SNS가 본격적으로 등장하기 이전에는 몇몇 웹 사이트와 포털을 중심으로 여론이 형성되었다. 그리고 그 시기에는 논객과 '눈팅', '펌돌이'가 구분되었다. 지금은 그 기능이 SNS로 옮겨지고 있다. 앞으로는 포털의 영향력도 축소될 것이다. 또한 SNS 시대엔 논객, '눈팅'의 구분이 따로 없다. 글을 올리는 누구나 논객이며, 그걸 보는 순간 '눈팅'이 되고, 공유를 누르면 '펌돌이'가 된다. 그게 일상이 되고 있다.

국민들이 정치에 참여하는 또 다른 방식이 촛불과 '문자'이다. SNS를 하다 광장에 나오면 촛불이 되고, 핸드폰을 들면 '문자'가 된다. 세 가지는 방법의 차이일 뿐 본질은 같다. 국민이 나라의 주인이라는 실체적인 선언이다.

감히 촛불을 폄훼하지는 못하지만(오히려 촛불 주도 세력인 것처럼 떠드는 자들도 있지만) SNS의 활성화에는 눈꼬리가 올라가고, 심지어 '문자'에는 노골적으로 적의를 드러내는 부류도 있다. 이 지점에선 수구와 양아치 진보가 정확하게 한몸이 된다.

한쪽은 여론을 호도하기 위해, 그리고 다른 한쪽은 국민이 계몽 대상이라는 시각하에 양쪽은 의기투합한다. SNS의 역기능을 강조하고, '문자'에는

'폭탄'의 굴레를 씌운다. 국민 상호 간 소통도 삐딱하게 보고, 국민이 정치인과 직접 소통하고 압력을 가할 수 있는 거의 유일한 수단인 '문자'에는 거의 발작 증세를 보인다. 자신들의 영향력을 잃고 싶지 않은 몸부림이다.

> "주권자의 참여가 민주주의의 수준을 결정할 것입니다. 정치적 선택에 능동적으로 참여해서 주권을 행사하는 시민, 지도자를 만들고 이끌어 가는 시민, 나아가 스스로 지도자가 되고자 하는 창조적이고 능동적인 시민이 우리 민주주의의 미래입니다."
>
> – 노무현 대통령, 「6·10 민주 항쟁 20주년 기념사」 중에서

촛불과 문자, SNS는 창조적이고 능동적인 시민이 자신을 구현하는 형태이다. 지금 우리는 민주주의의 미래를 만들고 있다. 여기에 따라오지 않는 사람들은 도태될 것이다.

– 2017. 6. 13.

추가 덧말_이재명은 반대로 SNS를 여론 호도용으로, 가장 악의적으로 이용하는 자이다.

'비판적 지지'와
'이니 하고 싶은 거 다 해'

아마 '비판적 지지'란 말이 처음 나온 때가, 1987년 김대중 후보를 재야 민주화 세력이 지지할 때가 아니었나 싶다. 제도권 후보에 대한 재야 세력의 지지, 이렇듯 '비판적 지지'란 원래 결이 좀 다른 사람이나 세력에 대한 지지를 말한다. 결은 다르지만 당면 지상 과제를 위한 한시적 지지.

내 생각에 '비판적 지지'가 제대로 사용된 때는 저 때뿐이 아니었나 싶다. 이후엔 변질된 의미로 쓰이는 경우가 많았다고 생각한다. 사실 지지하는 것도 아니면서 반대한다고 할 수 없으니 쓰는 경우, 합리적 지지인 척하고 싶은 경우, 더 나쁘게는, 자신은 빠져나갈 구멍 만들어 놓고 지지하는 경우 등.

안경환 후보자를 반대한 문통령 지지자들의 행동을 '비판적 지지'라고 생각하지 않는다. 물론 그런 차원에서 반대한 사람들도 있겠지만(위에서 말한 변질된 의미에서), 정말 열성적인 문통령 지지자들 가운데 안 후보자를 반대한 사람들은 '적극적 지지'의 입장에서 반대했다고 이해한다. 적극적으로 지지하니 이 사람만큼은 도저히 안 되겠다 싶었을 거라고 본다. '적극적'이란 것에 대한 인식 차이가 있었을 뿐이다.

다만 그런 분들은 '이니 하고 싶은 거 다 해'라는 말은 안 하셨으면 한다. 문통령에게 결정할 시간도 주지 않았고, '이니, 그 사람 흠은 있지만 쓰고 싶으면 써'라고 한 것도 아니기에. 문통령이 어떤 생각을 하는지 모르는 상황에서, 이 사람은 문 정부에 부담된다고 문통령의 의중과 관계없이 판단하고 행동한 것이므로.

– 2017. 6. 17.

궁물족전
誇物族傳

멀고 먼 옛날, 대칸 평원에는 몇 개의 부족이 모여 자웅을 겨루며 살고 있었다. 가장 큰 부족인 문주족(趨走族 – 부족민들이 어떤 때는 느리게 걷고 어떤 때는 뛰기도 해서 붙여진 이름) 외에 자위족(恣諠族 – 부족민들이 방자하고 헛소리를 자주 해서 생긴 이름)과 발린족(囃吝族 – 부족민들이 속이는 말을 잘하고 인색해서 붙여진 이름), 궁물족(誇物族 – 부족민들이 말이 많고 재물을 좋아해서 붙은 이름), 증이족(憎訑族 – 부족민들이 밉살스러운 행동을 많이 하고 으쓱거리기 잘해서 붙여진 이름) 등이었다.

이 가운데 궁물족은 원래 문주족이었으나 추장 재이니모에게 반감을 품고 따로 나온 집단이었다. 그들은 재이니모가 부족의 일을 부족민들이 결정하도록 하는 권당 회의를 만들자 그것을 못마땅히 여겼다. 부족 내의 씨족장들끼리 모여서 결정하는 것을 좋아했기 때문이었다.

자위족과 발린족은 원래 개누리(疥陋痢 – 몸에 옴이 있고 더러우며 설사병이 있어 아무 데나 똥을 싸고 다녔던 게 특징)라는 같은 부족이었다. 개누리족은 대칸 평원에서 성질이 가장 더러운 부족으로 유명하였다. 개누리족 출신으로 대칸 평원 대추장이 된 악귀히로와 그네꼬는 그것을 잘 보여주는 인물들이었다. 악귀히로는 그 이전의 위대한 대추장 노로니모를 시해하였으며, 사대강(蛇帶綱 – 뱀띠 모양의 벼리, 그물 만들 때 쓰임)을 평원 사람들에게 나눠준다하고서는 실제로는 그 벼리를 만든 사람들에게 조개껍데기만 착복한 인물이었다.

그 뒤를 이어, 여자로는 처음 대추장이 된 그네꼬 역시 별로 다르지 않았다. 특히 그네꼬는 '쑨시리'라는 주술사에게 대칸 평원의 모든 일을 맡기고 자신은 사실상 대추장의 노릇도 제대로 하지 않았다. 거기다 별 세 개를 이

마에 문신으로 새기고 살며, 대칸 평원에서 가장 많은 조개껍데기를 가져가 다른 평원 사람들은 부족하게 만든 '쓰리스타투' 토인들의 뒤를 봐주기도 하였다, 대가를 받고. 결국 그네꼬는 성난 대칸 평원 사람들에 의해 대추장 자리에서 쫓겨났다. 이후 각 부족 간의 결투를 통해 문주족의 추장이었던 재이니모가 대칸 평원의 새로운 대추장이 되었다.

재이니모는 전설적인 대추장 노로니모의 친구로서, 노로니모가 대추장을 할 때 그 옆에서 돕기도 했던 인물이었다. 그는 노로니모의 뒤를 이어 새로운 대칸 평원을 만들고 대칸 제국을 이루겠다는 포부를 가지고 있었다.

대추장을 뽑는 부족 간 결투에서 다른 모든 부족은 오로지 문주족의 재이니모만 목표로 삼았다. 가장 강력한 힘을 자랑한 재이니모만 꺾으면 자신들의 부족 대표가 대추장이 될 거라고 생각했기 때문이었다. 그래서 대추장 결투 때 재이니모의 아들을 인질로 납치하기도 하였다. 납치할 때 가장 적극적이었던 부류가 궁물족이었다. 궁물족은 대칸 평원 남서쪽 평야 지대에 똬리 틀고 사는 집단으로서, 빡쥐니스키, 떵처리스키, 꼬까미스키, 쟁베니스키, 행기리스키, 우째쓰까스키, 안주르냔 등이 유명하였고, 남서 평야 지대 출신은 아니지만 앤처루스키가 한때 이들의 오야붕 노릇을 하기도 하였다.

- 2017. 7. 16.

궁물족전
誇物族傳 2

앤처루스키는 원래 아픈 사람을 고친다는 치료사였다. (실제로 누굴 치료한 적은 없다.) 그리고 검부타(黔膚隋 – 검은 피부 산이란 뜻으로, 다른 산처럼 푸른색이 아니라 검은빛을 띠어서 붙은 이름)라는 산에서 흘러내린 바이라수(屄泥癩水 – 대변과 진흙, 나병균 등이 섞인 물)라는 물이 대칸 평원의 강들을 오염시키자 그걸 정화시키는 부이수리(浮圾水利)라는 치수 체계를 만들어 평원 사람들의 신망을 받기도 하였다.

그러다 갑자기 하늘에 제사를 제대로 지내야 한다며, '새정치(賽釘時 – 굿을 하고 음식을 늘어놓을 수 있는 제사터)'를 마련해야 한다고 나대기 시작하였다. (어떻게 지내는 제사가 제대로 지내는 제사인지에 대해서는 밝히지 않고.) 대추장 자리에도 욕심을 내어, 재이니모와 그네꼬가 맞붙었던 대추장 결투 때도 나서려고 하였으나 재이니모에게 안 될 것 같아 포기하기도 하였다.

(이 결투 때는 그네꼬의 개누리족이 재이니모에게 '개표부 정(腎癥痛 錠 – 알약 모양의 독극물로, 몸에 들어가면 갑자기 아프거나 손에 종기가 나거나 맥이 풀리거나 나른해짐)'을 몰래 주입하였고, 중독된 재이니모가 제대로 싸우지 못해 결국 그네꼬가 대추장이 되었다는 얘기도 전한다.)

이후에 앤처루스키는 문주족을 찾아가 문주족의 일원이 되었고, 재이니모를 시기하는 씨족장들에 의해 족장으로 추대되기도 하였다. 문주족의 족장을 기반으로 대추장 자리를 노리는 앤처루스키와 부족 일을 자신들 마음대로 하려는 몇몇 씨족장의 이해관계가 맞아떨어졌기 때문이었다.

그러나 부족민들은 점점 더 재이니모를 선호했고, 결국 재이니모가 문주족 족장이 되었다. 재이니모는 부족민들이 부족의 일을 결정하도록 하는 권당(篤讜 – 바로 잡고 바른말을 한다는 뜻) 회의를 만들었다. 그러자 문주족 안에서는 자신들의 뜻을 펼 수 없다고 생각한 앤처루스키와 몇몇 씨족이 문주족을 떠났고, 평원 사람들은 이들을 일러 궁물족이라고 하였다.

이 궁물족이 할 줄 아는 거라곤 재이니모를 헐뜯는 것뿐이었다. 재이니모가 대칸 평원 남서 평야 지대 씨족들을 저주한다고 헛소문을 퍼뜨리기도 하였으며, 재이니모가 대추장 결투에 나올 때 그를 협박하기 위해 재이니모의 아들을 납치하는 일도 주도하였다. (그럼에도 재이니모는 당당히 싸워, 자위족의 피그훙과 발린족의 류사드, 증이족의 시메갈, 그리고 궁물족 대표로 나온 앤처루스키를 물리치고 대추장이 되었다.)

나중에 이 일이 드러나자 궁물족은 야미냔이라는 부족민 한 사람이 꾸민 일이라고 발뺌을 하였다. 그리고 문주족이 납치질을 주도한 것으로 여겨지는 궁물족 씨족장들의 휘황찬란한 머리 장식을 자르는 그림을 암각화로 새기자 궁물족은 아예 실성한 듯이 굴었다. 문주족 인형을 만들어 바늘로 찌르는 주술 짓을 하고 재이니모가 하는 일에도 더욱 어깃장을 부렸다. 재이니모가 호위 무사 집단을 꾸리는 일도 제대로 못 하게 하였으며, 대칸 평원 사람들의 먹거리 문제 해결을 위해 재이니모가 하자고 한 추경(秋耕 – 가을에도 농사를 짓는 것)도 반대하였다.

– 2017. 7. 20.

우리 근현대사와의
올바른 대화를 위하여

실증주의 역사학자 랑케는 "사실로 하여금 말하게 하라"라는 유명한 말을 남겼다. 이것은, 역사가는 어떤 역사적 사실에 대해 주관적인 평가나 해석을 하지 말고 그저 사실 그 자체만 밝혀 기술하라는 것이었다. 그러면 그 자체로 의미를 지닌다는 것.

랑케의 이 실증주의는 이후 많은 비판을 받는다. 역사가가 주관을 완전히 배제하는 것이 과연 가능하냐는 것이 그것이다. 과거의 사실은 무수히 많으나 그 모든 것이 '역사로서의 사실'이 되지는 않는다. 역사가에 의해 선택되어야 하는데 이 취사선택 과정에서 벌써 역사가의 주관은 들어갈 수밖에 없다. 그리고 그럴 때만이 "내가 그의 이름을 불러주었을 때 그는 내게로 와서 꽃이 되는", 역사적 의미를 지닌 '역사로서의 사실'이 된다.

랑케와 달리 상대주의 역사학자 크로체는 '모든 역사는 현재의 역사'라고 했다. 즉 역사는 현재 존재하는 역사가에 의해, 그의 주관에 의해 해석된 역사라는 것이다. 그러나 이 주장에 따르면, 그렇다면 객관적인 사실로서의 역사는 존재하지 않는 것인가 하는 문제가 남는다.

이런 주장들을 변증법적으로 통일한 것은 E. H 카아라고 할 수 있다. 그는 『역사란 무엇인가』에서 '역사란 과거와 현재의 끊임없는 대화'라고 정의한다. 객관적 사실은 충실하게 밝히되 그것은 현시대와 사회 속에서 끊임없이 새롭게 의미가 부여되어야 한다는 통찰이라고 할 수 있다.

나는 일제 강점기와 해방 공간의 우리 근현대사도 현재의 우리와 대화를 하고 싶어 한다고 생각한다. 랑케식으로, '임시 정부가 수립되었다', '이승만 정권이 들어섰다'에서 그치는 게 아니라 적극적으로 의미를 부여해 달라고. 그 대화에 응하는 가장 바람직한 자세 가운데 하나가 문통령의 이번 8 · 15

기념사가 아닌가 한다.

정권 교체는 단지 정부를 바꾸는 데서 그치는 게 아니라 왜곡된 근현대사와 '식민지 근대화', '건국절' 따위의 역사 해석을 날려 버리는 일이었기도 하다. 문통령은 기념사에서 그것을 명확하게 해주었다. 대한민국은 3·1운동이 낳은 임시 정부로부터 시작했으며, 해방 이후 등장한 이승만 정권은 그 연장선에 있다는 것*을 분명히 했다.

'건국절' 운운하는 자들이 대놓고 설치는 지금 시대와 사회 속에서 더욱 적극적으로 의미를 부여해야 하는 게 1919년과 임정의 역사다. 이것이 우리 역사에 대한 예의이며 올바른 대화이다. 우리의 미래까지 달린.

– 2017. 8. 19.

70%의 자리, 그리고 문재인 대통령과 안철수

신영복 선생의 『강의』에 보면 이런 내용이 나온다.

"나는 그 '자리'가 그 '사람'보다 크면 사람이 상하게 된다고 생각합니다. 그래서 나는 평소 '70%의 자리'를 강조합니다. 어떤 사람의 능력이 100이라면 70 정

---

* 그래서 '단독 정부(!) 수립'이었다. '단독 건국'이 아니라.

도의 능력을 요구하는 자리에 앉아야 적당하다고 생각합니다. 30 정도의 여유가 있어야 한다는 생각입니다. 30 정도의 여백이 있어야 한다는 뜻입니다. 그 여백이야말로 창조적 공간이 되고 예술적 공간이 되는 것입니다. 반대로 70 정도의 능력이 있는 사람이 100의 능력을 요구받는 자리에 앉을 경우 그 부족한 30을 무엇으로 채우겠습니까? 자기 힘으로는 채울 수 없습니다. 거짓이나 위선으로 채우거나 아첨과 함량 미달의 불량품으로 채우게 되겠지요. 결국, 자기도 파괴되고 그 자리도 파탄될 수밖에 없습니다. 우리는 한 나라의 가장 중요한 자리를 잘못된 사람이 차지하고 앉아서 나라를 파국으로 치닫게 한 불행한 역사를 가지고 있습니다."

대통령이라는 자리와 문재인이라는 개인은 어떨까? 꼭 30이라고 말하긴 애매하지만 대통령의 자리를 채우고 남는 능력을 분명히 가지고 있다고 생각한다. 70은커녕 7의 능력으로 100의 자리를 누렸던 이명박근혜와는 차원이 다르다. 그래서 배어나는 여유와 여백은 그가 역대 가장 '준비된 대통령'이기에 나올 수 있던 것이라고 여겨진다.

취임 이후 지금까지의 행보를 보면 무언가 조급하거나 나사가 빠진 듯하거나 하는 모습이 전혀 보이지 않는다. 핵심 국정 과제 실현과 적폐 청산의 로드맵에 따라 착착 진행해가는 느낌. 그렇기에 '창조적, 예술적 공간'도 문통령 개인을 넘어 정부 차원에서 나타난다. 역대 정부에선 보기 힘들었던 대국민 보고회, 눈과 귀를 집중시키는 기념식들, 독립운동가 및 세월호 유가족 청와대 초청 등.

이와 반대로, 지금 정치권에서 자기 능력이 못 미치는 자리에 있을 경우의 문제점을 제대로 보여주는 사람이 바로 안철수다. 대통령은커녕 후보로서도 미달이다. 그래서 그걸 채워 넣느라 거짓과 위선을 반복해왔고. 결국은 자기가 파괴되는 중이다. 그 자리 역시 파탄 날 수밖에 없을 것이다.

- 2017. 8. 23.

추가 덧말_안철수는 그래도 자기가 직접 자기 능력을 과장해 홍보하지는 않았다. 이재명은 자신의 능력을 자신이 직접 과장해왔고 언론에도 홍보비를 퍼부어 자신에 대한 '찬양'만을 유도한다. 거짓과 위선은 안철수를 훨씬 능가한다.

모든 세대는
신과 직결되어 있다

역사학자 랑케는 '모든 시대는 신과 직결되어 있다'라는 말을 했다. 고대니 중세니 근대니, 시대를 구분하며 다음 시대가 그 이전 시대보다 발전한 것이라고 하지만, 그게 아니라 모든 시대는 각기 자기 완결성을 가지고 있다는 의미이다. (뭐, 공감 가는 부분도 있지만 완전히 동의하지는 않는다.)

난 이런 말을 하고 싶다. '모든 세대는 신과 직결되어 있다.' 어느 세대가 어느 세대보다 낫고 못 하고, 그런 건 없다고 본다. 각기 자신들 세대가 처한 시대적 조건 속에서 충실히 그 역할을 하는 것뿐이다. 따라서, 우리 땐 이랬는데 너네는 왜 그러냐 하는 건 그냥 '꼰대질'이다.

난 인간은 모두 경험 한계 내에서 변화·발전한다고 생각한다. '변화·발전' 여부는 개인의 몫이지만 그 '경험 한계'는 시대와 사회가 정한다. 이것을 확장하면 '세대'에도 적용할 수 있을 것이다. 1950년대, 1960년대, 1970년대…, 2010년대까지 모든 세대에는 그 시대에 맞는 역할이 주어졌으며, 그것을 넘어가는 건 '경험 한계' 밖의 일이다. 개인이든 세대든 그걸 감당할 수는 없다.

우리는 우리 세대가 해야 할 일을 했을 뿐이고, 나의 선배, 후배 세대 또한 그렇다. 자기 완결성을 갖는다.

- 2017. 8. 26.

사드 반대하는 '입진보'들의 이율배반

과거 운동권, 특히 NL 계열은 한반도 비핵화를 주창하며 '반전 반핵'을 외쳤다. '제국의 발톱이…'로 시작하는 〈반전 반핵가〉도 많이 불렀고. 물론 미국의 핵무기를 염두에 둔 것이었다.

그러다 북한에서 핵 개발을 시작하자 더 이상 '반전 반핵'은 외치지 않았다. 물론 노래도 부르지 않았다. 북한의 핵 개발은 체제 보위를 위한 불가피한 선택으로 봤기 때문이었다. 현실, 그리고 그 현실의 변화를 직시한 태도 전환이었다고도 할 수 있다.

같은 핵무기임에도 미국과 북한의 핵은 다르게 보던 사람들이 현상적으로 보이는 '사드 배치'라는 것으로 박근혜와 문통령이 같다고 보는 건 이율배반이다. 박근혜는 불륜이지만 문통령은 로맨스냐고 한다. 그걸 몰라서 묻나?

어느 환자의 다리를 절단한 의사 둘이 있다. 하나는 초기에 충분히 치료할 수 있는 생다리를 절단한 돌팔이이고, 또 다른 의사는 다리가 완전히 썩어들어가 다른 곳까지 전염시키려고 하기에 어쩔 수 없이 절단한 의사다. 다리를 절단했다는 것 자체만으로 두 의사가 같다고 할 수 있는가?

정의당 김종대는 문 정부가 미국의 푸들로 전락했다고 푸들 소리를 냈다. 사드를 애초에 도입하는 데 가장 앞장섰던 유승민을 자당 후보 다음으로 밀어주고 싶다고 했던 사람이 말이다. 문통령이 푸들이면 유승민은 뭘까? 푸들에 기생하는 벌레?

이율배반에 '내로남불'은 정작 자신들 '입진보'의 전매특허면서 남들에게 딱지나 붙이고 있다. 도대체 남 비난하는 재주 이외에 이들이 가진 능력은 무엇인지 모르겠다. 한겨레는 감히 광주 항쟁까지 팔아가며 바닥을 보이다 못해 맨틀 뚫고 지구 내핵까지 기어들어 갈 태세다. 그냥 거기서 녹아 사라지길 바란다.

– 2017. 9. 8.

문재인 정부의 성공과 진보의 미래

일제 식민지하에서 당면 과제는 민족 해방이었다. 계급 해방을 추구하는 맑스주의자들에게도 그것은 마찬가지였다. 계급 문제는 당연히 민족 문제

다음이었다. 그렇다고 그것이 기계적 선후의 문제는 아니다. 민족 해방을 추구하는 과정에서 계급 해방을 위한 '고갱이'는 키워나가고 조선인들의 마음을 얻으면, 해방 이후 정국 주도를 하며 본인들이 원하는 사회 건설의 길로 나갈 수 있는 변증법적 진화의 문제. 물론 한국에서 그것이 이루어지진 않았다. 좌파 세력 자체의 문제와 외부 조건으로 인해.

지금 문 정부의 적폐 청산 과제도 비슷한 맥락에서 바라보아야 할 것이라고 생각한다. 야당들의 준동을 보고 있는가? 언론 환경은 기울어진 운동장 정도가 아니라 아예 절벽이다. 수구든 진보든 문 정부 망하라고 고사를 지내는 것들이 사방에서 공격하고 있다. 여기에 굳이 손발 거들 필요 없을 정도로. 그러다 결국 문 정부가 실패하면 '진보 세력'에게 기회가 갈 것 같은가? 착각하지 마시라. 그때는 공멸이다. 수구 세력 천년 왕국이 세워질 것이다.

이러이러한 비판(?)은 문 정부 성공을 위한 것이라고도 하지 말라. 그것도 어차피 본인들의 '주관'에 불과하다. 한 발짝 물러서서 침묵만 하거나, 본인들 맘에 안 드는 거 툭툭 던지며 지적질도 하지 말라. 싸우지도 않으면서, 나중에 다른 사람들이 싸워 무언가를 이뤄놓으면 그 과실은 같이 누리려고 하는가? 누릴 생각이 없어도 땅을 딛고 있는 한 누릴 수밖에 없다.

지금은 총알이 빗발치는 전쟁이다. 전방도 후방도 없으며, 전투원과 민간인 구분도 없다. 문 정부 성공을 위해 문통령을 확고히 지지하며, 상식 있는 모두가 무조건 싸워야만 하는 시대다. 절벽 끝에 매달린 절박한 심정으로. '진보'를 자처하는 사람들 역시 모두 동참해야 한다. 그 과정에서 국민의 마음을 얻으라. 그래야 기회가 주어질 것이다.

- 2017. 9. 14.

인적 청산 없이
사법부 개혁은 없다

　조선조를 세운 사대부 세력은 세조의 쿠데타를 도우면서 훈구 세력으로 자리 잡는다. 개혁적인 신진 사류, 사림이 등장하면서 그와 구별하기 위해 붙여진 이름이기도 하다. 훈구 세력은 기득권 유지를 위해 무오, 갑자, 기묘, 을사 등 사화를 일으켰고, 이로 인해 사림은 궤멸적 타격을 입는다.

　이후 사림은 방향을 전환하여, 지방에서 인재를 양성하는 노선을 걷는다. 그리고 결국 선조 대에 이르러 훈구를 대신하여 조선의 새로운 주도 세력이 된다.

　그렇다면 훈구 세력은 어디로 갔을까?* 훈구는 자신들을 세탁하여 사림의 옷으로 갈아입는다. '서인'의 70~80%가 훈구였다는 주장도 있다. 결국, 훈구 세력은 서인-노론으로 이어지며 조선조 끝까지 기득권을 놓치지 않았다는 얘기가 된다. 인적 청산이 이루어지지 않은 '주류 교체'의 결과다.

　김명수 후보자가 대법원장으로 취임하였다.** 사법부 개혁의 역사적 책무가 그에게 주어졌다.

　다른 적폐 청산에도 마찬가지로 적용되겠지만, 사법부 개혁 역시 제도 개선과 아울러 인적 청산이 반드시 이루어져야 한다. 영장 기각을 남발하는 판사, 적폐 세력에게 집유나 때리는 판사, 개혁적 인사에게는 혐의 입증이 제대로 안 돼도 실형을 내리면서 수구들에겐 면죄부를 주었던 판사, 보안 유지가 되어야 하는 문건을 유출하는 법원 행정처 인사들을 반드시 갈아치

---

* 이게 역사 수업 시간에 잘 가르치지 않는 내용이기도 하다. 그만큼 제대로 연구가 안 되어 있다고 볼 수도 있다.

** 촛불 아니었으면 지금도 박근혜가 내통령이고 항상태 깊은 부류를 하나싸리 대법원장으로 앉혔을 것이나. 그러면 원래 올해 말이었던 대선을 통해 문재인 정부가 들어서도 그 대법원장과 모든 임기를 함께해야 했다. 모골이 송연하다.

워야 한다.

어설프게 저들을 놔둔다면 사법부 개혁은 물 건너간다. 저들은 김명수 체제에선 한시적으로 옷을 갈아입는 흉내를 낼는지 모른다. 그러나 사법부의 서인-노론이 되어 기득권을 유지하려고 할 것이고, 그렇게 되면 사법부는 조선 말기의 꼴로 남게 될 것이다.

– 2017. 9. 23.

추가 덧말_김명수가 대법원장 되어도 달라지지 않는 사법부. 적폐의 으뜸으로 자리 잡고 있다.

그리고, 사법부로 향해야 할 비난조차 대통령에게로 향하는 '반이성'도 춤을 춘다.

일제 문화 통치기와 '서계鼠雞 시대'

장제원이 이명박근혜 9년간은 과거 군부 독재 때와는 매우 달랐다는 듯이 말한다. 과연 그럴까?

정확한 비교는 아니지만, 군부 독재 시절이 일제 강점기 때의 무단 통치기(1910년대)였다면 '서계 시대'는 이른바 '문화 통치기(1920년대)'로 볼 수도 있을 것이다. 말이 '문화' 통치지 문화는 없었다. 조선어 신문 발간을 허용해주고, 조선인들에게 마치 참정권을 부여해주거나 독자적인 의회를 구성하게 해 자치권을 줄 것처럼 현혹했던 것 외에는. 오히려 치안 유지, 즉 정치 탄압을 위한 예산과 경찰 인원은 늘어났으며, 민족 분열 책동을 꾀해 독립운동의 역량을 내부적으로 갉아먹으려 했던 시기이다.

그 결과 춘원 이광수가 「민족 개조론」을 쓰며 완전히 변절하는 등 많은 유명인이 친일로 넘어갔다. 3·1 운동 33인도 몇 사람 빼고는 거의 전부 변절했다. 변절자들의 대거 등장, 그게 '문화' 통치기의 특징이었다. 이들은 여러 매체를 이용해 조선인들에게 독립에 대한 체념을 유포시켰다.

지금으로 치면 '정치 허무주의'나 '정혐 의식' 정도 될 것이다. '서계 시대'에 이명박근혜가 일베 쓰레기들을 키우고 댓글 부대를 운영한 것은, 노골적인 탄압을 자행한 군부 독재 때(일제 강점기 무단 통치기)와 비교해 볼 때 '문화 통치'적 작태였다고 할 수 있다. 게다가 블랙리스트를 만들어 사람들의 밥줄을 끊은 것은, 일제가 '불령선인' 리스트를 만들고 관리한 것(물론 이건 '문화 통치기'에만 있었던 건 아니다)과 다를 바 없는 것이었다.

그럼에도 불구하고 '서계 시대'가 군부 독재 때와 본질적으로 완전히 다르다고 하는 것은 '문화 통치기'는 일제 강점기가 아니라는 주장이나 마찬가지다. 국민을 탄압하고 국고를 착복한 방법의 차이일 뿐인데 말이다. (착복한 액수는 군부 독재 때보다 훨씬 클지 모른다.)

적폐 청산은 우리가 이룬 독립(정권 교체)을 진정한 해방과 광복으로 완성하는 일이다. 그것이 이루어지지 못한다면, '문화 통치기' 이후 1930년대 민족 말살기에 들어섰듯, 대한민국은 수구 천년 왕국 아래 주인으로서의 국민은 '말살'되는 시대를 겪게 될 것이다.

– 2017. 9. 29.

친일파 후손,
정진석

조정래 대하소설 『아리랑』에는 백종두라는 인물이 나온다. 일제에 부역한 대가로 면장이 된 인물이다. 자신에 대한 호칭을 고민하다 '면장님'으로는 성에 안 차 '면장님 나리'라고 부르게 할 정도로 권위 의식과 허세에 찌든 종자이다. 일제에 헌신적으로 충성하며 내심 도지사까지 되기를 원했으나 그 뜻은 이루지 못한다.

정진석의 조부도 면장이었다. 충남 계룡면 면장. (이런 정진석의 가계는 이미 지난 충남지사 선거 때 폭로된 바 있다.) 조부인 정인각은 백종두의 '실사 버전'쯤 되는 걸로 보인다. 그냥 면장이 아니다. 이력이 화려하다. 전쟁 물자 공출, 시국 강연회 등을 통한 사상 선전, 국방헌금 모집 등의 공로로 중일 전쟁 공로자 공적 조서에도 올라가 있을 정도다. 얼마나 면민들을 닦달하고 다녔을지 뻔하다. 1939년에는 총독부로부터 표창을 받았고, 1941년에는, 일제가 조선인의 남은 피 한 방울까지 다 짜내려고 했던 '국민 총력운동'의 와중에 일본 성지(?) 참배단에 뽑히기도 한다. 아마 일제 강점기가 계속되었다면 도지사 정도는 했을는지도 모르겠다.[*]

친일파만 청산했다면 정진석이 지금처럼 정치인이 되어 행세하진 못했을 것이다. 부자는 망해도 3대는 간다고 한다. 좋다. 친일파 청산을 제때 못 해서이긴 하지만 민족 반역자들도 3대까지다. 그 후손들까지 한국의 주류가 되는 일은 없어야 한다. 그 시작은 정진석부터 친일파 청산이 처음 제대로 되었을 때 가야 했을 원래 자리로 돌아가게 하는 일이다.

– 2017. 9. 30.

---

[*] 그 아들이자 정진석의 부친 정석모가 박정희 때 결국 도지사를 하고 전두환 때 내무 장관을 한다.

이명박에게는 침묵하는 '찌라시'와 '기레기'

이명박의 여러 문제가 조금씩 실체를 드러내고 있다. 이 정도로 문제가 불거져 나오면, '정의의 사도'인 척은 혼자 다 하는 기레기들이 가만히 있으면 안 된다.

일단 고화질 망원 렌즈 부착된 카메라 들고 이명박 집 근처에서 24시간 상주해야 마땅하다. 근데 아직 그런 자가 없는 듯하다. 카메라 잃어버렸나? BBK나 다스에 대해 제대로 다루지도 않는다. 이 점에선 좌우 적폐 언론이 똑같다.

이대근, 이번엔 「굿바이 이명박」이란 글 안 쓰나? '경제 성장 신화'를 배경으로 집권한 그가 '인적, 정신적 자원을 다 소진했다'라고 하고, 그 재앙은 5년이 아니라 50년을 넘길 거라고 해야지. 그리고 이명박이 역사에 '기여할 수 있는 일이란 자신이 뿌린 환멸의 씨앗을 모두 거두어 장엄한 낙조 속으로 사라지는 것'이라고 비장하게 읊어야 할 거 아냐.

김종구, 이명박 앞에는 '비굴이냐, 고통이냐의 두 갈래 길이 있을 뿐'이라고 판망 사이드 안 하나? '죽녀타도 그의 시대가 추구했던 가치와 징책'미지 "흙탕물에 휩쓸려 '동반 사망'하는 비극은 막아야" 하고, 이명박의 '마지막 승부수는 아직도 남아 있다'고 부추기면서 쥐약이라도 보내야지.

유인화, 이명박 부부한테는 관심이 없나? 그 상상력이면 이명박이 '못생긴 여자가 서비스가 좋다'라고 한 거나 외국 총리 엉덩이나 쳐다보는 것에 대한 그 마누라의 예상 반응 갖고도 소설 하나 쓸 수 있을 것 같은데. 왜? 요즘은 갑자기 상상력이 빈곤해지셨나?

그 외 모든 찌라시와 기레기들, 너희들의 모든 걸 걸고 이명박을 털어라. 그게 그나마 쑥과 마늘이다. 100일 동안 먹으면 그나마 사람은 될 수 있을 것이다. 물론 그래봤자 오스트랄로피테쿠스 수준이겠지만.

– 2017. 10. 20.

'징비'와
'재조산하'

『시경(詩經)』에 "내가 지난 일의 잘못을 징계하여 뒤에 환난이 없도록 조심한다"고 하였으니, 이것이 내가 『징비록(懲毖錄)』을 저술한 까닭이다.

– 류성룡,『징비록』서문 중에서

문통령의 강력한 추석 메시지. 징비와 재조산하, 이 시기에 이것만큼 명확하게 시대적 과제를 제시하는 말도 없을 듯하다.

문통령은 하회 마을을 그냥 방문한 것이 아니다. '정치 보복' 운운에 대한 칼날 같은 답변이다.

– 2017. 10. 20.

곤륜산의
물은 결국
황하를 이룬다

"곤륜산을 타고 흘러내린 차가운 물 사태(沙汰)가 사막 한가운데인 염택(鹽澤)

에서 지하로 자취를 감추고 지하로 잠류하기 또 몇천 리, 청해에 이르러 그 모습을 다시 지표로 드러내서 장장 8,800리 황하를 이룬다."

– 한대(漢代) 장건(張騫), 신영복, 『담론』에서 재인용

곤륜산의 물이 바로 황하를 이루지 않았다고 해서 그걸 '실패'라고 하지 않는다. 우리는 '노무현 정부의 꿈'을 9년간의 잠류를 거쳐 문재인 정부에서 반드시 황하로 실현시킨다.

– 2017. 10. 20.

언어를 통해 문재인 대통령이 만들어낸 패러다임

'적폐', 쌓여온 폐단이라는 말. 사실 이건 문통령이 대선 행보를 시작하면서 제기하기 전까진 그리 회자되는 말이 아니었다. 근데 지금은 야당들도 쓰고 있다.

언어는 존재의 집이라는 말이 있다. 그만큼 언어는 객관적 대상들을 마주하는 인식 존재의 관념과 사유 체계에 지대한 영향을 끼친다고 할 수 있다. 그 영향력은 '적폐 청산'을 하나의 패러다임으로 만들어내었다. 이건 '이슈의

선점' 차원을 넘는다. 결국 '적폐'라는 말을 갖다 쓸 수밖에 없고, 그 '청산'에 대놓고 반대할 수는 없는(그래서 '정치 보복'으로 몰아가지만) 야당은 좋든 싫든 그 패러다임 안에 갇힌 셈이 되었다. 문통령이 만든 패러다임 안에 갇힌 야당. 그들이 결코 문통령을 넘어설 수 없는 이유이다.

문통령은 이외에도 조선 시대에 머무르며 잠자고 있던 '재조산하'를 현대의 햇빛을 비추며 화려하게 부활시켰다. '적폐 청산'을 미래로 연결하는 고리의 역할을 부여하며.

이번에 신고리 원전 관련 공론화 위원회의 결정을 두고 문통령이 언급한 '숙의민주주의' 역시 또 하나의 패러다임이 될 거라고 생각한다. '적폐 청산'이 구시대를 정리하는 차원이라면 '숙의민주주의'는 새로운 시대의 내용을 담고 있다. 이 또한 거스를 수 없는 물결이 될 것이다.

'적폐 청산', '재조산하', '숙의민주주의'는 대한민국의 집이다.

- 2017. 10. 23.

'선민 오르가슴'과 나르시시즘으로 사는 '입진보'

신영복 선생이 감옥에서 비전향 장기수 할아버지들에게 들은 말, '이론은 좌경적으로 하고 실천은 우경적으로 하라.' 그 할아버지들도 그 선배들에게

들었다는 말이다. 신영복 선생은 여기에, 내가 가장 좋아하는 체 게바라의 말을 융합시킨다. '우리 모두 리얼리스트가 되자. 그러나 가슴 속엔 불가능한 꿈을 지니자.' 이건 결국 같은 얘기니까.

솔직히 지금 '입진보'들이 비전향 장기수들보다 더 투쟁적인가? 체 게바라보다 더 혁명적인가? 실천은 우경적으로 하라는 말, 리얼리스트가 되라는 말, 이건 철저히 현실에 천착하라는 것이다. 땅과 괴리된 주의 주장은 모두 공염불일 뿐이다. 현실을 한 발짝도 전진시키지 못한다, 아무리 '진보'의 외피를 두르고 있어도.

사드도 무조건 안 되고, 신고리 원전도 무조건 안 되고, 최저 시급은 지금 당장 만 원으로 올려야 하고, 비정규직 지금 당장 다 철폐해야 하고(민노총은 진짜 이걸 원하기는 하나?), 동성혼 합법화도 늦추면 안 되고 등등. 이런 것들이 과연 우경적인 실천, 리얼리스트의 모습과 조금의 연관이라도 있는가? 그냥 머릿속의 꿈을 내지르기만 하면 진보인가?

지금 적폐 청산의 대상이 누군지 안 보이는가? 대통령이 최고 통치권자라고 무조건 대통령에게 요구하고, 공개 토론하자고 맞먹기나 하려고 하고, 무슨 경기를 하니 어쩌느니 나리 떨면 되는 거로 생각하는가? 도대체, 대통령이 다른데 하는 짓은 똑같으면 어쩌자는 것인가. (오히려 노통 때와 지금, 더 만만히 보고 덤비는 저 '참을 수 없는 존재의 가벼움'들.) 이런 경직된 행동이 학생 운동, 나아가 진보 운동이 몰락한 가장 중요한 이유 가운데 하나인데, 그 얼마 안 된 역사에서 배운 게 없는가?

'입진보'들은 관념론 철학자, 버클리를 싫어할 것이다. 그리고, 맑시즘과 파시즘을 동일한 전체주의로 비판한, 『열린 사회와 그 적들』의 카를 포퍼도 싫어할 것이다. (나 역시 그들의 견해에 동의하지는 않는다). 그러나 '입진보'들의 행태는, 자신이 인식하는 것만이 존재한다고 주장한 버클리를 닮았으며, 그 '닫힌 사고'는 '열린 사회'로 가고자 하는 시민 상호 간의 소통과 시민주권주의를 방해하는 '직'이 되고 있다.

사람들의 마음을 얻기보다는 가르치려고 들며 그걸로 '선민 오르가슴' 느끼는 '입진보'들, 진보의 세상을 구현하려는 실제적인 치열함 없이 그저 '선명한'(?) 구호나 외치는 것에서 나르시시즘을 느끼는 '좌파 나르키소스'들. 그냥 그렇게 살아가라. 그러나 당신들이 주류가 될 수 있는 날은 오지 않을 것이다.

- 2017. 10. 30.

남들보다 늦게 간다고 생각하는 이들에게

먼저 가던 차가 신호에 걸렸다가 다시 출발하려고 할 때, 뒤에 가던 차는 멈춤 없이 바로 통과해서 앞 차를 추월하는 경우는 많다. 지금 늦다고 해서 끝까지 늦는 건 아니다.

우리는 모두 고속도로를 달리는 것이 아니라 숱한 신호등이 있는 거리를 달리며 산다.

- 2017. 10. 30.

『조선왕조실록』을 통해 본 '적폐 청산'

『조선왕조실록』 데이터베이스에서 검색해보면 '적폐(積弊)'라는 단어가 원문으로 모두 329번 등장한다. 그 빈도를 보면 중종–명종–선조로 이어지는 시기와 정조 대에 특히 많다. 개혁 사림이 등장하면서 기존 훈구를 대체해가던 시기, 그리고 정조 대의 시대적 화두 역시 개혁이었음을 알려준다고 볼 수 있다.

그 가운데 몇 가지만 추려보면,

"모두 전조(前朝) 말년의 적폐(積弊)가 아직도 다 개혁되지 못해서 그러한 것입니다. 신 등은 생각건대, 오래된 적폐를 개혁하려면 마땅히 새로운 법을 세워야 한다고 생각합니다."

"정히 전하께서 분연히 시위(施爲)하시어, 적폐(積弊)를 일소하고 융성한 다스림을 일으킬 때입니다. 전하께서 이와 같은 기회를 얻어 신민의 희망에 부응하고 일대(一代)의 이목(耳目)을 권장함이 과연 어떠하겠습니까?"

"그것이 공론(公論)이고 적폐(積弊)이기 때문입니다. 조종조의 일에도 준수할 수 없는 것이 있으니, 옛말에 '도(道)가 아닌 줄 알면 어찌 3년을 기다리랴.' 한 것이 이 뜻입니다."

"반드시 청렴 성실하고 위엄과 덕망이 있는 사람으로 첨사(僉使)를 삼은 뒤에야 안으로 적폐를 개혁하고 밖으로 오랑캐를 무마할 수 있을 것입니다."

"맑고 깨끗하게 종래의 적폐를 완전히 쓸어낸 다음에야 중도를 세울 수 있고 화평을 새롭게 할 수 있는 것입니다."

"지금 선정이 거행되지 않아서 모든 법도가 폐이(廢弛)된 판국에 만약 분연히 일으켜 한 시대의 규구(規矩)를 새롭게 하지 않고 그저 일상 해오던 옛날 법도만 따르고 지킨다면 어떻게 적폐(積弊)를 제거하고 큰일을 성취하겠습니까."

"영남의 바닷가 지방은 서울과 멀리 떨어져 있어 변방을 지키는 장수들이 사치스럽고 참람하여 적폐(積弊)를 그대로 답습하고 있습니다. 통영(統營)과 같은 곳의 경우는 둔전군(屯田軍)을 빙자하여 …"

"만약 적폐(積弊)를 제거하지 못해서 백성의 곤궁(困窮)이 날로 심하였고, 장법(贓法)이 엄하지 못해서 양민(良民)을 보전하지 못하였고, 형옥(刑獄)이 오래도록 지체되어서 원통한 기운이 화기(和氣)를 침범하였다면 어찌 천심(天心)을 어겨서 재이(災異)를 부름이 아니겠는가."

)

관통하는 것을 찾는다면, 기존의 법과 제도로는 적폐를 청산할 수 없다는 것이다. '조종조의 일에도 준수할 수 없는 것'이 있으며, '옛날 법도만 따르고 지킨다면' 적폐를 '제거'할 수 없으니, '마땅히 새로운 법을 세워야' 한다는 것이다. 진정한 보수였던 우리 조상들은 옛것이라고 무조건 따르지 않은 것이다.

적폐 청산과 관련하여 전에는 인적 청산을 얘기했는데 사실 완전한 실현은 법과 제도의 완비에 있다. 왕권이 강했던 조선 시대에도(물론 대체로 신권이 더 강했지만) 그랬는데, 삼권이 분립된 지금은 법과 제도의 중요성이 더욱더 크다고 할 수 있다. 여기에서 문제가 발생한다. 현재 의석 구조는 청산되어야 할 적폐 세력이 다수라는 것, 따라서 법과 제도의 개혁에는 지금 현재 일정한 한계가 있을 수밖에 없다는 것이다.

그 한계를 조금이나마 보완하는 것은, 정부 차원에서도 할 수 있는 건 적극적으로 할 수 있도록 국민이 절대적으로 현 정부를 지지하는 것이다. 지지율의 힘을 보여주는 것이다.

문 정부가 '분연히 시위'하여 '적폐를 일소하고 융성한 다스림을 일으킬' 수 있도록 같이 가는 것, 법과 제도의 개혁이 이루어지고 그 내용이 구현되는 날까지 흔들림 없이 뒷받침하는 것이 지금 『조선왕조실록』에서 '적폐'를 읽는 독법이어야 할 것이다.

우리는 포기하지 않는다.

- 2017. 11. 4.

민주당 의원들에게 고함 - '옳은 소리'는 넘어두고 쓰러질 각오로 싸워라

기억이 가물가물한데, 아마 루쉰(노신) 산문집에 이런 내용이 있을 거다.

어느 아이 돌잔치에 가서, '이 아이는 나중에 커서 훌륭한 사람이 되겠군요.' 하는 것과 '이 아이는 나중에 언젠간 죽겠군요.' 하는 것 중 어느 게 진실에 가까울까. 당연히 후자가 진실에 가깝다. 훌륭한 사람이 될지 말지는 아무도 모르는 거지만, 사람은 결국 늦어도 100년 안엔 죽을 테니까.

그런데 맞는 말이라고 해도 돌잔치에서 저런 소리 하면 죽지 않을 만큼 맞아야 한다, 제 발로는 못 돌아가게. 맞는 말이라고 해도 때와 장소가 있는 것이고, 맥락을 보고 상황에 따라 해야 하는 것이니까. 그러지 않고 저런 소리를 할 때 우린, '그래 네 팔뚝 굵다'라고 한다. 귀신 씻나락 까먹는다거나 개 풀 뜯어 먹는다고 해도 크게 틀리지 않을 것이다.

트럼프 반대 집회를 차 벽으로 봉쇄한 걸 갖고 (물대포라도 쐈나?) 시민의 자유로운 의사 표현을 제한한 느낌을 받았다는 김영호, '정치 개혁, 국민 주도', 이런 말이 들어가니 그저 좋은 건 줄 알고 홍보하는 박주민, 전병헌 수석 관련하여 '법 앞의 평등, 공정한 법 집행' 운운하는 표창원을 보며 난 저 돌잔치 불청객이 떠오른다.

시민의 자유로운 의사 표현, 물론 맞는 말이다. 정치 개혁, 당연히 해야 하고 국민이 주도해야 한다. 법 앞에 물론 만인은 평등해야 한다. 그런데 저 소리가 과연 적절한 상황에서 쓰인 것인가?

외국 손님 국빈으로 초대해놓고, 코앞에서 벌어지는 반대 집회를 그냥 두라고? 뭔 일이 벌어질지 어찌 알고. 차 벽으로 막았을 뿐이지 어디 소리도 못 지르게 입이라도 틀어막고 군홧발로 밟았나?

정치 개혁 어쩌고 하는 콘서트 주최가 '구(口, 舊)진보' 야당들인데 이걸 여당인 민주당 의원이 홍보를 한다. 기가 찰 일이다. 저 구진보들이 청와대에 대해 어떤 스탠스를 취하고 있는지 모르나? 그 자리에서 어떤 말이 나오게 될지 정녕 모르나? '정치 개혁', '개헌 국민 주도'라는 말만 내걸었지 사실은 자신들의 정파적 이익과 존재감(?) 과시가 목적이란 걸 깨닫지 못한다면 그냥 그쪽으로 가라. 말리지 않는다.

그리고, 정확한 증거도 못 내밀고 그저 문제 있는 것처럼 슬쩍 흘리기만 하는 걸 갖고 '법 앞의 평등' 같은, 옆 사람 허벅지 긁는 소리 하지 말라. 검찰의 의도도 파악 못 하고 그저 같이 휩쓸리면서 무슨 개혁인가. 이런 상황에서 얘기하는 '법 앞의 평등'은 저들이 의도하는 '그놈이 그놈' 프레임을 포장해줄 뿐이다.

문 정부를 물어뜯기만 하는 모든 언론, 적폐 청산에 저항하는 야당들, 반란의 조짐을 보이고 있는 검찰들과의 전쟁이다. 여당 의원들은 전부 이 전쟁에서 맨 앞에 있어야 할 전투원들이다. 그런데 제대로 하는 자가 거의 안 보인다. 싸움은 청와대와 '깨시민'만 하고 있다.

김영호, 박주민, 표창원 등 모든 민주당 의원은 정신 팔지 말고 피 흘릴 각오를 하고 나서라. 당신들 꽃길 걸으라고 국민들이 촛불 들고 정권 교체한게 아니다. 여차하면 우린 당신들도 밟고 간다.

덧말_설훈은 동교동 형님들 그렇게 그리우면 본인이 그쪽 당 가라. 손혜원은 야당 것들한테 '닥치세요.' 하는 거 외엔 입 열지 말고.

– 2017. 11. 10.

이순신의 싸움, 그리고 문재인 정부의 싸움

임진왜란은 7년 동안 지속되었다. 그런데 7년간 계속 전투를 벌인 것은 아니었다. 개전 초기 1년 반, 그리고 정유재란이 발생한 마지막 1년 정도에 전투가 집중되었다.

그 중간 4년여의 기간은 명나라와 왜적 사이에 물밑으로 휴전 협상이 진행된 시기였고, 경상도 남해안에 웅거한 왜적과 이를 견제하기 위해 한산도에 포진한 이순신 함대의 팽팽한 대립이 지속했던 시기였다. 마치 무림 고수 둘이 서로 칼을 겨눈 채 상대의 빈틈이 생기기만을 노리던.

그때 왜적을 몰아내기 위해선 수륙 양면 작전이 필요했었다. 육군이 적을 바다로 내몰고 수군이 이를 섬멸하는 것. 그런데 당시 조선 육군은 이미 거의 궤멸한 상태라 그럴 여력이 없었다. 따라서 수군만으로는 한계가 있었다. 게다가, 섣부르게 움직여 타격을 입는다면 그건 곧 조선의 안위와 직결되는 것이었다. 당시 멀쩡한 군대는 이순신의 수군 외에 없었으므로.

이때, 왜 당장 왜적들을 공격하지 않느냐고 난리 친 게 원균과 이산해, 김응남, 윤두수 등의 서인, 그리고 이들을 비호한 선조였다. 그리고 결국 왜적의 반간계에 넘어가(넘어갔다기보다는 그걸 핑계로, 그동안 시기하고 못마땅하던 이순신을 축출) 이순신을 투옥한 후, 그야말로 목숨만 살려주는 백의종군을 시킨다. 참모 총장을 이등병으로 강등시키는 것만도 못한.

그 이후에 어찌 되었는지는 모두가 아는 그대로. 이순신이 제거되자 왜적은 정유재란을 일으켰고, 원균의 무모한 작전으로 조선 수군은 궤멸하였다. 그리고 그 절체절명의 위기 상황에서 전세를 돌린 것이 '돌아온 이순신'에 의한 명량해전이었다. 이순신이 『난중일기』에서 '천행이었다'라고 단 한 줄만 썼던. (이 한 줄에 얼마나 많은 의미가 내포되어 있는가.)

지금 문재인 정부는 적폐 세력과 날카롭게 대립하고 있다. (물론 문통령은 이런 생각보다는 과거의 적폐를 청산하는 과정에서 바로 잡을 건 바로 잡는다는 생각뿐일 것이다). 빈틈을 많이 보이는 쪽이 지는 싸움이다. 이 팽팽한 긴장 관계를 외면한 채, '촛불 혁명 과업을 제때 수행하지 않은 정부에 대한 분노' 운운하는 전교조, '촛불의 경고를 들으라'고 하는 대학생 꼰대들, '촛불 정부 자인하는 문통령이 부끄럽다'라고 하는 민노총 등등. 그저 자신들의 요구를 당장 관철하기만을 바라는 이들은, 왜 당장 왜적을 공격하지 않느냐고 하던 원균과 서인의 재림이다. 정작 자신들이 육군이 되어 적폐 서적(鼠敵)들을 바다로 내몰아야 함에도 그쪽에는 아예 눈길조차 주지 않는다. 원균과 서인은 그래도 피아 구별은 했다. 그저 언제나 '모든 문제는 현 정권'이라는 저 화석들의 머릿속에는 전략도, 전술도 존재하지 않는다.

문재인 정부와 적폐 세력의 칼날 같은 대립, 당시 왜적들이 눈엣가시 이순신을 제거하고자 했던 것처럼 지금 서적(鼠敵)들도 문 정부의 상처와 지지율 붕괴를 노리고 있다. 남해안의 웅거를 벗어나 다시 조선을 탈취할 생각을 했던 왜적들처럼 저들도 지금의 상황을 반전시켜 자신들의 천년 왕국을 세울 다양한 계략을 꾸미고 있을 것이다.

이 대결에서 정부가 유리한 것은 하나도 없다. 오히려 문 정부는 법과 원칙이라는 '정파'의 방법만 쓸 수 있을 뿐이지만 적들은 어떤 암기나 암수도 가리지 않는 집단이다 할 수 있는 방법은 저들이 더 많이 갖고 있으며 외공의 힘 자체가 전체 언론, 검찰, 재벌, 야당들로 이루어진 저들이 훨씬 강하다고 할 수 있다. 문 정부가 오로지 기댈 수 있는 것은 '순정진기'로 이루어진 내공의 힘, 즉 국민들의 절대적인 지지뿐이다.

숨도 제대로 쉬어서는 안 되는 이 팽팽한 긴장과 대립 속에서 문 정부는 그때의 이순신처럼 태산같이 무겁게 움직이고 있다.* 여기다 대고 원균질 하지 말라.

)

水國秋光暮 / 한 바다에 가을빛 저물었는데

---

* 왜적과 팽팽하게 대치하던 이순신에 대해서는 내 은사이셨던 고 정두희 선생님의 논문에서 영감을 얻었음을 밝혀둔다.

驚寒雁陣高 / 찬바람에 놀란 기러기 높이 떴구나

憂心輾轉夜 / 가슴에 근심 가득 잠 못 드는 밤

殘月照弓刀 / 새벽달, 창에 들어 칼을 비추네

– 이순신, 「한산도야음(閑山島夜吟)」

– 2017. 11. 17.

허난설헌의 슬픔,
세월호의 슬픔

허난설헌, 본명 허초희. 조선 시대 최고의 여류 시인, 풍운아 허균의 친누나, 남편의 학대와 바람, 어린 두 남매를 앞세운 참척의 고통, 유산의 아픔까지 겪다가 불과 27세에 요절한 비운의 여인.

그녀가 어린 두 남매를 잃은 건 고작 스무 살 무렵, 그 영혼들과 자신의 아픔을 달래기 위해 쓴 시.

「哭子(곡자) / 아들딸 여의고서」

去年喪愛女(거년상애녀) / 지난해 귀여운 딸애 여의고

今年喪愛子(금년상애자) / 올해도 사랑스러운 아들 잃다니

哀哀廣陵土(애애광릉토) / 서러워라 서러워라 광릉땅이여

雙墳相對起(쌍분상대기) / 두 무덤 나란히 앞에 있구나

蕭蕭白楊風(소소백양풍) / 사시나무 가지엔 쓸쓸한 바람

鬼火明松楸(귀화명송추) / 도깨비불 무덤에 어리 비치네

紙錢招汝魂(지전초여혼) / 소지 올려 너희들 넋을 부르며

玄酒存汝丘(현주존여구) / 무덤에 냉수를 부어놓으니

應知弟兄魂(응지제형혼) / 아무렴 알고 말고 너희 넋이야

夜夜相追遊(야야상추유) / 밤마다 서로 서로 얼려 놀 테지

縱有服中孩(종유복중해) / 아무리 아해를 가졌다 한들

安可冀長成(안가분장성) / 이 또한 잘 자라길 바라겠는가

浪吟黃垱詞(낭음황대사) / 부질없이 황대사 읊조리면서

血泣悲吞聲(혈읍비탄성) / 애끓는 피눈물에 목이 멘다

- 11대손 許美子(허미자) 역-

아이들의 넋을 부르며, '밤마다 사이좋게 어울려 놀 테지.' 하며 피눈물로 기도하는 모정

아마 모든 부모의 마음이 이럴 것이다. 이런 말도 있지 않은가. '부모가 죽으면 고아라 하고, 남편이 죽으면 과부라 하고, 아내가 죽으면 홀아비라 하지만 자식이 죽으면 그 슬픔이 너무 커 차마 붙일 말이 없더라.'

세월호 부모님들도 소지 올려 자식들의 넋을 부를 것이다. 하늘에서 서로 서로 어울려 놀기를 바라며. 그 「초혼가(招魂歌)」는 우리 시대의 반인간주의를 경계하고 진실을 이끄는 울림의 소리가 될 것이다.

- 2017. 11. 19.

누구를 위하여
종은 울리나

중학생 때였던가. 수업 끝나는 종만 울리면 우리는 탄성을 내뱉으며 이렇게 떠들었다. '누구를 위하여 종은 울리나?'

스페인 내전을 배경으로 한 헤밍웨이의 소설과 영화(잉그리드 버그만이 이뻤던)로 유명해진 이 문구는 원래 영국의 존 던이라는 사람의 시 제목이라고 한다. 그 시는 다음과 같다.

「누구를 위하여 종은 울리나」

누구든, 그 자체로서 온전한 섬은 아니다.
모든 인간은 대륙의 한 조각이며, 대양의 일부이다.
만일 흙덩이가 바닷물에 씻겨 내려가면
유럽은 그만큼 작아지며, 만일 곳이 그리되어도 마찬가지,
그대의 친구들이나 그대 자신의 영지가 그리 되어도 마찬가지.
어느 사람의 죽음도 나를 감소시킨다.
왜냐하면 나는 인류 속에 포함되어 있기 때문이다.
그러니 누구를 위하여 종이 울리는지 알고자 사람을 보내지 말라.
종은 그대를 위해 울린다.

– 존 던

이때의 종은 사람이 죽으면 울리는 종이었다고 한다. 전염병으로 사람이 죽을 때마다 이 종소리를 들었던 존 던이 자신도 병에 걸리자 그동안의 종소리

가 결코 자신과 무관한 것이 아니었다는 것을 깨달으며 쓴 시라고 한다. 타인의 죽음이 결코 남의 죽음이 아니라는 것, 인간은 섬처럼 고립된 존재가 아니라 대륙의 조각으로서 다른 조각들과 함께 대륙을 이루고 있다는 내용이다.

사실 인간의 본질은 '존재'가 아니라 '관계'에 있다. 혼자 완벽하게 떨어진 존재가 인간일 수 없다는 것은 '늑대소년'이 증명한다. '인간'이란 글자에도 그대로 나타나지 않는가. '人'은 사람들이 서로 기대고 있는 모양이며 '間'은 사이, 결국 인간은 사람과 사람 사이를 말한다고 할 수 있다.

자신의 존재성을 지나치게 부각하면 배타적으로 되면서 군림과 강압의 논리, 나아가 식민주의의 바탕이 되지만 '관계'는 그런 위험성에서 벗어나 있다. 맑스는 자신의 딸에게 늘 이런 말을 했다고 한다. '이 세상에 일어나는 일 가운데 너와 관계없는 일은 없다.' 이 역시 인간의 본질에 대한 통찰이다. 헤밍웨이가 자신의 소설 제목으로 존 던의 시 제목을 빌려온 것은, 스페인 내전이 스페인만의 문제가 아니라 파시즘 저지를 위한 전 세계 민주주의의 문제로 보고 그 소설에 외국에서 의용병으로 참전한 사람들의 얘기를 담았기 때문일 것이다.

세월호의 아픔은 그 가족들만의 아픔이 아니며, 이른바 '3포 세대'의 어려움은 그들만의 것이 아니다. 마약 갱들에 의해 죽임을 당하는 멕시코의 죄 없는 사람들과 이스라엘의 폭격으로 숨진 팔레스타인의 어린아이들 모두 우리와 관계를 맺고 있는, 우리와 같은 '대륙'의 일부이다. 다만, 우리가 나고 자란 한국의 사람들이 좀 더 가까운 '흙덩이'라 우선적인 관심을 가지게 되는 것이고.

우리가 정치와 사회에 관심을 가지는 것은 결국 우리 본질의 실현이다.

주의 사항_그렇다고 남의 지극히 개인사적인 일까지 간섭하고 개입하는 건 '오지랖'이라는 '인문 사회 자연 과학적'(?) 핀잔이 뒤따른다.

– 2017. 11. 25.

한겨레의
진보 코스프레

2017년 12월 1일 자 한겨레 기사, 「한국 사회 꼬집는 스페인 청년의 '촌철살인' 한 컷」.

이런 기사가 한겨레가 진보 코스프레하는 전형적인 기사다. 이런 걸 본 수구 성향 독자들은, 한겨레가 문통령을 비판하면 이렇게 합리화한다. 보라고, 조선일보뿐만 아니라 진보 신문도 문재인을 욕하니 문재인이 잘못하는 게 맞는다고. (이미 노무현 대통령 때 있었던 일이다.)

한겨레는 어느 스페인 청년의 그림책 하나를 끌고 와서 '진보 장사'를 한다. 괜찮은 내용이 없는 건 아니다. 그러나, 사회 과학 서적 활자에서 한 발짝도 벗어나지 않은 수준의 노동관, 정치 혐오로 흐를 가능성이 다분한 정치관 등은 문제가 많다. 그리고 이런 정도가 바로 한겨레 수준이다. 제 잘난 척하기에는 좋지만 수구 기득권 세력에게는 단 1g의 상처도 주지 못한다, 이런 기사 100개를 써봐야.

문통령 하시는 일이나 충실하게 전달해라.

- 2017. 12. 4.

동성애와 낙태죄
폐지 문제로
문재인 대통령을
공격하는 집단에 대해

대선 전, 문재인 후보가 동성애 차별엔 반대하지만 동성혼 합법화는 시기 상조고 사회적 합의가 필요하다고 말했을 때 일부 동성애자들이 난리 친 적이 있었다. 물론 그들은, 동성애 자체를 반대하는 지금 야당과 종교 집단엔 제대로 뭐라고 한 적이 없다.

요즘, 낙태죄 폐지에 대해 사회적 논의를 시작하자는 청와대에 대해 일부 여성들은 왜 당장 폐지 안 시키냐며, 자신들 자궁에 간섭하지 말라고 소리를 높인다. 물론 이들 역시, 낙태를 극렬하게 반대하는 사람들과 종교 집단엔 대체로 침묵한다.

저들이 유독 민주적인 사람과 정부에만 까부는 건 기본적으로, '강자에 약하고 약자에 강한' 비열한 DNA를 가지고 있기 때문이다. 문통령과 현 정부에는 아무리 대들어도 티끌만 한 불이익도 받지 않는다는 걸 저들은 잘 알고 있다.

그리고 정말 중요한 또 다른 이유는, 상대적인 우월감을 뽐낼 수 있기 때문이다. 사실 동성애 찬반과 낙태죄 폐지 찬반은 어느 한쪽이 일방적으로 옳다고 할 수 있는 사안이 아니다. 각기 다 나름의 이유가 있으며, 이건 '틀림'의 문제가 아니라 '다름'의 문제다.

따라서, 동성애와 낙태를 극렬하게 반대하는 사람들과 각을 세워봐야 '다름'만 부각될 뿐 자신들의 '잘남'(?)은 그리 부각되지 않는다. 이 지점에서 저들은 그래도 자신들에게 우호적인 사람들과 각을 세울 이유를 찾는다. '너희는 고작 동성애 찬성만 하니? 우리처럼 지금 당장 동성혼 합법화까지 주장

못 하는 너희는 그래서 우리보다 못해. 낙태죄 폐지를 굳이 논의까지 해야 해? 그래서 너희는 당장 폐지를 주장하는 우리보다 뒤떨어진 존재야', 이런 마인드가 작동하는 것이다.

저들에게 빌붙은 '구진보'도 마찬가지다. 더 이상 사회 개혁 문제에 있어서 '구진보'들은 시민들보다 앞선 존재가 아니다, 오히려 뒤떨어지고 있을 뿐. 그런데, 이른바 '젠더', '퀴어' 이런 문제에서 자신들이 '진보 어젠다'를 선점 하고 있다고 여기고 그걸로 시민들에게 '비교 우위'(?)를 느끼는 것이다. 아 마 '오르가슴'도 느낄 것이다.

저들의 이런 심리 상태에 대한 정신 분석학적 네이밍이 필요할는지도 모 르겠다. 이쪽 전문가들은 고민해보시라.

덧말_'보따리 증후군'은 어떨까? 맡겨 놓지도 않은 거 내놓으라는 '땡깡'인 셈이니까. 아니면 '착한 사마리아인 죽이기'. 자신들에게 도움 될 사 람에게 비수 꽂는 행위를 하고 있으니까.

– 2017. 12. 5.

문재인 대통령에 대한 절대적 지지

문재인 대통령에 대한 절대적 지지, 또는 무조건 지지. '무조건'이라 하니 아무 생각 없는 지지로 보이는가? 그럼, 연인들끼리 무조건 사랑하면 생각

없는 사랑인가? 그만큼 절실하다는, 간절하다는 얘기다.

노빠와 문파는 같은 곳을 바라보지만 같은 위치에 있는 건 아니다. 나사못의 홈을 생각해보면 된다. 문파는 노동을 지키지 못한 피눈물 배인 자책감으로 인한 한 번의 부정; 그리고 다시는 이를 반복하지 않겠다는 또 한 번의 부정을 통해 한 계단 올라간 것으로, 결국 문파는 노빠에서 한 단계 업그레이드된 존재다. 그런 존재들의 지지가 '절대적, 무조건 지지'다. 또한, 정계 입문 후 '고난의 행군'을 해온 문재인을 보면서 감정 이입하고, 새롭게 지지하게 되고, 그런 지지의 절대량이 축적되어 질적 전환까지 이룬 지지다. (나 역시 2012년에는 지금 같은 극렬(?) 수준은 아니었다.) 결국, '절대적 지지'는 '변증법적 지지'이며, 집단적으로 공유하게 된 '전략적 지지'이다.

이걸 이해 못 하면서 잘난 체하지 마라. 혼자 생각 있는 척하지 마라. '노무현' 이름도 입에 담지 마라. 현 정부에 할 얘기가 있다면 집 안에서 문 걸어 잠그고 하겠다는 귀신 씻나락 까먹는 소리도 하지 마라. (물론 이 글은 그 도지사한테만 하는 이야기는 아니다.) 그런 생각 자체가 절실하지도, 간절하지도 않기에 나오는 것이다. '다양한 의견' 운운은 교과서로 족하다. 문 정부 성공을 위해 고언한다는 교만도 버려라. 지금은 그 '다양', '고언', '할 얘기'들이 모두 적들의 총알과 포탄으로 쓰이는 세상이다. 당신들은 적들의 병참기지가 되는 것이다.

나는 문통령을 절대적으로 지지한다. 고로 나는 존재한다.

– 2017. 12. 7.

정몽주와 사육신의 '충', 그리고 문재인 대통령에 대한 지지

'이 몸이 죽고 죽어 일백 번 고쳐 죽어

백골이 진토되어 넋이라도 있고 없고

임 향한 일편단심이야 가실 줄이 있으랴'

– 정몽주

문통령에 대한 절대적 지지 또는 무조건 지지를 말하니, 박사모와 뭐가 다르냐는 사람들이 있다. 그 대상으로 이명박이나 박근혜를 대입해도 마찬가지로 성립한단다.

정몽주의 시조를 조선 건국 세력의 누군가가 지었다면 거기 나오는 '임'은 고려 왕이 아니라 이성계일 것이다. 그럼, 정몽주의 시조를 갖고, 고려 왕을 대입해도, 이성계를 대입해도 마찬가지로 성립하니 문제라고 할 것인가? 정몽주의 지조는 아무래도 좋은가?

비슷한 예로, 세조에 대한 한명회의 '충'과 단종에 대한 사육신의 '충'을 동일한 잣대로 재지 않는다. 대상이 다르면 그 가치도 다른 법이다. 현상이 같다고 본질까지 같은 건 아니다. 하물며, 문통령처럼 이명박근혜와 비교할 수 없는 역사적 정당성과 정치적 타당성을 가진 존재에 대한 지지에 있어서는.

하기야, 지조대로 살기보다는 '지 조ㄷ대로' 사는 것들은 결코 이해를 못할 것이다.

'이 몸이 죽어가서 무엇이 될꼬 하니

봉래산 제일봉에 낙락장송 되어 있어

백설이 만건곤할 제 독야청청 하리라.'

– 성삼문

덧말_문파는 문통령과 함께 언제나 푸르를 것이다.

– 2017. 12. 8.

임정의 계승과
적폐 청산

　임시 정부 시대는 크게 세 시기 또는 네 시기로 구분된다. 어떻게 구분하든 마지막 시기는 1940년에서 1945년까지의 중경(충칭) 시대이다.

　1932년 이봉창 의사와 윤봉길 의사의 의거는 세계를 놀라게 하였으며, 중국 정부와 중국 국민의 마음을 얻는 계기가 되었다. 그동안 혼란스럽고 큰 존재감도 없던 임정이 그 존재를 대내외에 확실하게 각인시킨 쾌거였다. 만주를 침략하고 중국 본토에 대한 야욕을 드러내던 일제는 이런 임정을 그냥 두지 않았다. 결국, 임정은 일제의 폭압을 피해 근거지를 계속 옮길 수밖에 없었다.

그러다 1940년, 중국 국민당 정부가 있는 중경에 터를 잡는다. 그리고 임정은 여기서 체제를 개편한다. 강력한 주석제를 채택하여, 그전의 집단 지도 체제에서 단일 지도 체제로 전환한다. (내각제 좋아하는 것들이 보기엔 '제왕적 주석제'였을 것이다.) 그것이 대일 투쟁에 있어 효율적이었기 때문이다. 한국광복군을 창설하고 일본을 향해 선전 포고한 것도 이즈음이다. 독립 투쟁의 단계에서 독립 전쟁으로의 진화였다. 임정이 가장 임정다웠던 시기가 바로 중경 시대일 것이다.

문재인 대통령이 이번 중국 방문 중 중경에 있는 임시 정부 청사를 방문하였다. 한국 대통령으로는 처음이다. 임정에 대한 문통령의 애정과 존중을 엿볼 수 있다. 문통령이 임정 청사를 방문한 것은, 지금의 대한민국 정부가 임정을 계승하고 있다는 것을 분명히 하는 한편, 건국 100주년을 앞두고 그 기념도 확실하게 하겠다는 의지의 표명이다.

임정의 계승은 '48년 건국' 운운하는 친일 수구 세력의 박멸로 완성된다. 지금의 시대적 과제인 '적폐 청산'은 이와 무관하지 않다. 국민의 절대적 지지를 받는 '강력한 대통령'의 단일 지도 체제 아래 모두가 '광복군'이 되어 적폐 청산 전쟁을 수행해야 한다. 이미 선전은 포고되었다.

- 2017. 12. 16.

절벽인 언론 환경, 그리고 담쟁이인 문재인 대통령과 문파

　문통령의 이번 중국 방문은 한국 언론이 어느 정도로 썩었는지를 단적으로 보여주는 기록으로 남을는지도 모르겠다. 한중 관계를 완벽하게 복원한 외교 성과는 무시한 채, 굴욕이니, 홀대니 하는 말초적 단어로 도배한다.

　애초에 이 홀대론의 시작은 문재인 대통령 공항 영접을 중국의 차관보급이 했다는 것에서 비롯되었다. 그런데 그 차관보는 차관이 공석 중이라 그 업무를 대신하는 중이었고 나중엔 실제로 차관이 된다. 차관의 영접은 여느 때와 다른 게 아니었다.

　그렇게 홀대론의 포문을 열더니, 서민 식당에서 중국 쪽 인사 없이 우리끼리 식사하신 것(이걸 '혼밥' 운운하는 자는 회식 자리 말고는 다 혼밥으로 생각하나 보다), 중국 외교부장이 자연스러운 상황에서 팔을 친 것 등 지극히 단편적인 사안들만 갖고 확대를 한다. 박근혜는 옷 입은 것만 갖고도 엄청난 외교 활동한 것처럼 찬양하더니 말이다.

　그 홀대론은 기자 폭행 사건으로 정점에 이른다. 취재 라인 넘어가려고 하면서 경호원한테 진상 부리다 맞은 걸 갖고 '외교 참사' 운운하고 청와대 책임론까지 들먹인다. 대통령 방중 성과보다 그게 더 큰 뉴스다. 이것들이 제정신인가?

　지금 언론의 작태는 가히 흰 것을 검다고 하는 지경이요, 사슴을 말이라고 우기는 '조고질'의 결정체다. 아마 진나라 때의 조고도 지금 이 꼬락서니를 보면 콤플렉스에 빠질 것이다.

　비판 겸으로 지지한다는 자들은 들어라. 언론 환경이 이 지경이다. 기운어진 운동장 정도가 아니라 아예 절벽이다. 진보 매체라는 것들이 제정신 차리고 있어야 그나마 기울어진 운동장 비슷하게라도 될 것이다. 근데 그것들은 수구들보다 더한 지경이다.

이런 마당에, 문 정부를 향한 애정(?) 어린 비판이나 고언(?)이나 충고(?) 따위가 씨알이라도 먹힌다고 생각하는가. 그따위 행태는 기레기들의 밥일 뿐이다. 문 정부를 향한 총알로 쓰일 뿐이다.

문통령은 절벽에 매달려 있다. 아차 하면 떨어지는 판, 그래서 문파들이 같이 손잡고 버티고 있다. 그런데 댁들은 멀찌감치 떨어져, '거기 왜 매달려 있냐?' 하며 팔자 좋은 짓을 하고 있는 것이다. 잡초에 불과하면서.

담쟁이는 수천, 수만이 어우러져 서로 손을 잡고 같이 벽을 넘는다(도종환 시 참조). 또 그래야만 가능하다. 우리도 그렇게 할 것이다.

- 2017. 12. 16.

춘추필법과 한국 언론의 '하동필법'

청와대의 프레스 센터로서, 대통령 기자 회견 장소와 기자들의 기사 송고실, 브리핑 룸 등이 있는 춘추관은 고려와 조선 때 史草를 기록하고 관리하던 춘추관의 이름을 딴 것이다. "엄정하게 역사를 기록한다는 의미가 오늘날의 자유 언론의 정신을 잘 상징한다"라는 의미에서.

그런데 『춘추(春秋)』는 공자가 노 나라의 역사를 기록한 책의 이름이다. 이 책에서 쓴 역사 서술 원칙을 '춘추필법'이라 한다. 사실을 엄정하게 기록하여 대의명분을 세운다는 서술 원칙이지만 그렇다고 객관적인 서술은 절대 아니다(글자 그대로 '객관적인' 역사서는 사실 존재하지 않는다). 글자 하나, 단어 하나도 공자 자신의 주관에 따라 다르게 썼으며,* 자신이 의미 없다고 여긴 사실은 아예 기록하지도 않았다.

공자 이후 후세의 중국 사가들은 대체로 이 '춘추필법'을 따랐다. 자신들의 입장을 대의명분으로 삼다 보니 외국과 관계된 일에 대해서는 왜곡하거나 감추는 일도 적지 않았다. 그래서 단재 신채호 선생은 '춘추필법'에 대해 "중국의 체면을 위해 치욕을 숨기는" 방식이라고 비판하기도 하였다. 『삼국사기』가 비판받는 것도, 신라를 정통으로 보고 기술한 '춘추필법'인 탓이 크다.

그러나 제대로 대의명분을 따르는 경우, '춘추필법'은 엄정한 역사 기록의 수단이 되기도 한다. 연산군 때 사관(史官)이었던 김일손은 세조의 왕위 찬탈에 대해 매우 비판적인 입장이었다. 그래서 세조와 그 공신들의 비행을 기록하였고, 세조에 반대한 김종서의 죽음은 '사절(死節)'이라고 높였으며, 김종직이 지은 「조의제문(弔義帝文)」을 싣기도 하였다. 이것이 무오사화로 번졌으며, 김일손 역시 다른 사람과 더불어 죽음을 면치 못했다. 명종 때에는, 을사사화를 일으킨 윤원형 일파 이기의 죄악상을 사실대로 기록하며 "춘추의 뜻을 붙인" 사관 안명세가 처형당하기도 하였다.

이렇듯 '춘추필법'은 무엇을 명분으로 삼느냐에 따라 긍정적이기도, 부정적이기도 한 서술 원칙이라고 할 수 있다. 진실로 대의명분을 전제로 삼는다면 무서우리만치 엄정한 방식이기도 하다.

현재 한국 언론은 대체로 자신들이 '춘추필법'을 따른다고 하고 있다. 그런데 이들은 과연 무엇을 명분으로 삼고 있는가. 과연 한국 언론은 역사적 사실을 엄격하게 기록하고 있는가. 김일손과 안명세처럼 목숨은 걸지 않아도,

---

* 예를 들어, 한 나라가 다른 나라를 쳐들어갔을 때 양쪽의 잘잘못이 비슷하다고 생각한 경우는 가치 중립적인 '공(攻)'을 쓰고, 상대 쪽이 분명히 잘못이라고 생각한 경우는 '벌(伐)'이라고 했다.

적어도 자신들의 이익과는 초연하게 기사를 쓰고 있는가.

지금 한국 언론의 춘추필법은 죽은 필법이다. 정작 언론을 통제한 이명박과 박근혜 정부 때에는 애완견처럼 꼬랑지나 흔들다가 문재인 민주 정부에는 미친개처럼 짖고 있다. 문재인 지지자들에 대한 공격은, 중국 사가들이 외국에 관해 쓰던 방식과 같은, 자신들의 기득권과 체면을 위해 역사를 왜곡하던 그 필법이다. 자신들은 '화(華)'요, 다른 나라는 '이(夷)'라 부르던 오만한 필법이다.

먼 훗날, 지금의 한국 신문들이 유물로 발굴되었을 때 발굴단은 이런 평가를 내릴 것이다. 그때 한국 언론의 서술 원칙은 '하동필법'이었다고. 대다수 시민이 SNS를 통해 객관적인 사실을 기록하며 제대로 된 사관의 역할을 할 때, 오히려 그 시민들과 싸우자고 덤볐던, 속이고 공갈하는[하(嚇)] 추한[동(魑)] 필법이었다고.

– 2017. 12. 21.

도 넘은 기레기질 행태,
시민들이 응징해야

도 넘은 문파 행태를 문통령이 규제하라는 동아일보에 그 기사를 패러디해 돌려준다.

찌라시 기레기들의 비이성적 행태가 도를 넘고 있다. 대다수 기레기가 대통령 방중 기자단 폭행 사건에 대해 "외교 참사"라고 호들갑 떠는가 하면 대통령에 대한 비판을 부채질하는 안희정 충남지사를 띄워주는 등 전방위 무차별 공세를 펼치고 있다. 이런 정신 나감으로 인해 이른바 '기레기'에 이어 아예 쓰레기라고 불릴 정도다.

기레기들은 정도의 차이가 있으나 온라인 매체나 종이 쪼가리를 거점으로 삼아 물량 공세식 공격을 벌인다. 이러한 활동을 우려하는 이유는 매스 미디어의 힘으로 시민들의 의견을 압살하면서 여론을 왜곡할 가능성이 크기 때문이다. 그 과정에서 일베나 댓글 부대의 망동, 네이버의 조작질까지 활용해 심리적 패배감을 노린다. 이들의 통제받지 않는 행동은 노무현 대통령 때도 마찬가지였다. 노통이 '짜장면이 좋다'라고 하면 '짬뽕 무시'라고 기사 쓴다는 얘기까지 나온 것이 대표적이다.

이들은 대통령의 지지율이 올라갈 수 있는 사안이라면 가리지 않고 맹공격을 퍼붓는다. 소위 진보 언론이나 진보 정당도 하는 짓은 마찬가지다. 내년도 예산안 통과와 관련해서도, 야당들의 발목 잡기와 복지 정책 훼방에 대해서는 제대로 보도하지 않는다. 매체의 영향력과 기레기들의 보복 행동을 의식해 정부 여권 내에도 눈치를 보는 사람이 있을 정도다. 오죽하면 시민들이 언론에 당당하라는 뼈 있는 목소리를 내겠는가.

정치인에 대한 건전한 비판은 말로만 지껄이고 실제로는 기계적 중립도 지키지 않는다는 것은 이명박근혜 때와 비교해봐도 알 수 있다. 문재인 대통령에 대해서는 무조건 까기만 하는 기레기 대다수의 독선과 폐쇄성은 걱정스럽다. 그런 짓이 니네 기레기들한테 조금의 도움이라도 되는지 성찰해야 한다. 문 대통령은 상궤를 벗어나는 기레기들의 탈선엔 신경 쓰지 마시고 꽃길만 가시라. 배타적이고 독단적이며 특권 의식에 쩌든 '기레기 패권주의'는 끝장나야 한다. 한국 사회를 휘젓는 이들의 폭주를 막기 위해 시민들이 나서야 할 때다.

- 2017. 12. 17.

청와대 상주 기자단의 해체를 촉구하며

춘추관 이야기 하나 더.

고려 때 춘추관의 관원은 전임직이었지만 조선 시대 춘추관 관원은 겸임직이었다. 즉, 다른 부서의 관원들이 춘추관의 관원을 겸했다. 매일 할 일은 없다는 이유와 역사 기록을 각 관서의 관원에게 맡겨야 한다는 뜻에서. 각종 문서를 작성하던 예문관의 관리가 주로 사초 작성을 맡기는 하였으나 다른 직책은 다른 관서에서도 골고루 맡았다.

지금, 청와대 기자단 해체 청원이 여전히 진행 중이다. 사실 청와대 기자단이 매일 할 일이 뭐가 있는지 모르겠다. 웬만한 소식은 청와대에서 직접 국민에게 알리고 있다. 사진도 '효자동 사진관'이면 충분하다. 과거처럼 신문과 방송만이 뉴스를 독점하고 정보를 일방적으로 유통하는 시대가 아니다. 이미 1인 미디어 시대로 접어들었으며, 정치인과 국민이 직접 소통하는 시대다. 그 변화에 따라 청와대 기자단 제도에도 변화를 줄 필요가 있다.

청와대 기자단은 해체하고 각 업체로 돌아가야 한다. 솔직히 찌라시 종업원들은 청와대 춘추관에 모여 앉아 잡담이나 하고, 어떻게 왜곡질할까 모의밖에 더 하는가. 각기 자기 회사에서 볼일 보다가(작문, 논리력, 뭐 이런 것도 공부 좀 하고), 청와대에서 중요 브리핑을 하거나 기자회견을 할 때 그때그때 청와대 찾아가면 된다. 이때는 지방의 군소 언론사 모두에 공평하게 기회가 주어져야 할 것이고.

조선 시대에 역사 기록을 각 관서 관원에게 맡긴 건 특정 관서에서만 할 경우 역사 기록을 치우치게 할 우려가 있기 때문이었다. 고정적인 상주 기자단 역시 그런 우려가 있으며, 그것은 지금 여실히 드러나고 있다. 춘추관의 남는 공간에는 정부의 정책을 홍보하는 인력과 부서를 집중적으로 배치하면 더 좋을 것이다.

춘추관의 의미를 오늘에 되살린다면, 전임직이 없었던 그 형식도 되살려야 한다고 본다. 그리고 이와 더불어 해외 방문 수행단 제도도 손을 보아야 한다. 청와대 기자단 제도는 언론의 자유와 상관이 없다. 언론 패거리 문화 형성의 자유만 있을 뿐이다.

- 2017. 12. 27.

야누스의 의미,
그리고
'적폐 청산'과 '재조산하'

이제 며칠 있으면 2018년 새해 1월이다. 1월의 영어인 January는 로마 신화에 나오는 두 얼굴의 신 '야누스'의 이름을 딴 것이다(그쪽 언어에선 J가 Y 발음). 보통 이중인격자를 말할 때 야누스 같다고 하는데, 이걸 들으면 야누스 신은 억울해할 것이다. 원래 그런 의미는 아니므로.

야누스의 한 얼굴은 과거를, 그리고 다른 한 얼굴은 미래를 보는 얼굴이라고 한다, 그래서 1월의 이름으로 쓰이게 된 것이다. 1월은 과거가 된 묵은해를 보내고 새로 맞은 해의 첫 달이므로.

새로운 1월을 맞는 우리 역시 두 개의 얼굴을 가다듬는다. '적폐 청산'이라는 과거를 보는 얼굴과 '재조산하'라는 미래를 보는 얼굴. 야누스의 두 얼굴이 몸 하나에 합쳐져 있듯, 적폐 청산과 재조산하 역시 한 몸이다. 과거를 바로 잡는 것은 그것을 미래로 건네주기 위해서이다. 그렇게 하나이다.

2018년 새해, 연호로 '이니' 1년,* 진정한 시작이다. '짐승 같은 어둠을 벼랑으로 몰아내' 적폐를 완전히 청산하고, '온 산 모두 다 새로 일어나' 푸른 산하를 다시 이루는(재조) 본격적인 해가 되길 소망한다. 문파들이 '압도하는 노랫소리'를 떨치며.

해를 보아라. 이글대며 솟아오르는 해를 보아라. 새로 해가 산 너머 솟아오르면, 싱싱한 향기로운 풀밭을 가자. 눈부신 아침 길을 해에게로 가자.

어둠은 가거라. 울음 우는 짐승 같은 어둠은 가거라. 짐승같이 떼로 몰려 벼랑으로 가거라. 햇볕살 등에 지고 벼랑으로 가거라.

보라. 쏘는 듯 향기로이 피는 저 산꽃들을. 춤추듯 너흘대는 푸른 저 나뭇잎을 영롱히 구슬 빚듯 우짖는 새소리들. 줄줄줄 내려 닫는 골푸른 물소리를…. 아, 온 산 모두 다 새로 일어나 일제히 수런수런 빛을 받는 소리들.

푸른 잎 풀잎에선 풀이 치는 풀잎 소리. 너흘대는 나무에선 잎이 치는 잎의 소리, 맑은 물 시내속엔 은어 새끼 떼 소리…. 던져 있는 돌에선 돌이 치는 물소리 자벌레는 가지에서, 돌지내빈 밑둥에서, 여어어 잇! 볕 함빡 받아 입고 질러 보는 만세 소리…. 온 산 푸른 것 온 산 생명들의 은은히 또 아 일제히 울려오는 압도하는 노랫소리.

---

* 과거 왕들의 경우 즉위한 해는 즉위년, 그다음 해가 재위 1년.
(문통령 임기 빨리 간다고 서운해하시는 분들 조금이라도 위안 삼으시라고) 2018년은 이니 2년이 아니라 1년이다.

산이여! 너흘대는 나뭇잎 푸른 산이여! 햇볕 살 새로 퍼져 뛰는 아침은 너희 새로 치는 소리에 귀가 열린다. 너희 새로 받는 햇살들에 눈이 밝는다. – 피가 새로 돈다. 울음을 올라갈 듯 온몸이 울린다. 새처럼 가볍도다…. 나는 푸른 아침 길을 가면서…, 새로 솟는 해의 품, 해를 향해 가면서….

– 박두진, 「해의 품으로」

– 2017. 12. 27.

2018년의
기록

세상 보기
어느 문파의

우리의 '3경 사상', 그리고 남북한

　역사학자 단재 신채호 선생은 자신의 역사 인식을 소설로 담기도 하였는데『꿈하늘』은 그 대표적인 작품이다. 아나키즘으로 사상의 코페르니쿠스적 전환을 이루기 전에 쓴, 민족주의 색채가 물씬 나는 작품이기도 하다. 거기엔 여러 가지 내용이 나오는데 다음의 구절도 그 하나이다.

　"우리나라는 저울과 같다.
　부소(扶蘇) 서울은 저울 몸이요,
　백아(百牙) 서울은 저울 머리요,
　오덕(五德) 서울은 저울추로다.
　모든 대적을 하루에 깨쳐 세 곳에
　나누어 서울을 하니,
　기울임 없이 나라 되리니,
　셋에 하나도 잃지 말아라."

　단군이 적을 깨고 서울을 세 곳에 두었다는 것인데, 하나는 한반도에 두었고 다른 두 곳은 연해주 등 한반도 밖이었으며, 이 세 서울 가운데 하나만 잃어도 후세 자손이 쇠약해질 것으로 예언했다고 한다. 그러나 신채호 선생은 오늘날 그 서울이 어디인지 아는 사람도 없어졌다고 한탄하며, 정인지가『고려사』를 쓰면서 3경(三京)을 모두 대동강 이남으로 본 것은 잘못이라고 하였다.

　고려 때에도 단군 시대처럼 3경을 두는 사상과 전통이 있었다. 도참사상의 '이데올로그' 김위제는 "저울대[秤幹]는 부소(扶疎)이며, 저울추는 오덕(五德)을 갖춘 땅이고, 저울 머리는 백아강(百牙岡)이다. 이곳에 도읍을 정하면 70개 나라가 항복하여 조공을 바칠 것"이라고 하면서 세 도읍을 잘 지키면 태평성대를 보장받지만 세 곳의 땅을 버린다면 왕업은 쇠퇴할 것이라고 하였다. 그가 얘기한 3경은 중경(개성), 서경(평양), 남경(지금의 서울)이었는데, 특히 '오덕'의 땅인 남경으로 천도할 것을 주장하기도 하였다.

우리 민족이 3이란 숫자를 좋아한 것은 단군 때부터였나보다. 그래서 도읍도 세 곳에 두었고…. 이것을 우리 고유의 '3경(三京) 사상'으로 불러도 좋을 것이다. 3경이 어디이든, 중심이 하나가 아니라 세 곳이라면 국가의 균형 발전에 엄청난 플러스가 될 것은 자명하다. 각각 저울의 몸과 머리, 추의 역할을 하면서 말이다. 지금 한국에도 3경은 있다고 할 수 있다. '관습(?) 수도' 서울과 행정 수도 세종, 그리고 해양 수도 부산이 아마 3경이 될 것이다. (결국, 세종시 건설은 우리의 진정한 관습(!)에 부합하는 것이었다고도 할 수 있다.)

그런데 이걸 한반도 전체로 확대해보면 어떨까? 그럴 때의 3경은? 아마 서울, 평양, 그리고 개성이 되지 않을까 싶다. 고려 때의 3경 사상 그대로.

남북한이 대화 국면으로 다시 접어드는 것을 보며 나는 '우리 전통 3경의 부활'을 꿈꾼다. 분단으로 인해 하나의 저울은 반쪽짜리가 되었다. 3경의 틀을 잃으면서 우리는 태평성대도 바라지 못했고, '국업'도 쇠퇴했다. '후세 자손의 쇠약'도 겪어야 했다. 신채호 선생이 꿈꾼, 저 만주와 연해주까지 포괄하는 '3경'까진 바라지 못해도 '고려의 3경'은 부활해야 한다. 서울은 서울대로 축을 이루고, 평양은 평양대로 저울의 일부를 이루는 일, 그리고 개성은 두 수도가 만나 균형과 공존을 이루어 3경의 완성으로 이어지게 하는 일을 맡아야 한다. 개성공단은 그 시작일 수 있었으며, 재개되어야 한다.

통일, 어쩌면 우리 살아생전엔 볼 수 없을는지도 모른다. 그러나 하나의 저울로서 수평을 잘 잡는 3경의 부활은 남북한 평화 정착과 공존 교류를 통해서도 얼마든지 가능하다. 궁극적인 '국업'의 홍성은 여기에 달려 있을 것이다.

"우리나라는 저울과 같다.
기울임 없이 나라 되리니
셋에 하나도 잃지 말아라."

덧말_남북 철도 이어 유럽까지 가자. 우리는 대륙이다.

- 2018. 1. 6.

위안부 합의 후속 조치를 보며 - 싸우지 않고 굴복시키는 것이 최선이다

『손자병법』의 유명한 문장,

'백전백승이 최선은 아니다. 싸우지 않고 굴복시키는 것이 최선이다.'

박근혜 정부 시절에 있었던 위안부 문제 합의에 대한 현 정부의 후속 조치를 보고 든 생각이다. 재협상을 공식적으로 일본에 요구하는 건 싸우자는 것이다. 여기서 승리하면 우리는 엄청난 통쾌함을 느낄 것이다. 이걸 원할 수도 있고, 이렇게 할 수도 있다. 이렇게 결정을 했다고 한들 난 반대하지 않는다.

그러나 어떤 승리든, 전쟁에서 아군의 피해 없는 승리는 없다. 위안부 합의 파기 및 재협상 요구는 그런 위험성을 안고 있다. 일단 일본과 외교 전면전을 벌여야 한다는 것, 정부가 바뀌었다고 국가 간 합의를 뒤집는 나라라는 국제 사회 인식이 생길 수도 있다는 것, 재협상을 요구해도 일본이 응하지 않으면 우리에겐 당장 다른 카드가 없으며 우리만 상처를 입을 가능성이 크다는 것(위안부 문제는 뒤로 빠진 채 '재협상 요구'라는 형태만 갖고 일본의 역공 가능), 결국 재협상 요구 자체가 주는 '정신 승리'만 할 수 있다는 것 등이 그런 것이다.

이번 조치로 인해 오히려 일본은 손발이 묶인 셈이다. 합의를 공식적으로 파기한 건 아니니 일본은 정식으로 항의를 할 수도, 반격을 할 수도 없다, 속으로만 앓아야 할 뿐. 재협상을 요구했을 때 일본이 응하지 않으면 그건 일본의 주체적인 결정과 행동이 되지만, 지금과 같은 경우는 우리가 그들을 그렇게 만든 차원이 된다. 게다가 우리 정부는 지난 합의가 문제가 있다는 걸 여전히 분명히 함으로써 위안부 문제는 해결된 것이 아니라는 것을 국제 사회에도 확실히 각인시킨 셈이다.

굳이 성을 무력으로 공격하여 탈취하는 '공성전'이 능사는 아니다. 모든 보급로를 차단하고 성을 포위하여 장기간 대치함으로써 성안의 적들을 말려 죽이는(?) 게 훨씬 더 가치가 있다. 이쪽 피해는 거의 없으므로. '위안부 문제는 해결되지 않았다'는 것 하나만 확실히 하고 장기간 일본과 대치하면 결국 말라 죽는 것은 일본이다. 일본 입장에서는 하루라도 빨리 털어버리고 싶은 문제이므로.

덧말_그나저나 이명박근혜가 저질러놓은 것들 때문에 현 정부가 진짜 고

생한다. 사드, UAE, 위안부 문제 등등 도대체 한두 개야? 이명박근혜 찍은 사람들은 문 정부 지지해라. 그들이 남겨놓은 걸 같이 치워야 할 의무가 당신들에게 있다.

- 2018. 1. 8.

장애인에 대한 편견과 차별이 없는 세상을 바라며

부모에게 어떤 문제가 없어도 선천적으로 장애를 갖고 태어나는 사람들이 있다. 아마 인류가 존재하는 한 그럴 것이다. 지금까지 그랬듯 장애아는 결국은 누군가의 자녀로 태어난다.

필연은 우연을 통해 관철되는 법, 하필이면 그 '랜덤'에 걸리는 사람들이 있게 되고, 그 덕에 다른 사람들은 그것을 모면한 것이라고 볼 수 있다.

그런 점에서, 비장애인 모두는 장애인과 그 가족들에게 빚을 지고 있다.

- 2018. 1. 15.

요참의 고통, 그리고 이명박에 대한 단죄

요참(腰斬), 허리를 베어 죽이는 형벌이다. 고대 중국에서 주로 행해졌고, 우리나라에선 백제 때 있었다고 한다. 하반신은 눕혀 놓고 상반신은 옆에 세워둔다. 금방 죽는 것도 아니고 온몸의 피가 다 빠져나갈 때까지 고통을 느끼다 죽는다고 한다. 잘린 자신의 몸을 보면서. 순식간에 명이 끊기는 거열형이나 참수형이 차라리 나을 정도. 이 형벌을 당한 중국의 어떤 사람은 참혹할 '참(慘)'자를 열두 번 쓰고 죽었다고 한다. 그만큼 고통스러우며, 그만큼 죽기까지 시간이 걸린다는 얘기.

난 이명박에게 이 요참과 같은 형벌이 가해져야 한다고 생각한다. 물론, 사형 제도가 사실상 폐지된 나라에서 진짜로 죽이자는 건 아니다. 그러나 그 정도의 고통은 받게 해야 한다. 평생을 감옥에서 썩으며, 그동안 자신이 저지른 죄악이 모두 명백하게 밝혀지는 걸 보게 하는 것, 모든 국민으로부터 나오는 욕을 매일 라이브로 듣게 하는 것, 평생 모은 재산이 한 푼 남김없이 국고로 들어가는 것을 보게 하는 것, 처자식 및 손주들이 거지꼴로 살아가 영치금도 변변히 넣어주지 못하는 상황에 처하게 하는 것이다. 감옥 안에서 서서히 말라 죽도록. 참혹할 '참' 자를 백이십 번 쓰겠다면, 그 용지는 대주겠다. 전통 한지로.

자업자득, 인과응보, 사필귀정, 이 모든 것이 이명박에게 적용되기를 고대한다.

– 2018. 1. 16.

'가상통화' 규제에
찬성하며

화폐는 모든 상품과 교환되는 '일반적 등가물'로서 등장했고 상품의 최고 형태로 존재해왔다. 상품은 화폐로 교환될 수 있을 때만 가치를 가지며, 역으로 그런 역할을 할 때만 화폐라고 할 수 있다. 그리고 이런 화폐의 최고 형태가 자기 증식하는 가치, 바로 자본이다. '가상통화'는 화폐의 역할도 제대로 못 하면서* 자본의 지위만 누리려고 한다. 자기 증식도 불투명한, 남의 돈을 끌어들여야 증식하는 투기성 자본이면서.

'가상통화'를 옹호하는 글을 보니 '탈중앙'이라는 말이 나온다. 국가가 통제하고 보증하는 법정 화폐가 아니기에 개인에게 통화 권력의 분산이 이루어진다는 것이다. 그러나 국가보다 민간이 더 낫다는 근거는 어디에도 없으며, '사악한 민간'은 널렸다. 가뜩이나 국가 권력보다 자본 권력이 우위에 있는 사회에서는…. 국가 기간 산업을 '민영화'해서는 안 되는 것과 마찬가지다.

또 하나 옹호 논리가, 비트코인은 무 신뢰 시스템에 얼마나 많은 사람이 얼마나 큰 비중으로 동의하느냐에 따라서 가치가 결정되며, 더 많은 사람이 더 많은 비중을 비트코인에 두면 비트코인의 가치가 상승한다는 것이다. 법정 화폐에 대한 믿음을 줄이고 비트코인에 대한 기대를 높일수록 비트코인의 가격은 상승하는 것이라는 '반 화폐적' 발언도 서슴지 않는다. 법정 화폐에 대한 믿음을 줄여 그걸 비트코인 구매에 바치라는 얘기, 사이비 종교 집단에서, 어차피 망할 세상에 대한 믿음을 줄여 너희 집문서 갖고 오라는 것과 뭐가 다를까. 사실, 사이비 종교 집단에 몸담은 사람들의 '기대와 동의의

---

* 토론 프로에서. 유시민이 비트코인이 거래수단이 될 수 있느냐고 묻자 가상화폐 찬성하는 상대 패널은 왜 그래야 하냐고 반문했을 정도.

비중'에 따라 그 교주의 가치도 상승한다. 통일교에서 가상통화에 뛰어들면 제대로 할 것 같다.

- 2018. 1. 17.

남북한 단일팀의 역사, 그리고 남북 평화

　1957년, 북한 올림픽 위원회 위원장은 1960년 로마 올림픽 대회에 남북 단일팀 구성을 제의한 적이 있다. 물론 이루어지진 않았다. 그리고 1962년 6월, 이번엔 IOC에서 1964년 도쿄 올림픽에 남북한 단일팀 구성을 남북에 요청했다. 이건 남북 당국이 받아들여 원칙적으로 합의하였고, 동년 9월엔 도쿄 올림픽 남북 단일팀 참가가 발표되었다. 그러나 1963년 7월 실무 회담이 완전히 결렬되어 역시 실제론 이루어지지 못했다. 그리고 세월이 흘러 1981년 6월, 남한은 북한에 먼저 1984년 LA 올림픽 단일팀 참가를 제의하기도 했다. 박정희와 전두환의 집권 초기에 있었던 모습이다. (자, 일베들은 이제 저들을 종북이라고 깐다. 시작!) 취약한 정권의 정당성을 남북문제 진전을 통해 보완하고자 한 의도가 작용한 것이었다고 볼 수 있다.

　노태우 정권 때인 1990년에는 베이징 아시안 게임 단일팀 구성 논의가 있었고 그 역시 실제 이루어지지는 못했으나 1991년에는 마침내 실현된다. 4월에 열린 세계 탁구 선수권 대회에 여자 단일팀이 출전하여 복식 우승을 거머쥐었다. 6월에는 청소년 축구 남북 단일팀이 세계 청소년 대회에서 8강에 올랐다. 그리고 1992년엔, 바르셀로나 올림픽 단일팀 출전이 원칙적으로 합의되기도 하였다. (일베들은 노태우도 까도록.)

또 세월이 흘러 2006년엔, 자크 로게 IOC 위원장이 베이징 올림픽 남북 단일팀 참가를 요청하는 친서를 남북 정상에게 전달하기도 하였다. 이것이 이루어졌으면 좋았을 것이다.

되짚어보면, 단일팀 구성은 북한이 먼저 제의하기도, 남한이 먼저 제의하기도 하였으며, IOC가 먼저 얘기를 꺼내기도 하였다. 그리고 단일팀 논의는 자주 있었으나 실제 이루어진 건 1991년뿐이었는데, 결국 그것이 바탕이 되어 '남북 사이의 화해와 불가침 및 교류 · 협력에 관한 합의(남북 기본 합의서)'를 성취하는 성과를 이루었다.

요즘 평창 올림픽 남북 단일팀 문제로 시끄러웠던 모양이다. 단일팀이라고 해야 전체 선수단도 아니고 여자 아이스하키팀이다. 전 선수단을 단일팀으로 꾸린다고 해도 지지해야 할 일이다. 지금은 늦었다고? 늦더라도 해야 한다면 하는 게 원칙이다. 작년엔 솔직히 북한 미사일과 사드로 인해 이 일을 추진하기엔 무리가 있었다는 걸 인정해야 한다.

위에서 보듯이 단일팀 구성은 IOC가 먼저 제의한 적들이 있다. IOC는 오로지 스포츠 논리로만 움직이지는 않는다는 실제 예이다. 단일팀 구성을 갖고 정치색, 정치 논리 운운하는 사람들은 IOC에 먼저 시비 거는 게 좋을 듯하다. 사실 올림픽을 통해 남북 평화가 이루어진다면 이걸 IOC만큼 바라는 조직도 없을 것이다. (위원장이 노벨 평화상도 노릴 수 있다.)

또 하나 반대하는 논리가, '대'를 위해 '소'를 희생해도 되냐는 거다. 여자 하키팀 일부 선수가 손해를 볼 수도 있다는 것이다. 그런데, 북한 선수 몇 명이 추가된다고 해서 뭐가 그렇게 손해를 보게 되는 걸까? 오히려, 그동안 완전히 무관심 종목이었는데 국민의 관심을 한몸에 받을 기회이며, 이 기회는 한국 모든 선수에게 플러스로 작용할 것이다. 출전 시간 몇 분 줄어드는 걸 상쇄하고도 남는다.

앞으로 이런 것들이 쌓이면 문통령 임기 내에는 남북 기본 합의서 이상의 성과도 나올 것이다. 노태우는 어디까지나 자신의 정권을 위해 한 것이었다면 문 정부는 진정으로 남북의 평화 공존을 추구하기에 더욱 그럴 가능성이 높다.

- 2018. 1. 18.

우리의 귀결점은 '문재인 정부 사수'

적폐들에 둘러싸여 있는 문재인 대통령. 숱한 '총구'가 그에게 겨눠져 있다. 그리고 항상 '총구'를 들이대는 건 아니라 할지라도, 평소엔 총 든 손 팔짱 끼고 있다가 자신들 개인의 취향과 기호에 따라 총구를 들이대는, 이른바 비판적 지지자들도 있다.

가상통화, 평창 올림픽을 두고 적폐들의 총공세가 계속되고 있다. 언론은 연일 남북 단일팀과 북한의 참가를 두고 올림픽 저주를 퍼붓고 있고, 그 찌라시들 홈피와 페북에는 같이 춤을 추는 자들이 준동한다. 그리고 네이버는 가장 치열한 전투장이다. 마당을 제공하는 포털이 적폐니 만만한 싸움이 아니다. 대규모 댓글 알바와, 조작 시스템을 무기로 한 자들과 맞서야 한다.

"오직 하나의 정성스러운 뜻이 없는 사람에게는 빛나는 총명함이 없고, 오직 하나의 정성스러운 노력이 없는 사람에게는 혁혁한 공이 없다."
"눈은 〔동시에〕 두 가지를 보지 않을 때 밝으며, 귀는 〔동시에〕 두 가지를 듣지 않을 때 밝다. 등사(蛇)는 발이 없어도 날지만, 날다람쥐는 다섯 가지 재주를 지녔어도 어려움을 겪는다. 『시』에서 말하길, '뻐꾹새 뽕나무에 깃들어 일곱 새끼 키우나니. 맑은 사람 군자는 그 거동이 오직 한 가지로다. 그 거동이 오직 한 가지이니 마음 또한 〔단단한〕 매듭 같구나.' 따라서 군자에게서는 〔모든 것이〕 하나로 귀결된다."

- 『순자』

지금 우리에게는 오직 하나의 정성스러운 뜻만이 필요하다. 오직 하나의 정성스러운 노력이 필요하다. 문재인 정부의 성공.
동시에는 한 가지만 보며 한 가지만 들어야 한다. 문재인 정부의 선의.
결국은 날지도 못하는 여러 잔재주 대신 모든 것을 하나로 귀결시켜야 한다. 문재인 정부 절대 지지.
이것이 지금 절대적인 과제다. 이외의 것은 없다.

덧말_네이버와 페북 등에서 치열한 전투를 벌이고 있는 모든 문파에게 경의를. 그러지 않고 있는 문파는 동참을.

- 2018. 1. 21.

남북 단일팀을
남북 평화 공존의
노둣돌로

　며칠 전 페북에서, 남북 단일팀 구성은 정치 논리이며, 이건 순수한(?) 스포츠 정신과 맞지 않는다고 주장하는 글을 봤다. 그리고 예전에 축구 박종우 선수가 독도 세리모니를 해서 제재를 받았던 것을 예로 들었다.

　예를 들려면 제대로 하기를 바란다. 독도 문제와 남북 단일팀이 같은 성격인가? 독도는 물론 우리 땅이지만, 외국인들 눈에는 영토 분쟁일 뿐이다.[*] 특정한 '당파성'을 갖는 주장이다. 그러나 남북 단일팀은 인류의 보편적 가치인 '평화'와 맞닿아 있다. 올림픽의 이념이기도 하다. 그래서 1960년대에도, 2000년대에도 IOC에서 남북 단일팀 구성을 먼저 제안하기도 했다. (피파에서 독도 세리모니를 제안한 적이 있나?)

　만일 아랍 선수들이, '예루살렘은 이스라엘의 수도가 아니다'라는 시위를 한다면 제재를 받을 가능성이 크다. 그러나 '아랍과 이스라엘은 형제'라는 퍼포먼스를 하고, 아랍 선수들과 이스라엘 선수들이 어깨동무를 한다면, '스포츠로 하나 되는 인류'라는 등의 '미사여구'가 동원될 것이다. 이런 것은 특정한 당파성에서 벗어나기 때문이다.

　물론 IOC는 더 이상 순수하게 인류의 가치만 따지며 움직이는 조직이 아니다. 이미 상업 논리가 지배하고 있다.[**] 그런데 북한의 참가와 남북 단일팀은 그런 기호도 충족시키고 있다. 관심이 쏠리고 그것은 상업적 성공으로도

---

[*] 사실 국제 무대에서 독도를 거론할 경우 주의해야 하는 게 이것이다. 분쟁 지역이 될 수 없음에도 자칫 분쟁 지역처럼 비칠 수 있다는 거. 일본이 일단 누리는 거두 독도를 분쟁 지열화하는 거이다

[**] 원래 순수 아마추어 선수들만 참여하는 대회였다가 사마란치 위원장 시절부터 프로 선수들의 출전도 허용하는 등 상업화된 지 오래다.

이어질 수 있기 때문이다.

우리만 해도, 솔직히 지금까지 아이스하키 여자팀이 있다는 거 알기나 했나? 그런데 지금은? 단일팀을 긍정적으로 보든 부정적으로 보든 국민의 관심이 집중되고 있다. 게다가, 북한 선수 몇 명이 추가될 뿐 우리 선수들이 받는 피해도 거의 없다. 개인당 출전 시간만 조금 줄어들 것이다. 그런데, 아무 관심도 못 받는 상태에서 한 시간 출전하는 것과 국민의 지대한 관심 속에 30분 출전하는 것, 어느 쪽이 이익일까? 팀이 있는 줄도 몰랐다가 이젠 선수들 개개인 이름까지 알려지게 될 것이다.

결국, 평창 올림픽 북한의 참가와 단일팀은, 인류의 가치이자 민족의 염원인 '평화'를 환기하는 한편 여자 아이스하키팀 선수들에게도 플러스가 되는 일이다. 누이 좋고 매부 좋고, 도랑 치고 가재 잡고, 꿩 먹고 알 먹고, 둥지 털어 불도 때는 일이다.

그간 경색되어왔던 남북 관계가 올림픽을 계기로 풀리려고 하고 있다. 이것을 궁극적으로 남북한 평화 공존과 협력의 노둣돌로 만들어야 한다. '별 관심 없던' 올림픽이 우리에게 기회를 주고 있다.

– 2018. 1. 23.

'헤게이니', 그리고 기동전과 진지전

헤게모니, 러시아어 'Hegemonya'에서 온 이 용어는 이탈리아의 혁명가이자 사상가인 안토니오 그람시에 의해 의미가 채워지며 널리 사용되기 시작하였다. 간단히 '패권', '주도권'이라는 뜻으로 해석되기도 하는데, 한 세력이나 집단의 슬로건, 이데올로기 등이 다른 세력이나 집단에 대해 권력이나 주도성을 갖는 것을 말한다.

그람시는 헤게모니를 대중에 대한 국가 권력의 지배 메커니즘으로 규정한다. 국가의 '지배'는 강제와 위협을 통해서만 이루어지진 않는다. 대중의 '동의'를 통해서도 이루어지는데 그 '동의'를 이끌어내는 건 국가 기구에서 행하는 교육, 선전, 문화, 법적 제도 등이다. 대중이 '동의'를 한다는 건 지배 계급의 헤게모니가 관철되고 있다는 것이며, 이것은 정치와 경제 분야뿐만 아니라 사회 전반에서 나타난다.[*]

그람시가 정리한 또 다른 용어가 '기동전'과 '진지전'이다. 기동전은 하나의 전선이 형성되었을 때 신속하게 참여해 싸우는 것이며, 진지전은 다양한 전선에서 지속적으로 수행하는 투쟁 방식이다. 국가 권력만 상대하면 되었던 러시아 혁명 때는 기동전으로 충분했으나, 국가와 별개의 '시민 사회'가 존재하는 서구 사회에선 진지전으로 중심축이 옮겨가고 있다고 그람시는 파악한다. 진지전에서 중요한 것은 후방에 있는 사회 구조 전체인데, 헤게모니가 유지되는 것도 국가의 강제적인 수단에 의해서가 아니라 시민 사회의 관계와 제도들에 기반하고 있기 때문이다.

---

[*] 조희연, 『동원된 근대화』 참조.

나는 이 헤게모니 용어를 빌려서 쓰고 싶다. (문통령 성함이 도와주기에) '헤게이니'로. '헤게이니'는 문통령이 장악하고 주도하는 모든 프레임을 포괄한다. 이미 적폐 청산 프레임은 장악한 지 오래이며, 이젠 남북 평화와 협력의 프레임도 만들어내고 있다. '헤게이니' 역시 '강제'와 '동의'를 통해 관철된다. 그런데 '강제'는 어디까지나 법과 원칙에 근거한, 타협할 수 없는 집행이며, '동의'는 국민의 자발적인 절대적 지지를 원천으로 한다.

지지율의 변동은 있을지라도 '헤게이니'는 문통령 임기 내내 관철될 것이다. 이것을 더욱 탄탄하게 하기 위해서 우리가 수행해야 할 것이 '기동전'과 '진지전'이다. 적폐 권력에 맞서 그들의 프레임을 날려 버리고 집중하기 위해선 기동전도 필요하며, 일상적인 진지전 역시 반드시 필요하다. 시민 사회 모든 구석에서 우리는 싸워야 한다. 포털, 트윗, 페북, 카톡, 밴드 등 온라인 공간에서부터 오프라인의 다양한 모임에까지 뻗어가고 뿌리 내려야 한다.

쉽지 않은 길, 그러나 대선 전부터 이미 각오했던 것 아니었나. 문통령은 꽃길 걷게 하고 우리가 진흙 길 가는 걸로. 그렇기에 기꺼이 간다.

– 2018. 1. 26.

평창 올림픽에 이데올로기 공세 펴는 적폐들의 자승자박

자승자박, 자신의 언행으로 인해 자신이 어려움에 처한다는 뜻의 사자성어. 원래는, 궁지에 몰린 사람이 항복의 뜻으로 자신의 몸을 스스로 묶어 관용을 구하는 것이었다고 한다.

평창 올림픽, 사상 최대 규모로 열릴 것이라고 한다. 미 상하원도 평화 올림픽을 기원하는 지지 결의안을 채택했다. 사실상 성공이 예정되어 있다.

평창 올림픽은 두 번의 유치 실패 후 이명박 정부 때 유치에 성공했다. 만일 북한의 참가도, 여자 아이스하키 단일팀도 없었다면 적폐 무리는 지금처럼 이데올로기 공세를 펴진 않았겠지만 그렇다고 띄우지도 않았을 것이다. 국민의 관심 속에 성공적으로 치러지면 정부의 지지율 상승으로 이어질 것이기 때문이다. 다만 한 가지, 올림픽 개최 자체를 이명박의 공로로 애써 돌리려 했을 것이다. 그때 유치했다는 이유 하나만으로.

그러나 적폐 무리는 스스로 '반 평창 올림픽'의 길을 택했다. '평양 올림픽' 운운해가면서 이미지 훼손을 꾀했고, 올림픽의 실패를 기도했다. 지금도 그러고 있다. 그런데 이것은 결국 이명박의 유치 '공로'(?)를 완벽하게 제거한 셈이 되었다. 올림픽을 저주하는 마당에 그 유치 공로를 회상하게 할 명분도 없고 모양새도 안 나기 때문이다. '평화 올림픽'으로 승화한 평창 올림픽은 이명박과는 무관한 것이 되었으며, 그 성공의 과실은 온전히 문재인 정부의 것이 되었다.

평창 올림픽에서 남북이 함께한 모습은 국민에게 깊은 여유을 줄 것이며, 올림픽은 성공적으로 마무리될 것이다. 평창 올림픽을 오로지 문재인 정부의 것으로 만들어준 건 적폐 무리의 자승자박이 아닐 수 없다.

- 2018. 1. 31.

추가 덧말_올림픽을 기점으로 남북 대화는 본격적으로 시작되었다. 결국,
　　　 남북, 북미, 남북미 정상 회담이 열리고, '판문점 선언'이라는 결
　　　 과를 낳았다.

모스크바 3상 회의 합의에 대한 동아일보의 '오보', 그리고 적폐들의 여론 조작

　1945년 12월 28일, 모스크바에서는 미, 영, 소 3국 외무 장관 회담(모스
크바 3상 회의)의 합의문이 발표되었다. 그 결정서 가운데 한국과 관련된 내
용은, 조선을 독립 국가로 부흥시키고 임시 정부를 창설한다는 것, 임시 정
부와 협의를 하기 위한 미소 공동 위원회를 조직한다는 것, 미소 공동 위원
회는 조선 독립을 원조 협력하는(Helping and Assisting (Trusteeship)) 방책을
작성하며 최대 5년 기한으로 4대국의 신탁통치 협정 공동 심의를 받는다는
것 등이었다.

　그런데 이보다 하루 전인 27일, 20세기 한국 최악의 '오보 사건'이 벌어진

다. 「소련은 신탁 통치 주장, 미국은 즉시 독립 주장, 소련의 구실은 38선 분할 점령」이라는 제목의 동아일보 기사였다. 모스크바 회담의 내용을 완전히 왜곡하는 것이었다. 원래 신탁 통치도 미국이 먼저 제안한 것이었다. 기간도 1차에 한해 5년 한도로 연장할 수 있다는 안을 내놓았었다. 소련은 임시 정부 수립에 관한 공동 위원회 개최와 신탁 통치 기간 최소화를 제안하였다. 모스크바 결정은 두 가지 안의 절충이었다.

동아일보의 '의도된'(!) 오보[*]는 정국을 격랑 속으로 몰아넣었다. 다른 내용은 다 빠진 채 '신탁 통치'만 부각되었고, 이를 '식민 통치'와 동일하게 여긴 사람들은 '반탁 운동'으로 내달렸다.[**] 이 와중에서, (모스크바 결정서에도 나오는) "일본 통치의 악독한 결과를 신속히 청산"하는 문제는 사라졌다. 친일파는 반탁 운동에 몸을 실으며 갱생을 도모하였고, 결국 성공하였다.

'오보'(?)를 내보내는 것 역시 프레임을 유리하게 짜기 위한 시도이며, 모스크바 3상 회의 관련 '오보'는 그 절정의 모습을 보여주었다고 할 수 있다. 지금 적폐 무리도 수없이 많은 '오보'를 만들어내고 있으며, 가짜 뉴스를 양산하고 있다. 그리고 네이버는 엄청난 여론 왜곡의 무대가 되고 있다

여기에 대응할 수 있는 것은 시민들의 댓글 참여와 SNS뿐이다. 물론 이것이 가장 중요한 것이고 지금까지 가장 큰 버팀목이었지만 한계는 분명히 있고, 또 소모적이기도 하다. 법과 제도로 바로 잡는 틀이 만들어져야 한다. 민주당에서 가짜 뉴스 대책단을 구성하고 그 관련자들을 수사 의뢰하고 있다. 신경민 의원은 '포털 여론 조작 방지법'을 발의했다. 이런 것들이 제대로

---

[*] 이 오보는 외신 발이었는데, 이 기사를 국내에 전한 건 합동통신이었고, 그 주간은 이승만과 밀접한 관계를 맺고 있다가 이승만 정부에서 초대 공보처장을 지낸 김동성이었다. 기사의 원출처는, 당시 태평양 지역 미국 군인들에게 배포되던 「태평양 성조기(Pacific Stars and Stripes)」였다. 기사 작성자는, '악명 높은 날조 전문가(notorious faker)'로 불리던 랠프 헤인젠이라는 통신원이라는 의견도 있으나 정황상 그의 개인적 소행은 아닌 것으로 여겨지고 있다. 「태평양 성조기」와 합동통신에 두루 기사를 내보내고 컨트롤할 수 있는 미 극동 극동사령부(맥아더 사령부)인 가능성이 크다. 국사편찬위원회 웹사이트 참조.

[**] 하필이면 장소가 모스크바였던 것도 부정적인 이미지 메이킹에 한몫하였다. '모스크바 3상 회의'와 '워싱턴 3상 회의'는 느낌부터 확 다르지 않은가.

성과를 내려면 민주당 의원 전원이 적극적으로 뛰어들어야 한다. 몸 사리지 마라. 프레임은 전쟁이다.

– 2018. 2. 1.

추가 덧말_그런데 민주당의 가짜 뉴스 대책단은 정작 수구들이 퍼뜨리는 가짜 뉴스는 제대로 못 잡고 드루킹만 엮어, 결국 김경수 지사만 무고한 피해자로 만들었다. 여기에 민주당 내 특정 세력의 '의도' 가 반영된 것은 아닌지 의혹의 눈길을 보내는 사람이 많다.

책임을 묻고,
묻어 버리자

장제원, '평창 올림픽을 북한에 상납한 정부에 응분의 책임 묻겠다'라고 한다.

그전에,
서울시를 하나님에게 상납한 자에게 책임을 묻자.
4대강을 토건족에게 상납한 자에게 책임을 묻자.
국부를 자기 금고에 상납한 자에게 책임을 묻자.
전직 대통령의 목숨을 수구 세력에게 상납한 자에게 책임을 묻자.
영공 안보를 롯데월드에 상납한 자에게 책임을 묻자.
종편을 수구 언론에 상납한 자에게 책임을 묻자.

쇠고기 검역 주권을 미국 축산업자에게 상납한 자에게 책임을 묻자.

대다수 국민의 삶을 재벌과 부자에게 상납한 자에게 책임을 묻자.

국민의 여론을 국정원과 댓글 조직, 네이버의 식단으로 상납한 자에게 책임을 묻자.

독도를 일본에 상납하려 한 자에게 책임을 묻자.

젊은 장병들의 목숨을 저 멀리 중동에 상납하려 한 자에게 책임을 묻자.

다이아몬드를 '발가락에 상납'한 그 여자에게도 책임을 묻자.

그리고 장제원, 이명박근혜 부역자요, 기회주의자에게도 책임을 묻자.

하여, 이 모든 자를 묻어 버리자.

- 2018. 2. 2.

'이념의 언어'를 넘은 '인간의 실천' – 장애아 부모에게 행한 문재인 대통령의 선행을 보며

이것도 신영복 선생 얘기인데, 선생이 젊었을 때 두 친구를 다방에서 만났을 때 얘기이다. 껌팔이 소년이 들어와 껌을 팔려고 하자 한 친구는 그 껌을 샀다. 그때 다른 한 친구는 껌을 안 사면서, '너는 미안함 때문에 껌을 산 것'이라는 식으로 말했다고 한다. 그냥 동정한다는 뜻이었을 것이다. 껌을 산 친구가, '너 같은 사람만 있으면 쟤는 껌을 하나도 못 팔겠네'라고 하자 껌을 안 산 친구는, '물론 하나도 못 팔지. 그런데 나 같은 사람만 있으면 껌팔이 소년이 없는 세상이 되지'라고 했다고 한다.

껌을 안 산 친구는, 가난과 불평등 문제는 구조적으로 해결해야 할 문제라는 것을 주장하는 것이다. 맞는 말이다. 신영복 선생도 '나눔'의 의미를 되새겨 보게 한다고 하였다. 그러나 껌을 안 산 그 친구의 언행을 이렇게 비판한다. '젊은 날의 이념적 언어이며, 우선은 그 껌을 사는 것이 순서'라고.

선행과 기부를 안 한다고 해서 욕먹을 이유는 없다. 반대로, 선행과 기부를 한다고 해서 욕먹을 이유 역시 전혀 없다. 오히려 칭찬받을 일이다. 선행과 기부를 겉에 내걸고 실제로는 구조의 문제를 은폐하려는 것이 아니라면…. 껌팔이 없는 세상을 이루기 전까진 껌을 사줘야 그 껌팔이 소년이 그 세상을 경험할 수 있는 것이다.

장애 아이를 둔 부모에게 문재인 대통령이 한 선행이 잔잔한 감동을 주고 있다. 이걸 갖고 시비 거는 사람들이 있다. '감성 정치'니, '기획'이니, '시스템 구축이 중요하다'라느니 하는, '이념도 못 되는 언어질'을 하고 있다. 어느 일베 회원은 '정치 잘하면 사생활 더러운 게 낫다'는 헛소리까지 한다.

문통령이 국민 복지에 전혀 관심 없는 정치를 하면서 이런 선행을 했다면 비판의 여지도, 오해의 소지도 있다. 그러나 모두가 알다시피 문통령만큼 국민 복지에 관심을 두고 그 향상을 위해 노력하는 정치인은 없다. 그런 정치에는 '포퓰리즘'이라고 난리 치면서 뭔 '시스템' 운운하고 있는가.

문통령은 껌팔이 소년 없는 세상을 추구하면서 껌도 사셨다. '이념의 언어'를 넘어 '인간의 실천'도 하셨다. 그것이다.

– 2018. 2. 9.

통일通—에서
통일統—로

장준하 선생은 『민족주의자의 길』에서 이렇게 부르짖었다.

"모든 통일은 좋은가? 그렇다. 통일 이상의 지상 명령은 없다. 통일로 갈라진 민족이 하나 되는 것이며 그것이 민족사의 전진이라면 당연히 모든 가치 있는 것들은 그 속에서 실현되는 것이다. 공산주의는 물론 민주주의, 평등, 자유, 번영, 복지, 이 모든 것에 이르기까지 통일과 대립하는 개념인 동안은 진정한 실체를 획득할 수 없다. 모든 진리, 모든 도덕, 모든 선이 통일과 대립하는 것일 때 그것은 거짓 명분이지 진실이 아니다.

지난 7월 4일, 남북한 공동 성명이 발표되고 8월 말과 9월 초에 적십자 회담을 위하여 갈라졌던 동포가 27년 만에 오고 갔다. 말로 따지고 글자로 적기 전에 콧날이 시큰하고 마침내 왈칵 울음을 터뜨리지 않을 수 있으랴…."

이것은 김구 선생이 보여준 사상의 진화와 궤를 같이하며 그 연속선에 있는 것이다. 통일의 절박함, 통일과 우리의 삶이 결코 뗄 수 없다는 절규였다고 할 수 있다.

북한이 싫어서 지금의 대화 국면도 그리 긍정적으로 생각하지 않는 사람들도 있을 것이다. 그런데 이건 북한을 좋아하고 싫어하고의 문제는 아니라고 여긴다. 일본이 군국주의 부활을 포기하지 않고 있지만 그래도 평화 관계를 유지해야 하는 건 일본이 좋아서가 아니다.

4·19 직후, 그리고 6월 항쟁 이듬해 통일 운동이 크게 일어난 것은 이제 뭐 할 거 없나 하며 심심해서가 아니다. 한국의 민주주의는 분단 문제와 뗄 수 없다는 각성의 발로였다. 남북 대립과 긴장 구도를 해체하지 않고서는 색

깔론은 사라지지 않으며 궁극적으로는 적폐 역시 완전히 청산되지 않는다.

그래서 지금 당장 필요한 것은 신영복 선생이 얘기한 통일(通一)이다. 이것은 평화 정착, 교류 협력을 의미하며, 이것만 이루어지면 언제일지 모르는 통일(統一)도 90%는 된 것이라고 신영복 선생은 역설한다. 남과 북이 폭넓게 소통하며 함께 변화하는 것으로, 동(同)의 논리가 아니라 화(和)의 논리를 구현하는 것이다.

7·4 남북 성명부터 해서 남북 기본 합의서, 6·15 선언, 10·4 선언까지 간헐적으로 남북 관계의 진전은 있었다. 이런 것들을 바탕으로 하여, 새롭게 시작된 남북 교류의 물줄기를 계속 이어가야 한다. 다시 끊어지는 일이 없도록.

- 2018. 2. 12.

김세의에게
묻는다

MBC의 일베 기자 김세의, 김아랑 선수의 세월호 리본에 시비를 걸며, '그 의미가 추모뿐인가, 박근혜 정부의 책임도 함께 묻기 위함인가, 그 책임 묻기 위함이 전혀 없는 게 맞나'라고 한다. 명확한 답변을 듣고 싶단다.

그전에 내가 먼저 묻는다.

당신이 김아랑 선수의 세월호 리본에 시비 거는 게 오로지 희생자 추모만 하면 괜찮다는 것인가, 아니면 실제로 그것조차도 언짢아서인가? 박근혜의 무능으로 생긴 희생자를 추모하는 게 언짢아서 그러는 게 아닌 건 정녕 맞나? 이 부분에 대한 명확한 답변을 듣고 싶다.

세월호 리본은 희생자에 대한 추모의 의미이며 인류애에 속한다. 따라서 올림픽 정신과도 부합한다. 이걸 꼭 정치적으로 폄훼하려는 댁의 뇌세포 수는 진짜 일반인 수준이 되는지도 답변 바란다.

더불어, 당신이 당신의 일베 친구 윤서인을 인터뷰한 건 오로지 벤츠 소유자를 무작위로 선별해 인터뷰한 것인가, 아니면 윤서인에게 방송 탈 기회를 주려고 의도적으로 한 행위인가? 일베 친구에게 방송 탈 기회를 주려는 의도는 없었던 게 정녕 맞나? 이 부분에 대해서도 명확한 답변을 듣고 싶다.

대답해라. 20년을 설계하며 살아왔다는 자야.

- 2018. 2. 18.

쪽발이는 가라

쪽발이는 가라.
군국주의 부활을 꿈꾸는 일본의 극우 쪽발이는 가라.
쪽발이는 가라.
국적만 한국이고 영혼은 일본 극우인 또 다른 쪽발이는 가라.
한국에서 누리는 니들의 기득권 다 내려두고 쪽발이는 가라.

그리하여 다시 쪽발이는 가라.

이곳에선 이 땅과 이 땅의 사람들을 사랑하는 어진 마음들이
공활한 하늘 아래 서서 평화와 정의를 빛내며 살아갈지니

쪽발이는 가라.
야스쿠니 부류와 아베 일당은 가라.
자한당, 조중동, 뉴라이트, 일베도 가라.
(윤서인은 꼭 데리고 가라.)
한반도에서 그 주변까지 향기로운 마음들만 남고
그 모오든 쪽발이는 가라.

– 2018. 2. 23.

판문점 찬가,
그리고
통일通— 대통령 문재인

한반도가 용틀임하고 있다. 어쩌면 우리는 21세기 한국 현대사의 가장 중
요한 순간을 실시간으로 목격하고 있는 건지도 모른다.

소련의 붕괴로 그 '핵우산'이 사라진 상황에서 북한은 핵 개발을 시작했다.
그리고 그걸 위해 이른바 '고난의 행군'도 감수했다. 아마 그들에게는, 경제
가 '밥'이라면 체제 유지는 숨 쉬는 '공기'였을 것이다. '밥' 대신 '공기'를 택했

던 것이다.

지금 북한은 남북 대화 국면이 유지되는 한, 더 이상의 미사일 시험 발사는 안 하겠다고 하고 있다. 아마 이미 핵과 대륙 간 탄도 미사일의 개발을 어느 정도 끝낸 것으로 여겨진다. 그걸 바탕으로 이제 본격적인 '체제 안전 보장받기'에 나서고 있는 것이다.

문재인 대통령은 작년에 한창 북 미사일 문제로 시끄러울 때, 이미 북한의 상황을 파악하고 치밀한 준비를 한 것으로 여겨진다. 사드 임시 배치를 통해 남북 대화에 관한 미국의 동의를 얻는 바탕도 마련해뒀다. (작년에 내 주위 진보적인 분들은 문통령의 대북 정책을 비판했다. 나는 나대로 설명했고 기다려보라고 했다. 결국, 내 말이 맞았다.) 그리고 평창 올림픽을 절묘하게 활용하면서 강력한 '남북 대화 드라이브'를 걸었다. 그 성과가 벌써 가시적으로 나타나고 있다.

지금 이런 국면이 가능한 건 트럼프의 개인적 성향도 약간은 작용하지 않았나 싶다. 트럼프는 인종과 경제적 이익 문제에 민감하고 배타적이지만 상대적으로 이념 문제에는 덜 얽매이는 걸로 보인다. '빨갱이랑은 같이 못 한다'라는 마인드는 별로 없다는 것, 아마 장사꾼이기 때문일 것이다. 문통령은 트럼프의 이런 성향까지 고려하면서 일을 추진하는 걸로 보인다. 치켜줄건 치켜주면서, 적어도 남북문제에 있어서만큼은 다 얻어내고 있다.

다음 달에 판문점에서 남북 정상 회담이 열린다. 1953년 남한은 빠진 채 북한, 미국, 중국의 대표가 모여 휴전 협정 서명을 했던 곳, 그 이후 지금까지 분단과 대립의 상징이었던 곳, 여기서 더 이상은 갈 수 없다는 절망을 주었던 곳. 그곳은 정상 회담 이후 남북한 교류 협력의 통로가 될 것이다. 평화의 광장이 될 것이다. 한반도에서 가장 빛날 것이다.

그리고 문재인 대통령은 남북 평화 정착과 교류 협력을 의미하는 통일(通一) 대통령이 된다. 그리하여 통일(統一)의 초석을 놓은 대통령으로 역사에 기록된다.

'모든 것이 조화를 잘 이루고 있고, 또 다른 어떤 것의 모방이 아닌 자신만의 진정한 아름다움으로 빛나고 있기 때문에, 당신이 이 도시에 가까워지면 질수록, 이 도시의 위대함에 대한 당신의 평가는 점점 더 커질 수밖에 없습니다. (중략) 오, 전지전능하고 영원한 신이시여. (중략) 무릇 꿇고 당신들께 경배하오니, 당신들 모두, 부디 이 아름답고 뛰어난 도시를 모든 역경과 모든 악에서 보호하소서!'

- 레오나르도 브루니, 『피렌체 찬가』 중에서

- 2018. 2. 28.

귤이 회수를
건너면

귤이 회수를 건너면 탱자가 된다더니, 외국에서 한국으로 들어오면 변질되는 게 한두 가지가 아니다. 민주주의는 박정희에 의해 '한국적 민주주의'가 되었고, 극단적인 국수주의 성격을 띠는 극우는 한국에선 친일파들이 담당한다. 미투는 '메갈투'나 사람 얽어매는 '미투(縻鬪)'가 되기도 한다.

물 건너와서 고생들이 많다.

덧말_미투는 처음에, 권력과 위계에 눌려 성추행을 당한 여성들이 자신들의 2차 피해를 감수하고 용기 있게 그걸 고발한 아름다운 투쟁, 미투(美鬪)였다. 그런데 어느새 미투의 대상이 안 되는 사람까지 '얽어매는' 미투(縻鬪)로 바뀌고 있다.

- 2018. 3. 1.

종편 본색 드러내는 jtbc

jtbc, j는 중앙일보, tbc는 과거 삼성이 소유했던 방송국 이름이다. 채널 7번이었다. (아마 40대 이상인 분들은 알 것이다.)

어렸을 때 나에게는 가장 재미를 주는 채널이었다. 만화나 오락 프로가 다양했으니까. 국영 KBS는 너무 무미건조해서 거의 안 봤고, MBC에선 마징가나 마린보이 같은 만화 몇 개만 챙겨 본 정도였다. 채널 7번을 고정으로 놓고 가끔 다른 채널로 돌리는 수준이었는데, 아마 다른 집들도 비슷했을 것이다.

이걸 언론 통폐합하면서 전두환이 빼앗아 KBS에 합쳐버린다. 그래서 생긴 게 지금의 KBS 2. TBC를 빼앗기고 이병철이 3일간 식음을 전폐하고 울었다는 얘기도 있다.

종편이 생기면서 그중 하나인 중앙일보의 jtbc라는 이름을 보았을 때, 그때 그 방송국 부활을 꿈꾸는구나 했다. 이 방송국은 과거 TBC처럼 예능에선 시청률 꽤 나오는 프로그램도 다수 만들었다. 종편에 대한 사람들의 반감을 많이 희석하는 데 큰 역할을 했던….

손석희를 영입해 뉴스를 진행하게 한 것도 '신의 한 수'였다. '종편이지만 jtbc는 다르네'라는 인식을 전파하는 데 결정적인 작용을 했다. 그리고 이 역시 종편 그 자체의 대중화(?)에 기여를 했다.

jtbc는 지금처럼 종편을 안정시키는 데 있어 가장 큰 공(?)을 세운 채널이다. 아마 다른 종편들만 있었으면 그저 그런 케이블 채널들로 전락했을 것이다.

그런데 종편이 안정화되자 드디어 jtbc의 마각은 드러난다. 손석희는 민주 정부조차도 교묘하게 비난하는 걸로 '룸'을 채우고, jtbc는 삼성방송 본연의 본색을 드러내고 있다. 이제 종편 그 자체에 대해 다시 생각해야 할 때다. 언론 재벌과 재벌 언론의 방송 독과점 카르텔을 해체해야 한다.

덧말_방통위 일해라.

– 2018. 3. 1.

'인지상정'과 '심지상정'

인지상정: 사람이면 누구나 보편적으로 갖는 정서.

심지상정: 메갈 입진보들의 공통적인 한계와 문제점을 보여주는 정신 상태.

사용 예
– '문재인 헌법'을 원하는 건 대통령제를 선호하는 국민들 인지상정.
– 심상정이 국회의 총리 추천제 운운하는 건 내각제 선호하는 입진보들 심지상정.

– 2018. 3. 1.

이명박 구속 기념 문학 작품들

이명박 구속을 맞이하여, 저승에 계신 문인, 학자들도 잇달아 관련 작품을 발표하고 있다.

에밀 졸라, 『나는 고소하다』
헤밍웨이, 『누구를 위하여 쥐를 울리나 – 부제: 우리 모두를 위하여』
「가시리」 작시 고려 가인, '울어라 울어라 쥐야 자고니러 울어라 쥐야, 녈라와 시름없는 난 자고니러 웃노라'
제임스 케인, 『포스트맨은 쥐를 두 번 울린다』
도스토옙스키, 『쥐와 벌』

모파상, 『그 쥐의 일생』

펄벅, 『대쥐』

니체, 『쥐라투스트라는 이렇게 말했다』

레마르크, 『구속 전선 이상 없다』

박완서, 『그 쥐 구속 날은 따뜻했네』

신영복, 『감옥으로부터의 서(鼠)쉑』

테네시 윌리엄스, 『뜨거운 양철 감옥 안의 쥐』

빅토르 위고, 『니 미쥐랄블』

보리스 파스테르나크, 『닥쳐 쥐바가』

중간 광고: 온 세상에 울리는 맑고 고운 소리, 영창~
여보, 구치소에 보일러는 치워드려야겠어요, 경둥 보일러

보카치오, 『데카메롱』

헤르만 헤세, 『안미안』

그람시, 『옥중 수고해』

피츠제럴드, 『위대(胃大)한 개엠비』

사무엘 베케트, 『고사(枯死)를 기다리며』

유진 오닐, 『빵으로의 긴 여로』

에밀 아자르, 『깜빵 앞의 생』

테네시 윌리엄스, 『욕심이라는 이름의 똥차』

밀란 쿤데라, 『참을 수 없는 존재의 경박함』

알베르 까뮈, 『이 방에』

셰익스피어, 『무죄, 한여름 밤의 개꿈』

전광용, 『삐딱한 리』

김동인, 『발가락이 쫄았다』, 『쥐따라기』

헨릭 입센, 『시형의 집 – 부제: 아빠 옆』

찬조 출연: 류현진, '구속 최고' 150km

– 2018. 3. 2.

아름다운(?)
경선론 비판

어떤 페친이 민주당 당내 경선은 '서로서로 칭찬만 하는 아름다운 경선'을 만들자고 한다. 근데 그렇게 된다면 이제 후보들은 뭔 짓을 해도 된다, 어차피 상대방과 당원들은 칭찬만 해야 되니.

지난 대선 경선 때도 '아름다운 경선' 운운하는 사람들이 있었지만 그런 건 없었다. (처음부터 그렇게 만든 게 누구더라.) 더구나, 칭찬만 해야 하는 건 결국 문제가 더 많은 쪽의 손을 들어주는 편파적인 행위이다. 중립이 아니다. 경선 때 눈 가리고 아웅 할수록 본선 가면 '깨갱'이 된다.

후보자 장단점을 모두가 알고 있고, 당원과 국민들이 현명하게 판단할 테니 자꾸 얘기하지 말자고 한다. 그런데 모두가 안다는 것도 근거가 없고, 모두가 안다고 해서 얘기하지 말아야 할 이유도 없다, 사실에 부합하는 것이라면. 저 주장대로라면 선거 운동 자체가 필요 없을 것이다. 그냥 투표만 하면 되지. 모르는 사람도 많고, 알고 있어도 결정은 보류하고 있는 사람들도 많다. 선거 운동은 그래서 필요한 것이다.

또한, 그냥 아는 것과 그 심각성까지 깨닫는 건 다른 문제다. 이명박이 사

어느 문파의 세상 보기 123

기꾼인 거 알고도 찍는다. 그런 투표의 문제점은 같으며, 그런 후보를 그냥 내보내는 새누리를 민주당이 따라 할 이유도 없다.

근거 없는 마타도어를 하는 네거티브와 진실에 바탕을 둔 검증과 비판은 구별되어야 한다. '아름다운'(?) 경선은 자칫 '아름답지 못한' 후보를 만들어 낼 수도 있다. 좋은 게 좋은 건 아니다.

– 2018. 3. 2.

아베의 외조부,
A급 전범
기시 노부스케

박정희가 한일 국교 정상화를 추진할 때 비밀리에 접촉한 일본 측 인물들은 대체로 전범 출신의 두드러진 침략주의자들이었다. 이 가운데 마사오와 가장 친밀했던 사람이 기시 노부스케다.

기시 노부스케는, 일제가 만주를 침략하여 세운 괴뢰국, 군국주의자들이 '이상향'으로 건설하기를 꿈꿨던 만주국의 상공 장관으로서 최고 실세 가운데 하나였다. 1939년부터는 일본 본국의 토오조오(東條) 내각에서 군수 차관을 거쳐 통산성 대신을 역임했다. 그리고 일본의 패전 후 A급 전범으로 3년간 수감되었다가 석방되었다.*

---

* 한국이 친일파 처단을 못 했던 것처럼 일본은 전범들을 제대로 처리하지 않았다. 이 역시 미국의 결정이었는데, 그래서 결국 군국주의 부활을 포기하지 않는 지금 꼬락서니가 되었다.

이후 그는 자민당 결성을 주도하였으며, 일본의 거물 정치인으로서 1957년부터 1960년까지는 수상을 지내기도 했다. 수상에서 물러난 이후에도 막강한 영향력을 행사했는데, 한편으로 그는 전후 일본 최초의, 가장 심한 부패 정치인이었다.[*]

박정희는 기시를 처음 만났을 때 무척이나 깍듯했다고 한다. 그럴 수밖에 없었을 것이다. 기시는 박정희가 그리워하던 만주국의 장관이었고, 박정희는 바로 그 만주국의 만주군 말단 장교였으니까. 기시 노부스케의 입장에선 박정희가 무척 어여뻤을 것이다. 자신이 만주국에서 실현하려던 '쇼와 유신'의 파시즘 국가를 박정희가 '조선'에서 재현하려고 하는 모습을 보면서⋯. 기시는 박정희가 어느 나라의 축하 사절도 없이 대통령에 취임한(체육관에서 저 스스로 뽑히는 대통령을 누가 축하하겠는가) 1978년에도 축하하러 왔으며, 박정희가 죽었을 때도 한국을 찾을 정도였다고 한다.[**]

둘은 정서적으로만 가까웠던 것이 아니다. 마사오의 경제 정책 중 많은 부분이 바로 기시 노부스케가 만주국에서 시행한 그 경제 정책과 비슷한 것이었다. 로스토우는 주로 큰 틀에서 컨트롤했다면 세부적인 정책은 기시 노부스케의 입김이 크게 작용했던 것이다.[***] 둘 다 자신의 만주 인맥을 적극적으로 환용한 것도 유사하다. (박정희 치하에서 승승장구한 정일권·백선엽은 만주군, 최규하는 만주국 관료 출신이다.)

1982년에 한국에선 일본의 역사 교과서 왜곡 사건이 큰 파장을 일으켰다. 이걸 계기로 국민 성금 운동이 일어나 독립기념관이 건립될 정도였다. 기시 노부스케는 그 당시 '만주 낙토(樂土)' 운운하며 교과서 왜곡 정책을 주동한 자 가운데 하나이기도 하다. 그리고 지금 일본 총리 아베 신조의 외조부이다. 일본은 과거 반성을 하지 않는, 여전히 전범 국가이다.

– 2018. 3. 2.

---

[*] Richard J. Samuels, 『Machiavelli's Children: Leaders and Their Legacies in Italy and Japan』

[**] 서중석 외, 『리영희를 함께 읽다』 참조.

[***] 강상중, 현무암, 『기시 노부스케와 박정희』 참조.

복합형 정동영,
이재명

현충원 황제 의전을 보니,

'전투형 정동영'에서 '의전형 정동영'으로. (대통령병인 '찰스하이머' 증상.)

지난 대선 때는 그렇게 토론, 토론 거리더니 지금은 토론 기피하고,

[정치신세계]에 출연 요청했다가 사전 질문지 받고 돌연 취소한 걸 보니,

'떠버리 정동영'에서 '침묵형 정동영'으로.

바뀌지 않는 건,

SNS 통해 손가혁들과 교류하는 '선동형 정동영',

까도 까도 괴담뿐인 '양파형 정동영'.

덧말_이런 표현들은 정동영 조직 회장 출신에겐 최고의 찬사라 믿는다. 흠,
너무 띄워줬나?

- 2018. 4. 1.

문통령이
내 지평선의
전부다

"그녀의 하얀 팔이 내 지평선의 전부였다."

– 막스 자콥, 「지평선」 전문

적어도 정치에 관한 한 문통령이 현재 나의 지평선의 전부다. 그 이외는 없다.

투표라는 구체적인 행동 역시 문통령에게 도움이 되느냐 누가 되느냐, 그 것이 절대적이다. 내부 적폐가 외부 적폐 못지않게 문제가 되고 누가 된다면 진영 논리에 빠져 간과하지 않는다. 먼저 밟는다.

지평선은 하늘과 맞닿는다. 나의 지평선 역시 내가 꿈을 꾸는 하늘과 맞닿 아 있다고 나는 믿는다.

– 2018. 4. 2.

제주 4·3 항쟁

해방 직후 제주도는 한반도의 여러 모순이 집약된 곳이었다. 경제적 낙후, 친일파의 온존 등은 본토보다도 심했다. 일본 강점기 때 살길을 찾아 일본으로 갔던 사람들이 귀국하면서 그 송금도 끊어졌고, 일본에서 번 돈을 갖고 오는 과정에서도 거의 전부가 압류당하거나 세금으로 징수되어 제주 경제엔 전혀 도움을 주지 못했다. 그리고 이와 별도로, 일본 강점기 때부터 성장한 민족 해방 운동 세력의 역량은 강했고, 도민들의 신망도 두터웠다.

1945년 9월 제주도에도 본토와 같은 자치 행정 조직 '인민 위원회'가 구성되었다. 이것은 친일 분자를 제외한 우익 인사들도 참여한 좌우 합작 조직이었다. 거기에 더해 미군의 주둔도 본토보다 늦어 그만큼 인민 위원회는 도정을 장악하고 세력을 키울 수 있었다. 미군정도 일단은 인민 위원회와 공존할 수밖에 없었다.

그러나 미군정은 제주를 전라남도에서 분리해 별도의 '도'로 승격시키면서 점차 물리력을 강화해나갔다. 우익 세력을 늘리고 경찰력을 강화했다. 제주를 담당하는 국방경비대 제9연대도 창설했다. 이에 민족 운동 세력은 미군정과 직접적인 충돌은 피하면서 '제주도 민주청년동맹', '제주도 민주주의 민족전선' 등을 결성하면서 역량을 결집시켰다.

1947년 3월 1일, 제주의 민족 운동 세력은 '모스크바 3상 회의 지지', '미소 공동 위원회 재개' 등을 내걸고 3·1절 기념식을 진행했다. 여기에 미군과 경찰이 발포하여 6명이 사망하고, 8명이 중상을 입었다. 병원으로 사상자를 옮기는 사람들에게도 병원 앞에서 총격을 가했는데, 한 명을 제외하고는 모두 등 뒤에 총을 맞았다.

제주도민과 민족 운동 세력은 이에 항의하며 총파업에 돌입했으며, 진상 규명과 책임자 처벌을 촉구했다. 그러나 미군정은 도지사 등 고위 관료들을 극우 인물들로 교체하고 경찰력을 증원했으며 서북청년단까지 증파했다. 그리고 미군정과 경무부장 조병옥은 3·1절 시위와 총파업 등을 북한의 사주로 몰았다. 이념 대립으로 몰고자 한 것이다. 결국, 민족 운동 세력에 대한 탄압을 강화하여 2천여 명 이상을 체포하고 2백여 명 이상을 구속하였다. 그들을 수사하는 과정에서 고문치사 사건도 다수 발생했다. 그리고 서청은 민간인 테러와 야탈을 빈번하게 자행하였다. 이를 피해 많은 젊은이가 산으로 도피하였다. 바야흐로 엄청난 충돌과 살상이 예고되고 있었다.

1948년 들어서자 남한만의 단독 선거, 단독 정부* 수립의 징후가 강해졌다. 미군정은 제주도 남로당 지도부를 대거 검거하였다. 얼마 후 이들은 방면되었는데, 당시까지만 해도 남로당은 '불법 조직'이 아니었기 때문이다. 이들을 중심으로 항쟁이 논의되었다. 당시 제주도민의 미군정과 경찰, 서북청년단에 대한 증오는 폭발 직전이었고, 단선 저지를 위해 선거인 등록을 막아야 할 명분과 필요성도 그들은 느끼고 있었다.

항쟁 지도부는 4월 3일을 디데이로 정하고 봉기하였다. 미군정과의 전면적 대결까지 바란 건 아니었고, 타격의 대상은 경찰, 서청, 극우 세력에 한정되었다.** 유격대는 도내 11개 경찰지서와 서청 숙소 등을 습격하였다. 이로 인해 경찰 4명, 서청단원 등 민간인 8명, 유격대 3명이 사망하였고, 20여 명이 다쳤다. 이날 이후에도 양쪽 사상자는 추가되었다.

이 시기는 전국적으로 단선-단정 추진 세력과 반대 세력 간에 물리적 충돌이 벌어져 사상자도 많이 발생한 시기였고, 제주만 유달리 그랬던 것도 아니다. 그런데 미군정은 제주도의 봉기를 유독 주목했고, 초기 진압을 꾀하였다.*** 제9연대에는 '초토화 작전'****을 명령했다. 그러나 연대장 김익렬 중령은

---

* '단독 건국'이 아니다. 따라서 '건국절'은 애초에 성립하지 않는다.

** 봉기 결정에 대해서는 '좌익 모험주의'라는 비판이, 당시 단선 저지를 위한 어쩔 수 없는 결정이었다는 이해가 공존한다. 남로당 중앙의 사주라는 견해는 전혀 근거가 없다.

*** 1980년 광주를 고립시켜 시민들을 학살한 신군부의 마인드와 비슷했을 것이다. 게다가 제주도는 섬이라 고립시키기도 쉬웠다.

**** 말 그대로, 유격대를 묵인한 마을까지 전체를 소각하고 주민들을 학살하는 전범 행위.

온건한 합리주의자였다. 그는 뇌물 회유에도 굽히지 않고 초토화 작전을 거부했다.

결국, 그의 거부로 초기 진압이 실패하고 선거가 다가오자 미군정도 일단은 다른 방법을 모색하였다. 김익렬의 건의를 받아들여 유격대 측과 평화 회담 갖는 걸 허용했다. 4월 28일, 국방경비대 측은 김익렬, 유격대 측은 김달삼이 대표로 회담을 가졌고, 전투 중지, 점진적 무장 해제, 악질 경찰과 서청 추방, 제주도민만으로 경찰 조직을 꾸릴 때까지 군대가 치안 담당 추진 등을 합의하였다.

평화가 올 것 같았다. 그러나 그것은 오래 가지 않았다. 5월 1일, 정체불명의 괴한들이(서청과 대한청년단원들로 밝혀짐) 오라리 마을을 습격, 방화하는 사건이 발생했고, 며칠 뒤엔 유격대에서 귀순한 사람들을 호송하는 중에 이들에게 경찰이 난사하는 사건이 일어났다. 평화가 달갑지 않은 미군정, 국방경비대에 밀리게 된 경찰의 합작품이었다.

결국, 평화는 깨졌다. 미군정과 경무부장 조병옥은 강경 진압만을 주장했고, 김익렬 중령은 해임되었다.[*] 5월 10일, 남한 전역에서 유혈 사태와 더불어 단독 선거가 치러졌다. 제주에선 유격대가 투표소 등을 습격하였고, 도민들은 투표소로 끌려가는 걸 피하려고 아예 다른 곳으로 숨는 경우도 많았다. 결국, 3개 선거구 가운데 2개 선거구가 투표수 미달로 무효가 되었다. 그리고 선거가 끝나자마자 연대장이 바뀐 9연대는 대대적인 토벌 작전을 감행하였다.

그런데 그 토벌 작전은 유격대는 제대로 잡지 못하면서 주로 민간인들만 체포, 사살하는 지경이었고, 이 때문에 9연대 내에서도 강경 토벌에 반대하여 주둔지를 이탈, 오히려 경찰지서를 습격하는 일도 있었다. 김익렬 후임의 연대장 박진경은 강경 토벌을 일삼다가, 보다 못한 부하들의 손에 죽었다.

---

[*] 김익렬은 조병옥과 몸싸움까지 했는데, 조병옥을 일컬어 다시는 태어나지 말아야 할 인물이라고 회고록에 남겼다고 한다.

이후 남북한 단독 정부 수립 즈음까지 소강 상태를 보이던 양측의 충돌은 8월 중순부터 본격화되었다. 조직을 정비한 유격대는(김달삼 등의 지도부도 바뀜) 경찰과 청년단원을 살상하였고, 미군과 정부는 '제주도 경비사령부'를 설치하며 토벌에 나섰다. 10월에는 여수에 주둔하고 있던 제14연대까지 제주에 투입하려고 하였으나 군인들이 그걸 거부하고 봉기를 일으킨, 이른바 '여수-순천 사건'이 발생하였다. 이것은 이승만 정부에 더 큰 위기감을 불러와 더 거센 진압을 야기하는 매개로 작용하였다.

이전과는 비교할 수도 없는 대토벌 작전이 시작되었다. 유격대에 도움이 될 수도 있다고 하여 중산간 마을을 모조리 불 지르고 주민들은 해안으로 소개하였다. 이 과정에서 주민 학살도 대규모로 일어났다. 이른바 '민간인 대량 살육 작전'이었다.* 제주도 169개 마을 중 130개 마을이 불에 탔으며, 이듬해 봄까지 엄청난 수의 주민들이 살해되었다. 당시 유격대와 토벌대의 사망자 비율은 150:1이었는데, 이는 무고한 마을 주민들을 모두 유격대로 분류했기 때문이었다. 1949년 1월엔 북촌리에서 600여 명이 집단 학살되었다, 생존자는 4명뿐.

1949년 3월 미군과 정부는 '제주도지구 전투 사령부'를 설치하고 마지막 소탕 작전을 벌였다. 선무 공작을 병행하여 많은 유격대가 귀순하기도 하였는데, 귀순 기간이 끝나기도 전에 토벌을 진행하기도 하였다. 6월엔 유격대 사령관 이덕구가 살해되었고, 항쟁은 소멸하였다.

그런데 이걸로 끝이 아니었다. 한국 전쟁이 발발한 이후, 예비 검속 대상자로 분류된 사람들이 살해당했고, 4·3 관련으로 감옥에 있던 복역수들이 전국 형무소에서 집단 학살되었다. 그 숫자는 파악이 안 될 정도이다. 4·3 항쟁 기간에 학살된 숫자는 최소 3만에서 최대 8만으로 보기도 한다. 한국 판 킬링필드, 이런 학살을 자행한 세력이 수십 년간 한국을 지배해왔다.**

---

* 「a Program of Mass Slaughter among Civilians」 미군정 정보 보고서, 1949. 4. 1.

** 이상의 내용은 강창일, 김창후 등의 논문을 참조한 것이다. 앞에 있는 주요 각주들도 그렇다. 연구에 감사 드린다.

덧말 1_1999년 김대중 정부 때 '제주 4·3 사건 진상 규명 및 희생자 명예 회복에 관한 특별법'이 제정되었다. 그러나 아직 모든 진상이 규명되진 않고 있다.

덧말 2_2003년 10월에는 노무현 대통령이 국가 차원의 사과를 하였다.

덧말 3_2018년 4월 3일 문재인 대통령은 4·3 항쟁 추념사를 통해, '4·3의 완벽한 해결을 위해 흔들림 없이 나아갈 것, 더 이상 4·3의 진상 규명과 명예 회복이 중단되거나 후퇴되는 일은 없을 것'을 천명하는 한편 국가 차원의 배상과 보상도 추진하겠다고 밝혔다.

– 2018. 4. 3.

혜경궁 김씨
트윗에 대해

내가 4 · 3 항쟁, 그리고 그에 대한 문통령의 추념사에 빠져 말 안 하고 넘어갔는데, 이 트윗들까지 본 이상 그냥은 못 넘어가겠다.

정의를 위하여
@08__hkkim

노무현시체 뺏기지 않으려는 눈물... 가상합니다! 홧팅...ㅋ

2017년 12월 16일 · 6:49 오후

정의를 위하여
@08__hkkim

문후보 대통령되면 꼬옥 노무현처럼 될거니까 그꼴 꼭 보자구요. 대통령 병걸린 넘 보단 나으니까. ㅎ

2016년 12월 31일 · 10:04 오전

[이 트윗 모음은 인터넷에서 가져옴. 이 트윗을 자신이 썼다고 나에게 저 작권료 청구하는 사람이 나오길 바람.]

'혜경궁 김씨(정의를 위하여)'가 이재명 마누라이든 아니든[*] 그것보다 중요한 건 이재명이 저 트윗 계정을 알고 있었다는 것이다. 자제를 시킨 적도 없고, 둘은 오히려 여러 가지 '정담'도 나눴다. 아내가 했어도 모를 수는 있지만(책임까지 없는 건 아니다) 이재명은 모르지 않았던 것이다. 게다가, 이재명이 지난 대선 때 했던 마타도어도 저 트윗 계정으로 올라온 내용과 연관이 많았다.

이재명은 저 트윗의 실체를 밝히는 일에 나서지 않고 오히려 그냥 파문이 가라앉기만을 바라고 있다. 이재명이 노통을 팔고 다니고 문통령 옹호하는 제스처를 취하지만, 정말 그게 진심이라면 저 트윗 계정 주인의 실체를 밝히는 일에 나서야 한다. 두 분을 다 모독하는 저런 짓거리를 그냥 덮고 싶다면 다시는 노무현 대통령과 문재인 대통령의 이름을 그 입에 담지 말라.

– 2018. 4. 4.

추가 덧말_경찰의 수사 결과 혜경궁 계정과 같은 인터넷 포털 '다음' 아이디의 최종 접속지는 이재명 집, 트윗 70%는 성남시장 집무실에서 이루어졌다고 한다. 혜경궁('정의를 위하여')이 이재명 본인일 가능성이 높다는 얘기다.

---

[*] 그런데 우연의 일치라고 볼 수 없을 정도로 이재명 아내 김혜경과 많은 신상 정보가 일치하고 있다.

'찢도세자'와
사도세자

'혜경궁 김씨'와 '찢도세자', 누가 지었는지 몰라도 천재적인 네이밍이나. 하필 이재명 아내 이름도, 계정 아이디도 그래서.

사도세자가 비운의 세자인 것은 맞다. 젊은 나이에 뒤주에 갇혀 죽는 고통을 겪다니…. 혜경궁 홍씨 또한 비운의 여인임은 두말할 필요가 없다. 오죽하면 자신의 회고록 이름을 『'한'중록』이라 지었겠는가.

사도세자가 어려서는 총명했다고 한다. 그런데 엄격한 아버지 영조 때문인지 몰라도 자라면서 성격이 뒤틀리기 시작한다. 급기야 심한 정신 질환을 앓아 궁녀나 내시를 죽이는 일도 많았고, 자길 따르는 무리와 어울려 다니며 패악질도 많이 했다. 세자로서 더는 두고 볼 수 없는 지경까지 갔다. 급기야 아버지를 죽인다는 망발까지 해 역모 혐의를 받고 죽었다. 굳이 자식을 죽였어야 했나 싶지만, 권력 주변에서 부모 형제간에 죽이고 죽는 거야 동서고금에 드문 일도 아니니.

사도세자가 당쟁에 희생되었다는 설도 조선 후기부터 있었고, 근대 와서도 몇몇 학자가 제기했다. 그런데 사도세자의 광증과 죽음의 이유는 다름 아닌 그의 아내 혜경궁 홍씨가 『한중록』에서 밝히고 있는 내용이기도 하다. 그 외 여러 사료에서 뒷받침하고 있고.

원조인 혜경궁 홍씨의 엄격한 객관성과는 달리 '혜경궁 김씨'의 포스팅은 목불인견이다. 근거 없는 비방과 비난, 마타도어, 사자 명예 훼손, 프락치질과 자아도취까지. 혜경궁 홍씨가 무덤에서 일어날 일이다.

이와 달리 '찢도세자'는 사도세자와 비슷한 면이 많다. 뒤틀린 성격도 그렇고, 그가 저지른 전과, 그리고 형, 형수, 친구, 철거민, 장애인 등에게 한 짓을 보면 광증에 가깝다. 자길 따르는 지지자들과 인터넷에서 패악질하는 것도 비슷하다. 아마 그 결과도 같을 것이다(정치적으로). 그런데 이번에는 뒤주를 만든 이도, 스스로 그 안으로 기어들어 간 이도 '찢도세자' 본인이다. 그것만 다르다.

– 2018. 4. 5.

수구 적폐의 히든카드, 이재명

이재명이 가진 수많은 문제점과 지금 활화산처럼 분출하고 있는 트윗 문제를 두고도 수구든 입진보든 모든 언론이 무서우리만치 침묵하고 있다. 이 정도면, 거의 모든 언론의 총애를 받던 안철수 이상이다.

얼마 전에, 이재명의 문제점들을 적폐 세력이 언제 제대로 터뜨릴까 궁금하다는 글을 올린 적이 있다. 경기 지사 경선 이후일지, 아니면 혹시라도 다음 대선 후보가 되었을 때인지….

수정한다. 적폐 세력은 끝까지 터뜨리지 않을 가능성이 높다. 왜냐하면 이재명은 이미 수구 적폐의 간택을 받은 걸로 보이기 때문이다. 저 문제 많은 이재명만큼 갖고 놀기 쉬운 존재도 없다. 성남에서 한 짓을 보면 무솔리니의 모습도 보인다.* 수구 적폐와 사실상 DNA가 같은 걸로 여겨질 정도도. 게다가 이미지는 진보요, '탈노', '탈문'이니 입진보들 구미에도

---

* 무솔리니도 원래는 좌파 출신으로, 거기서 배운 선전 선동 기술을 써먹으며, 결국 권력을 장악했다.

맞다.

지난번 그 궁금증을 올릴 때 어느 분이 댓글로 '이미 딜이 끝났을지도 모른다'고 하셨고, 거기에 나는 '그럼 터뜨리지 않고 갖고 노는 것'이라고 답글 달고 그 가능성도 언급했는데, 이 시나리오일 확률이 가장 높은 듯 하다. 이재명을 키우면 민주당을 '절단내는' 것도 쉬워진다. 이른바 '재명 리스크'를 손에 쥐기 때문이며, 민주당이 이재명을 밀어주는 '오렌지'들에게* 잠식당할 수도 있기 때문이다. 그래서 이번 지방 선거에서 바로 용도 폐기하는 건 저들로선 아까운 일일지도 모른다. 이번 드루킹 사건만 봐도, 지방 선거를 흔들고 문재인 정부에 타격을 가하려는 (진실과 효과는 차치하고) 적폐들의 카드는 다양할 수 있다. 게다가 김경수는 물론 전해철까지 드루킹과 엮어 돌려 까면서 귀엽게(!) 노는 놈을 매장할 이유가 적폐들에게는 없다.

대선 경선 때 조선일보의 표지만 봐도 저들의 속내가 드러난다. 제목과 사진** 선택에서 보이는 저 엄청난 호감과 악의. 지금도 적폐는 '이재명의 질주'를 바라고 있다. 그것이 저들의 '본심'일 것이다.

> 덧말_이재명은 수구들에겐 꽃놀이패다. 따라서 이재명은 우리 스스로 지금 잡아야 한다. 적폐들이 꽃놀이패를 계속 쥐고 있는 꼬락서니를 볼 수 없다.

- 2018. 4. 10.

---

* 오렌지색 또는 주황색은 통합진보당의 상징색이었다. 이후 '오렌지'나 '주황'은 운동권 세력을 두루 가리키는 욕어로 쓰이고 있다.

** 대선 경선 때 주간조선은, 잔뜩 찌푸린 문재인 후보 사진에다 「문재인의 본심」이라는 제목을, 웃는 이재명 사진엔 「이재명의 질주」라는 제목을 붙였다.

진보의 무솔리니 이재명 - 모든 파시즘에 안녕을 고하자

파시즘은 무솔리니가 조직한 '이탈리아 전투 파쇼'에서 유래된 것으로, 다음과 같은 요소를 그 특징으로 하고 있다. 강력한 카리스마를 가진 지도자, 지도자와 국가의 일체화, 대중 동원, 그 임무를 주로 하는 독재 정당, 그 정당과 연계된 각종 하부 조직, 국민 통제, 그리고 이걸 헤게모니로 관철하기 위한 상징 조작과 이미지 조작, 극우 이데올로기 등등. 기존 체제의 파괴를 주장하지만 실제로는 기존의 보수 세력과 일정한 동맹 관계를 유지한다는 것도 특징이다.

한국의 군부 독재도 이와 유사하여 흔히 '군부 파쇼'라 불리었다. 그리고 그것은 적어도 겉으론 역사의 유물이 되었다. 그런데 묘하게도 난 요즘 진보 쪽에서 파시즘의 유령을 본다.

손가혁은 물론 진보입네 하는 사람들이 이재명을 지지하는 이유 가운데 하나는 그가 강력하고 시원해 보이기 때문이다. 그가 집권하면 세상을 확 바꾸리라는(확 찢지나 않았으면) 생각을 갖고 있는 것이다. 그래서 '그가 도덕성이 바닥이라도 그건 그렇게 문제가 되지 않는다.* 세상을 바꾸는 일인데 그 정도(?) 흠결쯤이야.' 하는 마인드인 것이다.

사실이야 어떻든 그 지지자들한테는 이재명이 강력한 카리스마가 있는 걸로 비치고 있다. 여기에다가 박스 떼기, 버스 떼기의 전통(정통?)을 살린 '손가혁'이라고 하는 대중 동원 조직, 이와 연계된 각종 SNS 조직 등을 보면** 파시즘의 틀까지 갖추고 있다. 다소 부족한 건 국가 권력을 장악한 건

---

* 이 지점에서, 경제만 살리면 된다고 이명박 찍은 사람들과 똑같은 정서를 공유한다.

** 이른바 '알계정'들에 의한 똑같은 트윗을 보면 매크로 사용의 정황까지 있다.

아니라는 한계에서 온 것일 뿐이다. 입으로는 조중동 타도를 말하지만 실제론 성남시 홍보비를 퍼주어 공존을 꾀한 것 역시 파시즘의 특징에서 벗어나지 않는다.

그런데 이재명의 능력(?)이 가장 특출난 건 상징 조작과 이미지 조작이다. 사실 그 지지자들(이른바 '찢빠')한테 그가 강력한 지도자로 보이는 건 그 조작의 결과이기도 하다. 모라토리엄 극복, 복지(?) 정책의 불도저(사실은 포퓰리즘에 불과하지만), 자한당 다수 의회의 횡포에 맞서는 시장(이것도 야외 스케이트장의 경우처럼 사실을 왜곡하는 것이 대부분) 등은 그런 상징 및 이미지 조작을 위한 메뉴이다. 철거민들과의 문제, 친형님과의 관계에서 철저히 피해자 코스프레를 하는 것 역시 그렇다.

상징 조작과 이미지 조작으로 이룬 것은 모래성에 불과하다. 무솔리니는 결국 몰락했으며, 철옹성 같던 박정희 파쇼 체제 역시 헤게모니를 상실하며 최후를 맞았다. '진보의 무솔리니' 이재명 역시 그 본모습이 점점 더 드러나며 추락하고 있다. 성남 왕국에서 작은 파쇼 국가*를 이루었던 이재명, 이제 우리는 모든 종류의 파시즘에 안녕을 고해야 한다.

– 2018. 4. 11.

---

* 그가 성남시청 공무원들을 다그치는 동영상을 보면 그런 모습이 단적으로 드러난다.

'력사'와 '역사'

새로운 력사는 이제부터.
평화의 시대, 력사의
출발점에서

김정은
2018. 4. 27

김정은 위원장의 남북 정상 회담 방명록.

'역사'를 두 번이나 언급하고 있다. 근데, 어제부터 계속 든 생각인데 글자가 약간 다른 것 같다.

처음의 '력사'는 북한식 표기가 분명하다. 그런데 두 번째는 '력'인지 '역'인지 다소 헷갈린다. '력'을 쓰다 보니 저렇게 쓰일 수도 있을 것이다. 근데 일부러 '역'을 쓴 것이라면.

소름이 돋을 일이다. 남북한의 표기법을 다 쓰기 위해 '역사'를 두 번 언급한 것이라고 볼 수밖에 없다. 그만큼 세심하게 신경 썼다는 뜻.

물론 그냥 '력'을 쓴 것일 수도 있다. 그거야 김정은 위원장만 알 수 있는 것일 테고.

어쨌든, 남북은 이제 다시 역사의 출발점에 섰다. 새로운 역사를 함께 만들어 가길 바란다.

– 2018. 4. 28.

사림과 칸트와 도덕성, 그리고 정치인의 제일 덕목

조선 시대 사림은 훈구 대신들의 부정부패를 비판하고 도덕성과 대의명분을 강조하는 성리학 이념을 주창하며 등장했다. 세조의 왕위 찬탈에 비판적이었던 것도 그것이 전혀 도덕적이지 않았기 때문이다. 이어진 일련의 사화(士禍) 등에서도 통치자의 도덕성 문제가 제기되었는데, 도덕성과 명분을 강조하는 걸 사림은 '도학'으로 개념화했다. 이러한 상황 속에서 통치자의 도덕성을 바탕으로 하는 정치, 즉 도학 정치의 제도적 정착에 커다란 공헌을 한 사람이 이퇴계였다. 기대승 역시 인간 심성에 대한 연구를 통해 통치자의 도덕성에 주목했고, 정치 질서를 개혁하는 데에 기여하고자 하였다.

(도덕성은 밥 말아먹은 종자를 이퇴계랑 같이 묶어, 그리고 뻔뻔하게 자신도 포함해 '안동 4대 천왕' 어쩌고 지껄이는 자가 있다던데….)

그렇다고 해서 사림 전체가 성인군자였던 것은 물론 아니다. 그러나 적어도 그런 지향성은 가지고 있어야 했다. 지향성 자체를 내려놓는다면 대의명분도 상실하고 도학 정치의 틀에서도 제외되어야 했기 때문이다.

조선 시대 사림처럼 도덕성을 강조한 서양의 철학자는 저 유명한 칸트일 것이다. 칸트는 도덕성이라는 개념은 경험과 상관없이 절대 필연적으로 모든 이성적 존재에게 적용된다고 보았다. 이성적인 존재가 목적 자체가 될 수 있게 하는 유일한 조건 역시 도덕성이다. 그리고 자기 자신과 타인을 목적 그 자체로 생각하는 사람들이 함께 살아가는 공동체를 칸트는 '목적의 나라'라고 명명힌디.

도덕성은 현대 정치에 와서도 중요한 고리가 되는 것은 분명하다. 군부 독재가 정당성이 없는 것은 도덕성 자체가 없는 토대 위에 세워졌기 때문이다. 선거라는 형식적 절차를 거쳤음에도 말이다. 앞으로 이념의 잣대는 희석될 것이며 그 반대로 도덕성과 대의명분의 가치는 올라갈 것이다. 성인군자'만' 정치를 해야 하는 것은 아니지만 적어도 도덕성에 심각한 문제가 있는 사람은 끊임없이 걸러내야 한다. 그대로 둔다면 그것이 발목 잡는 족쇄가 되어 정치의 발전, 개혁의 완성을 저지하게 될 것이다. 칼을 휘두르는 사람이 자격이 안 된다면 그 칼에 어떤 대의명분이 실리겠는가.

우리의 공화국을 '목적의 나라'로 만드는 것이 우리의 목적이어야 한다.

– 2018. 5. 13.

이재명이 '반문재인'일 수밖에 없는 이유

이재명이 지금까지 그래왔듯 나중에도 반드시 문통령 등에 칼 꽂으려고 덤빌 수밖에 없는 이유, 바로 친문 정치인과 다음 대선 경선에서 붙을 수밖에 없기 때문이다. 문재인 대통령이 성공적으로 임기를 마치게 되면 그 후광은 친문 정치인에게로 가지 이재명에게는 가지 않는다. 따라서 그의 입장에서는 반드시 문통령이 실패해야 하며 나아가 그 전장에서 자신이 선두에 있어야 한다. 그래야 문 정부 실패 후 대안(?)으로 부각될 수 있기 때문이다.

이것은 정동영 시즌 2이다. 정동영이 쓰던 수법이 이런 것이었다. '친노' 이해찬, 유시민 등과* 경합해야 했던 정동영은 참여정부가 무조건 실패해야 친노와 아예 거리가 먼 자신이 대선 후보가 될 수 있다는 것을 명확히 알고 참여정부 공격의 선봉에 섰던 것이다. (그럼에도 '떼기'를 통해서야 후보가 됐지만.) 그리고 그 이해관계를 같이 했던 수구 세력은 참여정부를 물어뜯으면서 정동영을 사실상 측면 지원했다.

그때와 다른 게 있다면, 당시 수구 세력에게는 이명박이 있어 정동영 따위는 그저 소모품에 불과했지만 마땅한 대선 후보군이 없는 지금은 이재명 또한 유력한 하나의 카드라는 것이다. 한국 개혁 세력의 알파요 오메가인 친노 친문 세력만 죽일 수 있다면 민주당 후보라고 해서 가릴 이유가 없는 것이 지금 수구 세력의 처지다. 게다가 약점투성이라며 갖고 놀기에도 안성맞춤이니까.

이재명이 도지사가 되면 도정보다는 성남에서 해왔던 것처럼 여론 왜곡과 언론 지원, 자기 사람 심기 등에만 주력할 것이며 틈만 나면 문재인 정부와 각을 세울 것이다. 그리고 문재인 정부 임기가 끝나갈수록 그 강도와 횟수는 더해질 것이다. 그래야만 반문의 대표로 자신이 대권 후보가 될 수 있고, 실패한(!) 문 정부라면 친문은 자신의 적수가 될 수 없다고 보기 때문이다.

혹여 이재명이 머리에 총이라도 맞아 개과천선을 한다 해도 반문질을 안할 수는 없다. 그는 이미 호랑이 등에 올라탄 형국이기 때문이다. 만일 그가 진정으로 친문이 된다면 수구 세력과 '주황 뻐꾸기'** 운동권으로부터 버림을 받을 것이고, 그렇게 되면 조중동의 융단폭격 속에 대선엔 나가보지도 못하

---

* 지금에 와서야 이들 역시 진정한 의미의 '친노'가 아니었다는 게 드러나고 있다. 그냥 정동영과 비교해서 좀 더 '친노'에 가까운 정도.

** 다른 새 둥지에 알을 낳는 뻐꾸기처럼 민주당 잠식을 위해 스며든 운동권 세력을 말한다.

고 정계 퇴출 코스를 밟게 될 것이다.

근데, 이재명이 개과천선할 확률은 지구가 태양과 키스할 확률보다 낮다.

덧말 1_외부의 적이 미사일을 쏴대도 끄떡없을 수 있지만 내부의 적은 권
총 한 자루만으로도 아군에 치명타를 가할 수 있다. 외부의 비호를
받는 내부의 적이라면 더욱더 그렇다.
덧말 2_수구 세력이 쏴댈 수 있는 미사일도 사실상 없다. 기껏해야 소총이
나 쏘아댈 뿐. 민주당 내부의 확실한 히트맨 하나가 더 구미 당길
수밖에 없다.
덧말 3_트로이의 목마는 트로이의 자산이 아니다. 불에 태우거나 그리스
로 돌려보내야 할 재앙의 조형물일 뿐이다.

– 2018. 5. 14.

『찢민욕음』 서문

[차마 입에 담을 수도 없는 욕을 하는 이재명 지지자들의 언동을 보고]

찢민 말이 일반 국민과 달라
평상 언어로는 서로 사맛디 아니할 새
이런 전차로 붕어머리 찢민이 니르고져 홅배 있어도

마침내 제 뜻을 시러 펴디 못할 놈이 하니라.

내 이를 위하야 어여삐 여겨

보확찟 등 여러 욕설을 일상화하노니

찟민마다 해여 수비 니겨 날로 쓰매 편안케 하고자 할 따름이니라.

– 읍대욕왕, 『찟민욕음』 서문

– 2018. 5. 17.

'샤이 이재명 지지자'들의
특징 하나

'샤이 재명빠(노골적인 '찟빠'는 아니라 하더라도, 민주당 후보가 됐으니 지지한다는 부류)'들의 주요 논조가, 이재명한테 문제가 다소 있다 하더라도 선거가 중요하니 닥치고 지지해야 한다는 것이다.[*] 대체로 이렇다.

근데, 세상에 안 중요한 선거도 있나? 다음 총선과 대선은 안 중요하고, 그다음 또 오는 지선은 안 중요한가? 그럼 그때마다 선거가 중요하니, 공천 과정에 문제가 있고 후보자가 문제가 많아도 닥치고 지지해야 되나? 원팀 노래만 부르면 되나? 당 지도부가 뭘 결정을 하든 따라야 하는가? 그게 주권을 가진 당원인가, 노예 당원이지.

---

[*] 이것도 사실 허울 좋은 명분에 불과하고 실제로는 그자에 대한 문제의식 자체가 별로 없다.

그 입으로 정치 개혁 운운하지 마라. 지금 일어나고 있는 부조리에 침묵하면서 '일단 찍고' 나중에 하겠다는 건 차라리 안 하겠다는 것보다 질이 떨어지며 더 사악한 짓이다. 개혁에 우선순위와 단계가 있는 것은 맞지만 그것은 오랜 시간과 치밀한 전략이 필요할 때 하는 것이지, 언제나 중요할 수밖에 없는 선거를 핑계로 지금의 문제에 아예 눈 감는 것까지 합리화하는 게 아니다.

- 2018. 5. 19.

저승과 현세 문인들의 '궁' 관련 작품들

'궁'에 대한 관심이 날로 높아지면서 저승과 현세에 있는 문인들도 잇달아 관련 작품을 발표하고 있다.

레마르크,『개선궁』
칼 맑스,『궁산당 선언』
마키아벨리,『궁주론』
서머싯 모옴,『궁과 6펜스』
마르셀 파뇰,『마농의 궁』
마르쿠스 아우렐리우스,『궁상록』

가브리엘 가르시아 마르케스, 『백년의 고궁』

알렉산드르 뒤마, 『삼궁사』

루이제 린저, 『궁의 한가운데』

조세희, 『난쟁이가 쏘아올린 작은 궁』

박영한, 『머나먼 쏭바궁』

중간 축하 공연: 클론이 부릅니다. '궁'따리 샤바라

코난 도일, 『셜록 홈스: 바스커빌 가문의 궁』

루쉰, 『아궁정전』

헨릭 입센, 『인형의 궁』

앙드레 지드, 『좁은 궁』

도스토옙스키, 『카라마조프 궁의 형제들』

헨릭 시엔키에비치, 『궁오 바디스 - 찢이여, 어디로 가시나이까.』

알베르 카뮈, 『이궁인』

셰익스피어, 『한여름 밤의 궁』

문순태, 『걸어서 궁까지』

김원일, 『마당 깊은 궁』

강석경, 『숲속의 궁』

김훈, 『궁의 노래』

문인들 단체 영화감상: <찢어도 다시 한번>

덧말 1_이재명이 무슨 자리에 앉든 말든 혜경궁 김씨는 반드시 밝힌다.

덧말 2_이제명 끼끼히는 자, 노무현 · 문재입 대통령 이름은 입에 담지 말
라. 패륜 혜경궁과 그렇게 오래 시시덕거린 자가 봉하에 가는 건,

목적을 위해서라면 수단과 방법을 가리지 않는다는 것을 스스로 말해줄 뿐이다.[*]

– 2018. 5. 20.

우리의 시를 찾아서

「황찢가」

훨훨 나는 저 찢꾸기
암수 서로 정답구나.
외로워라 이 내 몸은
뉘와 함께 트윗할고.[**]

– 2018. 5. 23.

「찬읍파랑가」

구름을 찢어제끼니

---

[*] 다시 말하지만, 패륜 '혜경궁'은 이재명 본인일 확률이 높다.

[**] 이재명과 '혜경궁'의 트윗 주고받기를 보며.

나타난 달은
푸른 빛 하늘 위에 떠 있는 것 아니냐
주황빛 노을에
읍파랑의 모습이 있구나
이로부터 주황빛 어스름에
읍파랑이 지니시던
일베심의 끝을 따르련다.
아아, 찢나무 가지 높아
도리를 모르실 손꾸락의 우두머리여.

- 2018. 5. 24.

「여 찢장재명리 시」

욕설은 하늘을 덮고도 남고
협박은 땅의 이치를 거슬렀노라
의옥노 낳고 시은 쇠 이니 높으니
족한 줄 알고 꺼지기를 바라노라.

「찢읍사」

찢하 노피곰 도다샤
어기야 난방댁 찾아오시라
어긔야 어강됴리
아흐 아으 다롱디리
뭐라 속이신고요

어긔야 가짜총각 행세욜세라

어긔야 어강됴리

어디에서 월세시라

어긔야 오피스텔 잘도 알세라

어긔야 어강됴리

아으 다롱디리

- 2018. 6. 1.

북미 회담은 돌이킬 수 없는 역사의 물결

[북미 회담 무산 소식을 접했을 때]

더불어 이야기할 수 없는 사람과 이야기하는 것을 조급하다고 하고, 더불어 이야기할 수 있는 사람과 이야기하지 않는 것을 숨긴다고 하며, [상대방의] 기색을 살피지 않고 이야기하는 것을 장님이라고 한다. 따라서 군자는 조급하지 않고, 숨기지 않으며, 장님도 아니니 [이야기할 때] 제 몸을 삼가 순서에 따른다. 『시』에 가로되 "조급하지 말라, 태만하지 말라. 천자가 내려주신 바이니"는 이 말이다.

－『순자』

북미 회담의 큰 틀은 없어지지 않는다. 문통령이 홀로 만들어 낸 돌이킬 수 없는 역사의 물결이다. 김정은과 트럼프는 상대를 '더불어 이야기할 수 없는 사람'으로 보는 것도 아니며, '이야기하지 않는 것'을 못 박은 것도, 못 박을 수도 없다. 그러기에는 양쪽의 리스크가 만만치 않다. 철저히 상대의 '기색을 살피는' 기 싸움의 와중에 있을 뿐이다.

반세기가 넘는 시간 동안 얽히고설킨 매듭을 풀어가는 과정은, 알렉산더가 고르디우스의 매듭을 칼로 끊는 '막무가내'로는 해결되지 않는다. 하나하나 손으로 풀어가야 한다. 조급하지도, 태만하지도 않게 군자의 길을 가듯 평화를 이루어 가는 것, 그것만이 우리의 길이다.

- 2018. 5. 24.

이재명 문제를 문파 공격하는 데 쓰는 조선일보

이재명 문제를 다루는 방식에 있어, 같은 수구 세력이지만 자위당과 조중동의 결이 다르다. 당장 지방 선거를 앞두고 코가 석 자인 자한당은 이재명을 직접 겨냥한다. 선거전이 본격화되면 전체 민주당의 문제로 확전을 시도할 것으로 생각된다. 그런데 조중동은 다르다. 결코 이재명 문제를 직접 거론하고 공격하지 않는다. 오히려 친문을 공격하는 도구로 삼는다. 친문 중에서도 '극성스러운 소수'만이 이재명을 비토하는 것처럼 몰아간다.

지지자 갈라치기 시도는 새삼스러운 것이 아니다. 문통령을 직접 공격하긴 부담이 되니 사실상 전 찌라시가 그 지지자들을 과녁으로 삼았고, 일부에겐 '극성'의 이미지를 씌우기 위해 부단히 노력했다. 문재인 지지자들이 이견을 허용해야 한다는 안희정의 발언도 이용했고, 동아는 사설을 통해 문통령이 '극성 문빠' 좀 말리라는 소리까지 했을 정도다.[*]

근데, 수구 적폐의 사령부는 자한당보다는 조중동 등 수구 언론이다. 따라서 자한당의 이재명 공격은 어느 선을 넘지 못하는 한계를 지닐 것으로 여겨진다. 찌라시들이 받쳐주지 않으면 크게 힘을 쓰지 못하는 게 자한당이므로.

이재명 문제를 이재명이 아니라 친문을 공격하는 데 쓰는 조선일보, 이걸 보면 답이 나온다. 문파가 이재명을 제대로 보고 비토하고 있다는 훌륭한 반증이다. 이대로 쭉 나가야 한다는 게 당연한 결론이다. 저들이 말하는 '극성 문파'는 소수도 아니요, 오히려 문파 그 자체임을 실증해 보여주어야 한다.

— 2018. 5. 26.

---

[*] 일부 '극문', '똥파리' 어쩌고 떠드는 이동형은 정확히 수구 적폐가 깔아놓은 멍석 위에서 재롱떠는 존재에 불과하다. (그런 주제에 킹 메이커를 꿈꾼다.) '정치 쉰둥'답게 자기 소신대로 하는 것이긴 하지만, 결국 적들의 프레임에 놀아나는 것인 줄은 모른다.

이재명은
지금
끝장내야 한다

논문 표절, 음주운전, 검사 사칭, 무고, 입에 달고 사는 욕설, 불륜 의혹, 거짓 선동(가짜 모라토리엄, 야외 스케이트장, 공약 이행률 등), 측근 비리, 공무원 댓글 동원, 협박 등등등, 도대체 이재명이 저지르지 않은 짓은 무엇일까. 살인 빼고는 거의 전부 저질렀다고 봐도 될 정도다. 이명박보다 나은 점이 도대체 무엇인가. 이런 자를 단지 민주당이니 뽑자고? 민주당 후보라는 게 어떤 짓을 저질러도 '죄 사함'을 받는 면죄부요, 천국의 열쇠라도 되나? 가뜩이나 문통령에게도 적대적인 자를?

문파가 비토하니 이재명의 대권은 물 건너갔다, 남경필이 도지사 되면 위협적인 대권 후보가 되니 저지하자는 주장도 있다. 문파의 비토로 그렇게 쉽게 이재명의 대권 꿈이 물거품 된다면, 마찬가지 논리로 나중에 남경필은 못 날릴 이유가 뭔가? 남경필은 어차피 자한당 본진이 아니라 후보가 되기도 힘들고, 된다 한들 기껏해야 자한당 지지층 일부의 지지만 받을 뿐이다.* 민주당에서 정상적인(!) 후보만 나온다면 적수가 못 된다.

그러나 이재명의 경우, 민주당 모든 '반문'들이 결집할 것이며 여기에 진보 정당들도 가세할 것이다. 이들은 대선 경선 룰도 이재명에게 유리하게 만들기 위해 혈안이 될 것이며, 어떤 '떼기'가 또 등장할지 모른다.**

---

* 박근혜를 버린 전력으로 인해 TK의 몰표도 기대하기 힘들며, 가정 문제도 아킬레스건이다. 웃긴 게, 진보(?) 쪽은 어떤 대의(?)를 위해 가정 문제쯤은 가볍게 생각하는 경향이 있는데('찢빠'들 보면 답 나옴) 진짜 보수적인 유권자들한테는 이게 가벼운 게 아니다.

** 잊었는가. 문통령조차도 지난 대선 경선 때 2차 투표에선 과반수 획득에 실패해서 자칫했으면 결선까지 갈 뻔했다. 한창 안철수가 치고 올라오는 와중에 말이다.

여기에 조선과 한겨레, 네이버 등등 유력한 여론 조성 기관도 의기투합한다. 시간이 가면 갈수록 저 카르텔은 공고해질 것이다. 이재명 또한 시장 때와는 비교도 할 수 없는 경기 지사의 권력을 휘둘러 자신의 입지를 다질 것이다. 결코 쉽지 않은 싸움이다.

하여, 지금 끝내야 한다. 그래야 더 이상의 혼란 없이 적폐 청산에 매진할 수 있다. 나중 대선 때 혹시라도 이재명과 자한당 후보가 붙는 상황을 가정해보라. 그 꼴 보기 싫으면 지금 이재명을 끝내야 한다.

- 2018. 6. 6.

이재명의 논문 표절

논문 표절, 이것은 중대한 지식 절도 행위이다. 논문 아니라 학기 말 페이퍼 하나 쓰려고 해도 피가 마르고, '한강에 갈까'까지 생각하게 될 정도다. 그런 고통의 결과물을 날로 먹는 행위는 어떤 부정부패 범죄 못지않은 파렴치한 짓이다.

이재명의 논문과 다른 논문을 직접 비교해보라. 표절조차도 자신이 했는지 의심스러울 정도다. 이것도 어느 브로커에게 맡겼을 가능성이 거의 100%다. 정치 양아치질 시작한 자가 한가하게(?) 남의 논문들 읽고 있었겠는가.

이걸 이재명은 인용부호 몇 개 안 쳤다고 둘러댔다. 80% 이상을 통째로 베껴놓고 말이다. 그리고 가천대를 비하하면서 자신이 "어디 이름 없는 대학" 학위가 굳이 필요했겠느냐고 떠들었다. 이름 없는 대학? 가천대는 성남에서 가장 영향력 있는 대학이다. 성남에서 정치를 꿈꾸던 이재명에게 그 간판과 학맥은 중요한 자산이 될 수 있는 것이다. 그걸 노리고 표절까지 해가며 학위를 샀던(!) 것이나 다름없다.

게다가, 가천대가 표절 여부를 밝히지 않은 것(가천대 입장에선 이거 인정하면 자신들이 석사 논문 하나 제대로 검증 못 했다는 거 자인하는 셈)을 두고, 표절 아니라고 했다는 선동도 일삼았다. 그러고는 슬그머니 학위 반납. 이 자는 도대체 자신의 잘못을 제대로 인정하고 사과하는 적이 없다. 정통 회장 시절 일어난 '박스 떼기질'도 두루뭉술 뭉개듯이 말이다.

– 2018. 6. 7.

우리는
우리에게
좀 더 엄격해져야

이번 '찢 사태'는 여러 가지를 생각하게 한다. 그중 하나가 원칙과 상식이라는 것은 진영 논리의 포로가 되어서는 절대로 제대로 구현되지 않는다는 것이다. 우리는 지금까지 수구 세력과 싸우면서 수구 대 개혁, 또는 보수 대

진보의 구도에만 젖어 있었던 게 아닌가 싶다. 그리고 이걸 그대로 선악 구도라고 못박았다.

그런데 우리 쪽에도, 오히려 저쪽보다 훨씬 더한 '악'이 존재할 수 있다는 게 드러나고 있다. 이재명 하나만의 문제가 아니다. 그런 자에 대해 별 문제의식이 없는 당, 공천 결과 지상주의에 빠져 있는 '당빠'들, 나아가 이재명에게 열렬히 환호하고, 공지영·김부선 등에게 차마 사람으로선 할 수 없는 말까지 지껄이는 대다수 '찢빠'들. 이런 것들과 함께 진영 논리에 갇혀 무엇을 이룰까. 민주당 장기 집권의 목적은 도대체 무엇인가. '인간'을 지우고 말이다. ('우리 안의 파시즘'이란 말이 있었는데, 이건 '우리 안의 찢시즘'이라고 해야 하나….)

'찢빠'는 아니지만 이재명이 민주당 후보니까, 공천받았으니까 지지한다는 사람들, 난 이들이야말로 지옥의 가장 뜨거운 자리를 예약한 부류라고 생각한다. 인간의 행동은 구체적으로 어떻게 외화되어 나타나느냐에 따라 가치가 매겨진다. 유물론을 인정하든 안 하든 인간의 행동은 물질성을 띤다. 저급한 '찢빠'들과 똑같은 정치적 스탠스에서, 그 의도 여부와 상관없이 결국은 똑같이 이재명을 지지한다면 그건 똑같은 물질성을 갖는다. 다른 게 없다. 김부선, 공지영, 이재선 씨 부인 등에 대해 입에 담을 수 없는 막말을 쏟아내는 부류들과 질적인 차이는 없다는 것이다. 다르다는 건 자신들의 머릿속에서나 그렇게 스스로 규정하는 것이고, 그러면서 난 질 떨어지는 '찢빠'는 아니라고 자위하는 것일 뿐이다. 당 뒤에 숨은 채.[*]

지난 촛불 이후 우리는 약간이나마 수구 세력보다 우위에 섰다. 물론 아직은 위태로운 우위다. 이 지난한 싸움에서 최종적으로 승리하는 길은 무력을 휘두르거나 칼춤을 추는 것이 아니다. 우리가 저들보다는 도덕성과 능력, 모든 면에서 확실히 나은 존재라는 것을 모든 국민에게 각인시키고 실천적으

---

[*] 검증 시스템에 문제가 있어 가장 기본적인 후보 검증이 안 됐는데 공천 결과는 무조건 따르라는 건 파시즘적 논리이기도 하다. 전두환도, 노태우도, 이명박근혜도 모두 선거라는 절차를 거친 존재들이었다.

로 입증하는 것이다. 진영 논리를 넘어 원칙과 상식을 구현하는 것이다. 그걸 위해 우리는 우리에게 좀 더 엄격해져야 한다.

- 2018. 6. 9.

정부와
어긋나게 갈 자는
이재명

역겹다. 이재명은 싫지만 그래도 찍어야 한다는 사람들. (다시 말하지만, 무효표나 기권표는 이해한다.) 그렇게 깨끗하게(?) 고고하게(?) 살아라. 꽃길 걸어라. 그래, 진흙탕에서 뒹구는 건 댁들이 말하는 '극문'이 할 테니.

전우용이라는 사람도 결국은 진영 논리를 벗어나지 못한다. 남경필이 되면 '전쟁 공포' 세력의 중심이 될 거고, 그들의 아이콘이 되며, 결국 그들의 영향에서 자유롭지 않을 것이고, 지금 시기에 경기도가 그들 수중에 들어가면 안 된다고 하는데….

이 역시 진영 논리에 입각한 추론일 뿐이다. 남경필이 그동안 경기 지사하면서 남북 관계에 조금이라도 나쁜 영향을 끼친 게 있는가? 그리고 이런식으로 추론하면, 이재명은 문 정부에 협조할 거라는 건 어떻게 확신하는가. 지금까지 문통령을 마타도어해왔던 것처럼, 앞으로도 기회만 있으면 문통령과 각을 세울 것인데, 남북 관계가 잘 풀려 문통령의 업적이 뚜렷해지면 이걸 이재명도 좋아할 거라는 것 확신할 수 있나? 오히려 경기 지사 권력을 이용해 중앙 정부와는 따로 놀지 않을까?

남북 관계는 지극히 예민하여 조심히 다루고, 중앙 정부에서 통일적으로 조율하며 해나가야 할 문제다. 그러나 이재명은 자기 인기를 위해 (세월호 이용해왔듯이) 남북 관계를 이용할 가능성이 크다. 현실 맥락 무시한 채 좌충우돌할 수도 있다. 그럼 이때도 '사이다'라 여길 것인가? 문 정부는 고구마고? 이미 독단적으로, 경기 지사 권한이 아님에도 비무장 지대를 어떻게 하겠다고 하지 않는가.

지금까지 해온 걸 보면 오히려 남경필이 남북문제에 있어서만큼은 닥치고 따라올 가능성이 높다. 괜히 어깃장 놓으려 했다가는 '역시 자한당' 소리밖에는 못 들을 테니까. 그런데 민주당 내부 인사가 따로 놀면 이건 작은 문제가 아니다. 게다가 그는 '주황 뻐꾸기' 운동권의 지지를 받으므로 그들의 목소리를 낼 가능성도 크다. 지금 시기에 경기도가 그들 손에 들어가는 건 안심할 수 있는 일인가?

– 2018. 6. 10.

미국 공화당과 민주당의 북한 관련 정강 비교

　미국의 민주당과 공화당, 상대적으로 민주당은 진보 포지션이고 공화당은 보수 쪽이다. 공화당은 국가주의, 인종주의가 강하고 동성애, 낙태 등에도 확실하게 반대하며 부자 감세 정책을 추진한다. 반대로 민주당은 이념의 스펙트럼이 넓고 소수 인종의 지지도 많이 받으며 동성애, 낙태 등에 우호적이고 주로 부자 증세 정책을 취한다. 그러나 양당의 대외 정책은 큰 차이가 없이 대동소이하다고 볼 수 있다.

　그런데 흥미로운 것은 2016년 양당의 정당 정강(Party Platform) 북한 관련 부분이다. 일단 공화당의 정강에선 북한을 "김씨 가족의 노예 국가"라고 표현하면서 북한의 핵 개발 계획이 안전하고 검증 가능하며, 돌이킬 수 없는 방식으로 폐기되도록 북한에 계속 요구할 것을 밝히고 있다. 지금 미국의 요구와 다르지 않다. 그리고 '북한 인민'의 '인권 확립(Establishment)'을 바란다고 적시하고 있다.

　근데 2008년(당시 공화당 매케인 후보) 정강에는 약간 다른, 그러나 매우 흥미로운 부분이 있다. 일단 북한을 '미치광이(Maniacal)' 국가로, 더 심하게 표현하고 있다. 그리고 북한 핵에 대한 CVID는 동일하나, 그때는 북한 인권과 관련하여 '고통받는(Suffering)' 북한 인민의 '인권 회복(Restoration)'을 촉구한다고 밝혔다. 2012년 정강에서는(롬니 후보) '미치광이 국가'라는 표현은 빠졌으나 여전히 'Suffering People'과 'Restoration'이란 표현은 동일했다.

결국, 2008년 때보다는 2012년이, 그리고 2012년보다는 2016년 공화당의 북한 부분 정강은 확실히 전향적으로 바뀐 것이다. 이것은 적어도 북한이 미친 나라는 아니라는 공화당의 인식 변화를 보여주며, 특히 북한의 인권 문제에서 'Suffering'이 빠진 것은 당시 공화당 후보, 즉 트럼프의 생각이 반영된 것이라고 여겨진다.

이와 비교해 2016년 민주당 정강을 보면, 북한을 "가학적인 독재자에 의해 통치되는 지구상에서 아마도 가장 억압적인 체제"라고 표현하고 있다. 그리고 북한 인권과 관련해서도 "중대한 인권 학대(Grave Human Rights Abuses)"라고 하여, 단지 '북한 인민의 인권 확립'만 얘기하는 트럼프 공화당의 정강보다 북한 인권 문제에 대해 훨씬 더 비판적이었다. 여기서 그치지 않고 민주당 정강에선, "트럼프는 북한의 독재자를 찬양하고, 일본, 한국 같은 동맹국들을 포기하도록 위협하며, 이 지역의 핵무기 확산을 조장하고 있다. 민주당은 미국과 우리의 동맹국을 보호하고, 북한을 억제하도록 중국을 압박하며, 북한이 불법적인 핵과 미사일 프로그램을 폐기하도록 선택 폭을 줄일 것이다"라면서 상대 후보를 비난하고 있다. (공화당 정강에는 힐러리를 거명하며 비난하는 내용은 없다.)

이건 두 가지를 말해준다. 앞서 언급한 것처럼 공화당 정강은 확실히 트럼프의 의중이 반영된 것이라는 것과(민주당은 트럼프를 '종북'이라고 까고 있음), 북한에 대해선 민주당이 훨씬 더 극우적 마인드를 가지고 있다는 것이다. 도대체 저렇게 보는 나라랑 무슨 대화를 하겠는가. 아예 대화 의지 자체가 없다. 그리고 트럼프가 뭐라고 했길래 북한 지도자를 찬양한다고 했을까? 어쨌든 트럼프는 김정은에 대해서도 긍정적인 사고를 이미 하고 있었다는 것을 알 수 있다.

힐러리가 아니라 샌더스가 후보가 되었다면 저 민주당의 정강도 달라졌을지 모르지만 어쨌든 이게 민주당 주류와 힐러리의 생각이라는 건 분명하다. 오바마도 다를 거 없고.

지금 미국 대통령이 트럼프라는 것은 천행이라고 볼 수 있다. 그리고 그런 트럼프의 성향[*]을 꿰뚫어 본 문통령은 역시 대단하다고 아니할 수 없다.

– 2018. 6. 12.

스탈린 정권의 폭압성은 그의 인성과 불가분

폭력과 억압을 동반한 공포 정치는 극우 파시즘의 전유물이 아니라는 것은 소련의 경우를 봐도 알 수 있다. 그리고 그렇게 소련을 테러와 학살이 일상적인 전체주의 폭압 국가로 만들고 결국 붕괴의 단초를 제공한 것은 스탈린이었다. 물론 스탈린 정권의 폭력성을 그 한 사람한테만 돌릴 수는 없고(역사에서 개인의 역할은 늘 한계가 지워져 있기에) 그가 중앙과 지방 공산당 주도 세력의 지지를 받았기에 가능했지만, 다른 대안을 놔두고 굳이 그 길을 선택한 것은 스탈린의 문제였다. 그리고 그것을 스탈린의 인성과 떼놓고 볼 수 없다.

스탈린 사후 흐루쇼프가 그를 격렬하게 비판했는데, 그 연설에는 다음과 같은 내용이 나온다.

---

[*] 공화당이라는 고정 관념으로만 트럼프를 본다는 건 (물론 북한 외 나쁜 부분에선 보수적 마인드지만) 그리는 '사람' 자체를 잘못 보게 만들 수 있다. 정당은 물론 중요하다. 그런데 정당보다 사람이 더 중요한 건 미국만의 일일까?

"레닌은 스탈린의 성격을 매우 정확하게 평가하여, 스탈린이 지나치게 거칠고 동료들을 충분히 배려하지 않으며 변덕스럽고 권력을 남용하기 때문에 스탈린을 서기장직에서 해임하는 문제를 검토해야 한다고 지적했습니다."

"스탈린은 너무 거칠다. 이런 결함은 동료들 내에서 그리고 우리 공산주의자들끼리의 교류에서는 충분히 참을 만하지만, 서기장 업무에서는 용납될 수 없다." (레닌)

"존경하는 스탈린 동지,
당신은 내 아내에게 전화하여 욕설을 하는 무례를 범했소. 비록 아내가 그 일을 잊자는 당신의 말에 동의했을지라도, 이 사실은 그녀에 의해 지노비예프와 카메네프에게 알려졌소." (레닌의 편지. 근데 스탈린도 '보확찢'이라고 했을까?)

"호소하건대, 제발 저를 난폭한 사생활 침해, 비열한 욕설과 협박으로부터 보호해주십시오. 스탈린이 위협의 도구로 사용하려는 통제 위원회…" (레닌의 아내가 당 동료에게 보낸 편지. 고소, 협박당하는 사람들 마음이 다 저렇지 않을까?)

"그는 설득과 교육이라는 레닌의 방법을 던져 버렸고, 사상 투쟁에서 행정적 억압으로, 대규모 탄압으로, 테러로 넘어갔습니다. 그는 점점 더 광범위하고 집요하게 징벌 기관들을 통해 행동했을 뿐만 아니라, 현존하는 모든 도덕적 규범과 소련 법률을 자주 위반했습니다."

"스탈린이 일련의 경우에서 보여주었던 조급함, 난폭함, 권력 남용 등이 여기에서도 드러났다는 점입니다."

"스탈린은 이제 자신이 모든 일을 직접 처리할 수 있고 다른 사람들은 자신의 보조역으로서만 필요하다고, 다른 모든 사람이 오로지 자신의 말에 순종하고 자신을 찬양한다는 전제 위에 그들을 거느리고 있다고 생각했던 것입니다."

"스탈린은 점점 더 변덕스러워졌고 조급해졌으며 거칠어졌고, 의심은 특히 커졌습니다."

스탈린과 다르게 레닌은 무척 겸손했다고 한다. 폭력적인 정치를 하느냐 안 하느냐는 권력자의 인성과 절대 무관하지 않다는 것을 보여준다. 인간의 인성과 행동이 어떻게 다를 수 있겠는가.

"도끼질할 때는 나무 파편이 튈 수밖에 없다"라는 러시아 속담으로 스탈린을 옹호하는 사람들도 있었다고 한다. 행위의 목적만 중시하고 그 과정과 방법은 무시하는 태도다. 파편이 튀는 것도 어느 정도다. 도끼질도 거지 같이 하면 남는 원목은 없고 죄다 파편이 될 수도 있다. 스탈린을 옹호하다가 나중에 정신 차린 소련 작가 동맹의 파데예프는 "나는 내가 사원(寺院)을 지키고 있는 것으로만 생각했는데 알고 보니 그것은 변소"였다고 했다. '찢깍지' 썬 사람들이 곱씹어 볼 대목이다.

그리고 또 하나, 소련 공산당 전당 대회 대의원단은 레닌의 권고를 무시하고, 스탈린이 레닌의 비판적인 언급을 존중하고 그의 심각한 우려를 불러일으킨 자신의 결함을 고칠 것으로 생각하여 스탈린을 그 자리에 유임시켰다. 사람 고쳐 쓰지 않는다는 걸 몰랐던 최종 결과는 소련의 몰락이었다.

> 덧말_고작 시장, 지사 후보일 때도 고소, 고발, 정신 병원 강제 감금, 공무원 동원 등을 하던 자에게 더 큰 권력이 주어진다면…. 수구의 몰락 반대급부가 '좌파 파시즘'이어서는 곤란하다.

- 2018. 6. 17.

전제부터 틀린
김갑수

'트럼프, 푸틴, 두테르테하고 싸우려면 거칠게 살아온 이재명이 되어야 한다', '김경수가 대권 잡으면 세습이다.' 운운하는 김갑수, 제대로 망가지는 듯하다. 이재명과 엮이면 이렇게 된다.

이재명이 거친 게 그냥 거친 걸까? 쓰레기 더미 쌓인 거 보고 사람들은 그 쓰레기가 거칠게 지내왔다고 여기지 않는다, 치워야 할 대상으로 생각할 뿐. 그리고 외교라는 게 무조건 싸우는 건가? 지금이 춘추 전국 시대고, 또 그냥 싸우면 국익인가?

제대로 싸우기나 한다는 건 무슨 근거인가? 강자 만나면 바로 꼬리 내리는 게 "거칠게 살아온" 양아치들이다. TV 조선 폐지 어쩌고 하던 자가 조선한테 상 받고 오히려 홍보비 퍼주는 것처럼 뒤로는 그 나라들에 다 퍼주지 않는다고 뭘로 장담할 것인가. 그 나라에서 무슨 상 준다고 하면 자신의 이미지만을 위해 다 퍼주고도 남을 자가 이재명이다.

김경수가 다음 대권 잡으면 세습이라고? 그렇다면 민주당의 연속 집권은 일당 독재인가?

민주당 지지자들이 민주당 장기 집권을 얘기하는 건 그만큼 적폐 청산이 오래 걸리는 일이고 나라를 확실하게 바꾸어야 하기 때문이다. 마찬가지로 문통령의 정치 철학과 정책도 계속 이어져야 한다. 문제점투성이에 약점 많은 자가 과연 힘 있게 제대로 된 개혁을 추진할 수 있을 거로 생각하는가? (수구 체제는 안 건드리는 파시즘적 공포 정치는 할 것이다.) 김경수는 그렇게 물어뜯는 조중동 등 언론이 왜 이재명은 대충 봐주고 있는지 정녕 이해가 안 되나?

문통령과 결이 다른 이재명이 나중에라도 문 정부와 차별화를 시도하는 순간 적폐 세력은 그 틈을 갈라 치기 하며 개혁 자체를 좌초시키려 할 것이다. 따라서 문 정부는 그대로 이어져야 하고 그러자면 문통령과 정치 철학을 같이 하는 사람만이 적임자이다. (김경수는 그중의 한 명일 뿐) 당신이 폄훼하는 '극문파'들은 그 절박함에서 이재명을 비토하는 것이다.

그리고 지금은 친노 친문이 시대 정신이다(김어준이 얘기하는 '이재명의 생명 연장'이 아니라). 그래서 진정성 있는 정치인들은 거의 친노 친문에 속해 있다. 솔직히 반노 반문 중에 제대로 된 정치인이 누가 있나? 문파들은 친문 정치인이 단순히 친노 친문이라서 지지하는 게 아니다. 지지할 가치가 있는 정치인들이 친노 친문에 있기 때문이다. 김갑수 당신은 전제부터 틀렸다.

덧말_그리고 문통령 임기 이제 1년 지났다. 벌써 차기를 언급하는 건 '언어의 조루'일 뿐이다.

- 2018. 6. 17.

유시민이 본 이석기와 경기동부

유시민의 『나의 한국 현대사』를 보면 이석기와 경기동부에 대해서 평하고 있는 부분이 있다.

'이석기는 사상 이론으로 권위를 세우고 조직원들에게 물질적 기반을 마련해줌으로써 리더십을 세웠으나 대중 정치인으로서 훌륭한 자질과 능력을 갖췄다고 보기 어렵다. 대의를 위한 열정은 있지만 책임 의식과 균형 감각이 떨어지고 작은 비밀 결사의 지도자는 될 수 있어도 합법적 대중 정당의 리더가 되기엔 부족하다. 그의 조직은 진보 정당·민노총·전농 등에 들어가 세포를 증식하고 힘을 키웠지만 그 단체들의 생명력을 갉아먹었다. 다른 세포와 교신하지 않고 자기 증식만 했다는 점에서 암 조직과 비슷하다.' 등.

유시민 화법상 그리고 저서에서 이 정도면 꽤 신랄한 비판이다. 아마 통진당 일원으로 함께하면서 많은 정보를 얻었고, 또 실제로 많이 경험했을 것이다. 물론 유시민의 평을 그대로 믿어야 하냐고 반문할 수도 있지만, 그동안 경기동부, 진보 정당, 민노총 등이 해온 걸 보면 맞는 분석이라고 생각한다.

그 암 조직이 민주당에도 서식하고 퍼지기 시작했다. 제때 제대로 치료하느냐의 여부가 민주당의 건강을 좌우할 것이다. 주황 암, 암세포도 생명이니 놔두자 하는 건 드라마로 족하다.

- 2018. 6. 20.

추가 덧말_그런데 유시민은 정작 자신이 이사장으로 있는 노무현 재단에도 저들이 세포를 증식하고 단체의 생명력을 갉아먹고 있는 건 모르는 듯하다. 모르는 척하거나.

어떤 졸부
이야기

평소 책 한 권 안 읽던 졸부가 큰 집을 사서 처음으로 서재를 꾸민다.

책장을 채울 책을 사러 서점으로 직행.

그리고 책을 산다. 살펴보지도 않고 외친다. "여기부터 서기까지 전부 다."

책장만 아름답게 꾸며진다.

겉멋, 똥폼, 과시라는 점에서 이런 걸 '인수위 180명질'이라고 한다.

덧말_경기 지사 인수 위원이 180명이라는 기사를 보고. 남경필 때는 7명,
현 정부에선 30명이었다고 한다.

- 2018. 6. 20.

경기 지사
'임명식'

임명식, 구구절절 늘어놔 봐야 이건 콤플렉스의 반영일 뿐이다. 이재명의
실체가 이 정도로 드러나기 전에도 이렇게 말하는 사람이 많았다, '이재명은
임명직은 힘들다, 청문회 통과 못 한다.'

고작(?) 음주운전, 논문 표절 정도 알려졌을 때조차 이랬다.

자신도 알 것이다. 죽었다 깨어나도 임명직은 못 한다는 걸. 그래서 그 '한 풀이'로 저런 명칭을 갖다 쓰는 것이다. '도민의 임명'이란 건 그저 말장난. 그렇게 따지면 그럼 모든 선출직은 해당 유권자의 '임명'이 아니고 '세습'이었나? 그런데도 '임명식'이라고 하지 않은 건 엄연히 사전적 정의가 분명히 있기 때문이 아닌가.

지방 자치제가 시행되기 전, 모든 도지사와 시장은 중앙 권력자에 의해 글자 그대로 '임명'되었다. 그런데 이제, 그때는 없었던 요란한 행사까지 곁들인 변종 하나가 나온 것이다.

수백 년 뒤 '임명식' 운운하는 홍보물만 유물로 발견된다면 그때 역사학자들은 헷갈릴지도 모르겠다. '문재인 정부 때 지방 자치제가 쇠퇴하여 도지사를 대통령이 임명하고, 그 행사도 크게 했구나'라고. 그리고, 다른 곳은 아닌 경기 지사만 엄청난 자리라고 여겨, '평안 감사도 저 싫으면 그만'이란 말 대신 '경기 지사도 저 싫으면 그만'이란 말이 쓰일지도 모르겠다.

– 2018. 6. 24.

'찢낙제' 등극에
부쳐

아마 시장질할 때부터 대권의 꿈을 키웠을 것이다. 그래서 세월호 이용,

포퓰리즘 복지, 모라토리엄 등 무조건 인지도 높일 수 있는 행정질만 했다. 자신이 일베이면서 일베와 싸운다는 이미지 조작도 했고, 국정원의 일상적 업무도 탄압인 양 몰아갔다. 이명박근혜로부터 어떤 피해도 보지 않았지만, 싸운다는 상징은 가져갔다. 이른바 '사이다' 발언으로 대중들의 즉자적인 환호를 끌어모아 그걸로 대외적인 밑천으로 삼았으나, 두산과 네이버 특혜, 언론사에 홍보비를 퍼주면서 그걸로는 아예 실질적인 보험을 들었다. 조폭 기업 면세 혜택 등 그 외 문제도 어디 한두 가지인가.

앞으로도 그런 행태는 계속될 것이다. 도민을 위한 도정보다는 모든 걸 대권에 초점을 맞출 것이다. 그저 보여주기식, 말초신경 자극적인 포퓰리즘 정책으로 인기 포인트나 쌓는 짓을 할 것이다. '숟가락 얹기'는 점입가경의 경지에서 목불인견의·경지로 넘어갈 것이다. 비판하고 반대하는 사람은 정신 병원이든 어디든 보내고 어떻게든 묻으려고 할 것이다. 지금까지의 과거는 내일의 거울이며, 유라시아 대륙이라도 접수할 듯한 인수위 숫자와 어린애가 NBA 선수 옷이라도 걸친 듯한 '평화 안보 특위' 같은 건 그 전조등이다.

좌우 붉문 찌라시들은 물론, 이른바 '스피커'라고 하는 목소리 큰 자들이 계속 병풍을 서줄 것이다. 자신들의 펜과 입이 주도하는 '천년 왕국'을 위해 이재명을 선택했기 때문이다. 지금까진 진영 간의 싸움이었다면 이번엔 좀 더 근본적인 싸움이다. '깨어 있는 시민'이 끝내 명실상부한 시대의 주인이 되느냐 아니냐의 갈림길이다.

겉으로 드러나는 여론 밑에 좀 더 깊은 흐름은 늘 존재한다. 그것이야말로 시대정신이고 '역사의 발굴 소리(이사야 벌린)'이다. 그 소리는 '민'의 마음이 잠재적이지만 본질적인 흐름이 되어 만들어내는 소리이다. 거기에 집단 지성이 합쳐진다. 이재명 지지자들의 '집단 찢성'은 그것을 대체하지 못한다.

모든 게 거짓이고 겉멋이며, 진정성이라고 낙지 똥마큼도 없는 자가 뒤꿈치 들고 큰 채 해봐야 본인의 키도 아니고, 억지로 보폭 길게 해봐야 제대로 걸을 수 있는 것도 아니다. 그저 '역사의 발굽 소리'에 귀 기울이며, 인위적 행동거지와 과시욕은 내다 버려라. 대권 꿈꾸기 전에 겸손부터 배워라. 인간부터 되어라. 아니면, 우리 시대 마지막 남은 파시즘 조각 끌어안고 사라져라.

)

까치발로는 오래 서 있지 못하고
가랑이를 한껏 벌리고 걷는 자는 가지 못한다.
스스로를 드러내는 자는 밝지 못하고
스스로 옳다고 주장하는 자는 드러나지 못하고
스스로 자랑하는 자는 공을 인정받지 못하고
스스로 교만한 자는 어른으로 추존되지 못한다.
...

만일 천하를 취하고자 작위하는 자가 있다면
나는 그가 천하를 얻지 못함을 볼 따름이다.
천하는 신묘한 그릇이라
취할 수 없다.
취하고자 시도하는 자는 패하고
잡는 자는 잃고 만다.

-『노자』

– 2018. 6. 30.

진보를 해체하고 수구 좌파가 된 '입진보'

"나는 학생 운동을 대단히 긍정적으로 평가해요. 하지만 학생 운동의 추후 발전은 다른 문제예요. 이른바 긍정적 요인들이 우수한 상태를 얼마나 오래 유지할 수 있겠는가 하는 것을, 그리고 그들이 이미 해체되는 과정에 들어선 것은 아닌지 여부를, 한편으로는 범죄와 맞닿아 있고 다른 편으로는 권태와 맞닿아 있는 광신과 이데올로기와 파괴적 성향이 그들을 잠식하지 않았는지 여부를 그 누가 알겠어요?"

- 한나 아렌트

단지 학생 운동뿐만이 아니라 전체 진보 운동을 상정해보자. 현재 한국의 진보 운동은 그 긍정적 요인을 얼마나 유지하고 있는가, 이미 해체 과정에 들어선 것은 아닌가, 범죄와 맞닿아 있거나 광신과 이데올로기와 파괴적 성향이 그들을 잠식하진 않았는가.

한때는 분명히 진보·운동권 세력은 역사의 정방향에 서 있었다. 자신들을 희생하며 싸웠고, 민주주의는 피를 먹고 자란다는 말을 되새기게 했다. 그런데 정말로 추후 발전은 다른 문제가 돼 버렸다.

아예 '입진보'로 통하는 그들. 노무현 대통령 등장 이후 운동권 주류도 아닌 그에게 개혁과 아젠다 설정의 주도권을 빼앗기자 수구 세력보다 더 물고 뜯었던 그들, 교조주의라는 해골의 모습으로 구름 위에 앉은 그들, 그 행태는 점점 더 심해지고 있다. 친노 친문·개혁 세력을 밟고자 그 대항마를 선택함에 있어 도덕성이 자한당보다 떨어지는 이재명 같은 자를 문제 삼지도 않는

광신, 사회 과학 서적 활자를 그대로 현실에 재프린팅하려는 무모함, 법과 원칙은 무시한 채 자신들이 원하는 바를 대통령이 무소불위 권력을 휘둘러 이루라는 파괴적 성향 등은 파시즘과의 구분을 어렵게 할 정도다.

어쩌면 한나 아렌트의 말처럼 이건 권태와 맞닿아 있는지 모르겠다. 독재와 싸운 투쟁은 권태가 되었고 그 권태는 아이러니하게도 매너리즘을 낳았고 매너리즘에 빠져 대상도 제대로 구분 못 하는, 또는 안 하는 짓거리들을 하고 있는 것이다.

한국의 진보 · 운동 세력은 적어도 '진보'라는 의미에선 이미 해체되는 과정에 들어섰다. 그리고 다시 형태를 띤 건 수구 좌파라는 모양새다. 좌 쪽도 수구일 수 있다는 것을 이들은 명백히 보여준다.

적폐를 청산하고 극우가 군림하던 시대를 끝장낸다는 것이 시민들에겐 '군림'을 끝장내는 것이라고 한다면 수구 좌파들에겐 극우의 자리에 자신들이 대신 들어서는 것만을 의미하는지도 모르겠다. 자본을 비판하지만, 오히려 극우와 마찬가지로 자본의 노예가 된 채 시민들에게만 군림하려는.

– 2018. 7. 14.

이재명은
사병을
거느리려는가

고려 때 무신란을 일으킨 정중부를 죽이고 권력을 쥔 경대승, 그는 무신이었지만 기존의 문신 지배 질서에 순응하는 사람이었고, 그래서 무신들과 오히려 척을 졌었다.* 그래서 끊임없이 목숨의 위험을 느끼고 있었다.

그에 대한 대비로 만든 것이 '도방'이라는 사병 조직이었다. 이 조직엔 '死士'라고 하는 무사 집단이 다수 포함되었으나 '악소(惡少)'라 불린 자들도 있었다. 이들은 주로 무리를 지어 다니며 탈법적인 행동과 행패를 일삼았던 무뢰배 집단으로서, 그러다가 나중에 특정인의 사병으로 포섭이 된 것이었다. 당시 경성에 도둑이 많이 일어났는데 관리가 이를 체포하면 경대승이 풀어주었다고 한다. (이게 그냥 단순 절도범만 얘기하는 게 아니라 강도 등 포함일 터.) 그리고 도방으로 끌어들인 것이다. 그걸 믿고 더 설친 게 도방원들이었다.

이런 악소, 도둑들은 지금 말로 치면 조폭이라고 할 수 있다. 경대승은 그러니까 조폭을 사병으로 둔 우리 역사 최초의 인물인 셈이 된다. 도방에는 이들 말고 국가의 禁軍인 견룡군도 있었다. 국가의 군인도 개인 사병으로 이용한 것이다. 기존 법질서를 무시했다고 할 수 있다. 그리고 이런 사병 조직은 무신 집권기 내내 이어졌다.

이재명이 경기도청 산하에 특별 사법 경찰제를 두 배로 확대한다는 것, 채권 추심단·체납 관리단까지 두는 것을 우려하지 않을 수 없다. 그 확대된 조직은 신원도 불확실한 자들에게 공무원 완장까지 채워주고 도지

---

* 이게 『고려사』 편찬자 눈에는 이뻐 보였는지 무신정권 인물들 가운데 경대승만 '반역전'이 아니라 일반 '諸臣전'에서 다뤘다.

사의 명령만 받게 할 터, 악소들을 도방으로 끌어들인 경대승의 행태를 상기시킨다.[*] 기존 공무원도 '견룡군 부리듯'할 것이다. 자신의 치적(?) 쌓기를 위해 그런 사병식의 이용쯤은 이재명에게 아무런 문제가 되지 않는다.

- 2018. 7. 23.

추가 덧말_이재명의 '악소'들은 이미 고작 만 원여 체납금 때문에 도민들 집까지 찾아가 위압감을 주는 지경이다. 저들에게 들어가는 세금은 회수하는 체납금을 상회할 수준이다. 그러나 이재명은 소액에 불과할지언정 체납금 회수라는 결과만 홍보한다.

자신이 일한다는 걸(?) 보여주기 위해 밤 12시 다 돼 도청 직원에게 업무 지시 트윗을 날리기도 한다. 아침에 출근하는 대로 보고하라면서….

---

[*] 이미 이재명은 성남 국제파라는 조폭들이 만든 기업에 면세 혜택을 준 전력이 있다. 인권이 아니라 '조폭권' 변호사였던 이재명이 단지 조폭들 뒤만 봐준 것인지, 아예 사병처럼 관리한 것은 아닌지 철저한 수사가 필요하다. 뒤만 봐줬다 해도 결코 가벼운 일이 아님은 당연하다. 도지사 퇴출뿐 아니라 법적 처벌도 피할 수 없다.

제2의
추미애를
원하지 않는다

"쓸데없는 말 많은데 경기 지사는 일하는 능력 보면 돼."

"우리 당 사상 처음으로 당 대표가 쫓겨나지 않고 멀쩡히 전당 대회를 준비할 수 있는 당내 가풍을 애당 동지 여러분이 만들어주셨다."

이재명 문제에 당 대표로서 침묵할 때 이미 '추화입마' 상태더니 이젠 완전히 '마인'이 되고 있는가? 일하는 능력만 보면 된다고? 그럼 앞으로 인사 검증은 전혀 필요하지 않게 된다. 일을 일단 시켜봐야 그 능력을 볼 게 아닌가. 혹시라도 나중에 자한당이 권력을 잡아 누구를 임명할 때, 인사 청문회를 대충 넘기면서 '일하는 능력'만 보라고 하면 뭐라고 할 것인가.

그리고 자기가 처음으로(!) "쫓겨나지" 않았다는 건 결국 문통령은 당 대표하다 쫓겨났다는 얘기가 된다. 정해진 임기를 미처 못 채우시게 된 상황이 있음에도 그걸 이해하는 구석이 전혀 안 보인다.

솔직히 문통령에 비하면 추미애는 아예 신선놀음 대표였다. 누가 나가라고 하길 했나, 원내 대표란 자가 당무 거부를 하길 했나. 대표랑 맞먹으며 스스로 대표질 하던 안철수도 없고, 웬만한 계파 보스들은 거의 탈당해 크게 어깃장 놓는 사람도 없는 상황, 촛불 항쟁에 얹혀 가고, 문통령 인기에 얹혀 가면서 민주당 지지율 올라간 거 즐긴 거 외에 한 게 뭐가 있나? 하라는 당 개혁은 팽개쳐 놓고 말이다.

그리하여 이제, 제2의 추미애는 원하지 않는다. 자기 정치를 위해 당내 도덕성 근간과 민주당이 정체성을 흔드는 자에 대해 희미한 태도를 보이고, 당 개혁에 대해 별 비전도 생각도 없는 후보를, 그가 어떻게 살아왔든(살아온 궤적이 미래를 자동으로 담보하지 않는다) 나는 절대로 지지하지 않는다.

- 2018. 7. 29.

추가 덧말_이해찬을 당 대표로 원하지 않는다는 얘기였는데, 이해찬은 추미애보다 더 나쁜 케이스. 알고 보니 살아온 궤적조차 지금의 모습과 연결된다.

교묘한 프레임 짜기,
이젠 더 이상
용서 안 되는 김어준

'민주당 지지율 떨어진 건 김진표가 이재명 나가라고 해서다.'

결국, 투명하게 자신이 '이재명과'임을 고백하는 김어준. 경기도에서 12% 이상 당 지지율이 떨어진 게 당 대표 후보들 네거티브 때문이라고 주장하는데, 이게 김진표의 그 발언 때문일까, 아니면 이재명 자체의 문제와 이걸 뭉개고 있는 민주당 때문일까?

전체적으로 민주당 지지율이 떨어진 건 민주당이 제대로 하는 일이 없어서다. 적폐 청산은 청와대에 다 맡기고 그저 지지율에 취해 자기들 앞길에 자기들 손으로 꽃이나 뿌리고 다니는 형국이니까.

그런데 경기도에서만 유독 더 많이 떨어진 건 '재명 리스크'의 결과로 보는 게 상식적이다. 이재명의 여러 문제와 이걸 제대로 처리 안 하는 민주당에 대한 불만이 작용한 것이다. 근데 이 결과를, 여론 조사에 반영도 안 됐을 김진표의 발언 때문인 것처럼 교묘하게 본질을 흐린다. 이제 김어준은 도저히 용서가 안 된다.

)

이재명을 '포스트 문재인'으로 보는 김어준은 사람들이 이재명을 '악마화'한다고 한다. 그러나 멀쩡한(?) 이재명을 일부러 그렇게 몰아가는 사람은 없다. 그냥 이재명 그 자체를 드러낼 뿐이다. 이재명이 '악마'인 건 문파의 잘못이 아니다.

)

김어준은 민주당 당 대표 선거에서 손을 떼라.

- 2018. 8. 1.

'극렬'(?)이 아닌 문파는
존재할 수가 없다

참여정부 때 노무현 대통령 지지자를 비하하는 일종의 '딱지'는 '노빠'

였다. 노통에 대한 지지를 그저 연예인 좋아하는 것처럼, 그리고 그런 사람들이 마치 생각 없는 '빠돌이, 빠순이'인 것처럼 왜곡하기 위한 수사였다. 그걸 노통 지지자들은 오히려 '그래 우린 노빠다'라는 식으로 되치기 해서 '노빠'라는 걸 훈장처럼 사용했다. 결국, '빠'라는 말의 부정적 뉘앙스는 빠진 채 적극적인 정치인 지지자를 단순명료하게 표현하는 정도의 중립(?) 용어로 이 말은 자리 잡았다. 이제 누구의 '빠'이냐가 중요해졌을 뿐이다.

요즘 '문파' 또는 '문빠'라는 말 대신 주로 '극문'이란 말로 문파를 공격하는 부류가 있다. 문파 전체를 공격하진 못하겠으니 일부(?)만 떼어내 '극렬' 딱지를 붙이는 것이다. 물론 과거의 '노빠 딱지 붙이기'와 그 성격은 같다. 이 용어를 사용하는 자들은 지금 문재인 대통령 지지를 적어도 겉으로는 내세우고 있기 때문에 자신들과 구분하기 위한 것이기도 하다.

그런데 이런 프레임은 일찍이 동아가 「문빠들의 과도한 행태, 문 대통령이 자제시켜야」라는 사설에서 짠 것의 연장선에 있다. 이젠 그저 '빠'라서 문제가 아니라 '극렬'해서 문제라는 것이다.

조중동이 문파를 '극렬'이라고 하는 건 문파들이 참여정부 때와 달리 문통령 옹호를 위해 전방위적으로, 적극적으로 나서고 있기 때문이다. 문파들이 이러는 건 참여정부 때 학습의 결과이며, 노빠에서 진화한 모습이기도 하다. 그런데 여기다 대고 '극렬' 하지 말라는 건 결국 니들은 옛날로 돌아가란 소리다. 누구 좋으라고 우리가 그래 줘야 하나?

주로 팟캐로 밥 먹고 사는 자들이 이런 프레임을 가져와 '극렬'일 수밖에 없는 문파를 공격한다. 그리고 그게 '일부'라며 문파 '디바이드'를 시도한다. 문파를 '룰'하기 위해. 그것은, 문재인 정부의 성공만을 위해 눈에 불을 켜고 사는 문파의 칼끝이 이재명에게도 향하고 있는 단 하나의 이유 때문이다. 이재명을 비판하면 극렬이 되고 침묵하고 있으면 온건 합리가 된다. 한반도 지도가 거꾸로 그려진다면 가능할 기념비적 적반하장질이다.

다시 말하지만 노빠는 문파로 진화했고, 그 진화의 핵심은 '극렬'에 있다.

'극렬'이 아닌 문파는 존재할 수 없다.[*] 이재명을 비판하고 퇴출시키려고 하는 것 역시 문파다움의 실현일 뿐이다.

> 덧말_문재인 정부의 성공과 그 연속성을 위해 이재명 같은 폭탄은 반드시 처리하고 가야 한다. '찢류'들이 설칠수록 그 처리는 더 '극렬'해질 수밖에 없을 것이다. 우리도 사실 조용히 처리하는 걸 원한다. 자한당 보기 창피해서.

– 2018. 8. 9.

고려 재상 이장용의 '합리적 선택'

이장용(李藏用), 고려 고종-원종 때의 문신. 밖으로는 몽골의 침략, 안으로는 최의-김준-임연으로 실권자가 바뀌는 무인 집권기 정치적 격동의 시대에 고려를 이끈 재상으로, 임진왜란 때의 류성룡에 비견될 만한 인물이다. 당시 전란을 수습하고 정국을 안정시키며 몽골과 평화 관계를 구축하는 것이 시대적 과제인 상황에서 이를 무난하게 처리했던 것이다.

김준이 최의를 주살하여 최씨 정권이 붕괴하자 대몽 항쟁 일변도의 고

---

[*] 물론 침묵하는 문파 개개인도 있을 것이나 문파의 전체 흐름이 그렇게 잡힌다는 것이다.

려 정책은 수정 궤도에 들어선다. 몽골 역시 고려의 계속된 항전에 부담을 느껴 유화책을 제시하게 되었고, 결국 양국은 화친 정책을 추진하게 된다. 물론 일거에 순조롭게 된 것이 아니라 밀고 당기는 치열한 외교전이 뒤따랐다. 몽골은 고려 조정이 강화도에서 나올 것을 요구하였고, 징세·징병을 위한 사전 작업도 요구하였다. 그런데 '개경 환도'는 김준, 그리고 그를 죽이고 집권한 임연 등 무인 실권자들이 반대했고, 오랜 전란을 치른 고려가 몽골의 징세·징병에 관한 요구를 전적으로 들어줄 여력역시 없었다.

이런 문제들을 몽골에 직접 가서 협상으로 잘 마무리한 사람이 이장용이었다. 일찍이 외교 문서 작성에도 탁월했던 그는 고려가 최소의 비용으로 몽골의 요구에 대응할 수 있게 하였다.

그런 이장용이 현실 노선에 따라 선택했던 것이 두 가지였다. 하나는 몽골의 '국왕 친조(즉, 고려 왕이 몽골에 직접 가 황제를 알현하는 것)' 요구에 따라야 한다는 것이고, 다른 하나는 무인 집권자 임연이 당시 국왕 원종을 폐위하는일에 동의했던 일이다.

당시 동아시아 패권자 몽골은 완전한 복속의 의미로 여러 나라에 '국왕 친조'를 요구하였다. 이에 대해 고려에선 신변 안전 등의 이유로 반대의 분위기가 강했으나, 이장용은 그 '질서'에 순응해야만 전쟁을 완전히 끝내고 평화를 보장받을 수 있다고 생각하여 그 요구에 따를 것을 주장하였다. 결국, 이주장은 관철되었고, 그 이후 고려와 몽골의 '국교 정상화'(?)는 급속히 이루어졌다.

(이후 고려는 몽골의 반식민지 비슷한 처지에서 그들의 강력한 입김 아래 놓이게 되었다. 그러나 그렇다고 해서 몽골과 끝까지 싸웠어야 한다면, 죽어나는 건 백성들이다.)

몽골에 다녀온 이후 국내 정치적으로 국왕 원종의 입지는 강화되었다. 초강대국 몽골의 추인을 받은 셈이기 때문이다. 이에 불안을 느낀 무인 집권자 임연은 원종 폐위를 추진한다. 이에 대다수 신료는 눈치만 보는 상황에서 이장용은 '양위', 즉 원종 스스로 물러나는 형태를 제시하였고 임연은 이 방식을 따른다. 이장용이 '양위' 방식을 제시한 것은, 신료들이 폐위에 반대해도 임연은 결국 원종을 폐위시킬 것이며 어쩌면 원종을 시해까지 할지 모른다고 여겼기 때문이다. 결국, 양쪽이 타협할 수 있는 지점을 찾았던 것이다. 그런데 이 일은 결국 이장용 자신을 치는 칼이 되었다. 임연-임유무로 이어진 무인 정권이 완전히 붕괴되고 '왕정복고'가 이루어지자 원종은 복위하였고 '폐위 음모'에 가담했다는 이유로 이장용은 파면되었던 것이다.

'국왕 친조'에 따르는 것은 국가적 자존심이 상하는 일이다. 그런데 그걸 거부할 경우 전란이 끝난다는 보장은 없다. 양위 형태지만 원종 폐위에 동의한 것도 신하가 가져야 할 '충'의 자세에 문제가 될 수 있으나 오히려 왕을 살리기 위한 것이라면 옳은 방향이었다고 할 수 있다. 시원해 보이진 않을 수 있는 것이라 해도 합리적인 선택은 언제나 '가장 나은 선택'이다.

)

지금의 '이장용'을 꼽으라면, 아마도 김진표와 김현종이 아닐까 싶다. 김진표는 경제수장이나 원내 대표를 할 때 명분에 휩싸이는 게 아니라 철저히 합리적인 선택을 했다, 원칙은 견지하면서. 또한, 많은 능력을 보여주었다.*
그랬기에 노무현, 문재인 두 대통령도 그를 중용했던 것으로 생각한다. 그가 종교인 과세에 반대했다고 알려지는 등 그에 대한 왜곡도 많았다. 반대로, 잘한 것은 철저히 감춰지고. 이재명이 아니라 실제로 '악마화'를 당한 몇 안

---

* 실제로 그가 한 일들을 보면, 금융실명제, 부동산실명제 주도, 주5일 근무제 정착, LG 필립스 LCD 파주 공장 유치 등이 있다. 이른바 '최순실법'도 반대가 아닌 불참이었으며(위헌 소지가 있어 우원식, 강창일, 금태섭, 김부겸, 우상호, 조응천, 김현미, 심상정 등도 불참, 법안의 부실함으로 민주당 당론 채택도 안 됨), 미국의 전략 자산 배치 최종 해결에서 대화와 타협을 강조하기도 했다. (전술핵 재배치 주장은 악의적인 편집이다.) 이명박 시절 FTA 재협상 시 골목 상인 보호 입법, 개성공단 상품 한국 원산지 인성, 농축산업 보호 예산 확보를 주장하며 비준을 반대했고, 교육부총리 시절 개방형 이사제, 이사장 직계 존비속 교장, 학장 임명 금지 등의 내용을 담은 사학법 개정을 주도했다.

되는 정치인이다.

한미 FTA를 선택하고 추진한 김현종 역시 철저히 합리적이며, 오로지 국익의 관점에서 일을 처리한다. 그 역시 노무현, 문재인 대통령에게 연속으로 부름을 받았다는 점은 김진표와 같다. 두 사람 모두 능력이 검증되었기에 가능한 일이다.

- 2018. 8. 11.

이재명 탈당 찬성 과반수,
민주당원 여론 조사는
사실로 봐야

민주당 당원들 과반수가 이재명 탈당을 원한다는 알앤써치의 8월 1주 차 정례 여론 조사.

이걸 당원 모임에 올렸더니 어떤 '샤이 이재명 지지자'가 시비를 걸더라. 이 조사가 중앙선거여론조사심의위원회(이하 '여심위') 사이트 여론 조사 게시판에 누락되어 있는데, 이건 조사에 어떤 문제가 있다는 '정황 증거' 아니냐고. 그리고 무슨 대단한 발견이라도 한 양 그 여론 조사 전체 결과를 링크 걸었다.

'정황 증거' 운운하는 샤이들이 이재명의 그 숱한 문제와 의혹에 대한 정황 증거를 인정하는 꼴은 본 적이 없다. 대법원 판결 났느냐는 개 풀 뜯어먹는 소리나 할 줄 알았지.

그런데 어쨌든 나도 궁금해서 여심위와 알앤써치에 문의해봤다. 두 곳 모두 같은 얘기, '선거에 관한' 여론 조사가 아니라서 여심위에 등록할 의무도, 필요도 없다는 것. 즉, 당내 정치인에 대해 탈당 여부를 묻는 조사라서 여심위에 등록되지 않았다는 것이다. 정당 내 선거 여론 조사도 여심위 게시판에 올려져야 할 의무는 없단다. 하물며 선거도 아닌 내용은.

알앤써치 관계자는, 자신들은 여심위로부터 한 번도 지적받은 적이 없다고 확인까지 해줬다. 사실 이번 조사 내용도 보면, 전체 의견에선 이재명 탈당 찬성이 채 과반이 안 되나(49.1%로, 그래도 반대보단 높다), 당원층에선 탈당 찬성이 절반을 넘는다. 김진표 지지층에선 찬성이 70%가 넘고 이해찬 지지층에선 반대가 더 많으며, 송영길 지지층에선 찬반이 엇비슷하다. 이게 뒤죽박죽이면 모를까, 이 정도로 아귀가 맞아떨어지면 신뢰 수준엔 큰 문제가 없어 보인다.

이 여론 조사를 부정하고 싶거든 당원층에서 이재명 탈당 반대가 더 많다는 여론 조사를 가지고 오면 된다. 김어준한테 부탁해보든가.

- 2018. 8. 20.

문파는
'드레퓌스'이자
'피카르'다

1894년 독일을 위해 스파이 활동을 했다는 혐의로 한 프랑스 장교가 체포되었다. 그의 이름은 드레퓌스. 저 유명한 '드레퓌스 사건'이다.

1870년 보불전쟁 후 프랑스와 독일의 첩보전은 치열했으며, 특히 패전했던 프랑스의 '반독 감정'은 극도로 치솟아 있었다. 이런 상황에서 프랑스 장교가 독일 간첩이라는 것은 전 프랑스를 강타하기에 충분했고, 이것은 내셔널리즘의 준동을 바란 세력에겐 호재로 작용했다. 게다가 드레퓌스가 유대인이라 반유대주의도 이 사건을 증폭시켰다.

드레퓌스 사건을 담당한 조사 장교 뒤파티 드클랑 소령은 비정상적 심문과 증거 조작 등으로 드레퓌스를 '악마화'했으며, 군 지휘부는 이것을 그대로 받아들였다. 결국, 법원은 드레퓌스에게 종신 유배형을 선고한다.

이 사건의 진실은 당시 신임 정보국장 피카르 중령의 용기에 의해 드러나기 시작했다. 애초 드레퓌스가 작성한 것으로 조작되었던 모종의 서류 진짜 주인은 에스테라지 소령이라는 군인인 걸 알게 된 피카르 중령은 에스테라지를 조사하는 한편 이 사실을 상부에 보고했다.

그러나 참모총장 부아데프르 장군과 참모차장 공스 장군은 이 보고를 묵살하고 사건을 재검토할 필요성을 느끼지 않았다. 이미 드레퓌스에게 뚜렷한 혐의가 없음에도 그대로 처벌한 자신들의 과오를 바로 잡기 싫었기 때문이다. 오히려 불똥은 피카르 중령에게 튀었다. 신임 국방부 장관 비요 장군은 피카르를 튀니지로 좌천시켰다.

결국, 에스테라지는 기소되었으나, 서류에 대해 자백했음에도 무죄로 석방되었고 드레퓌스에겐 추후 사면을 전제로 다시 유죄 선고가 내려졌으며, 피카르는 서류 조작 혐의로 체포, 투옥되었다. 이것은 군부와 드레퓌스에게 모두 이익이 되는 공리주의(?)의 산물이었으나, 에밀 졸라 등 프랑스 지식인들을 격분시켰고 드레퓌스파와 반드레퓌스파의 대립을 격화시켰다.

드레퓌스파는 드레퓌스에게 명확히 무죄가 선고되어야 프랑스의 양심이 살아난다고 여겼다. 결국, 그들의 노력은 꽃을 피워 드레퓌스에겐 무죄가 선고되었고, 그는 복직되었다. 피카르 역시 복직되었고 나중엔 국방 장관으로 임명된다.

드레퓌스 사건은 대혁명 후 진보와 반동을 거듭하던 프랑스의 세기말 마지막 싸움이었다. 그리고 그 '진실의 승리'는 프랑스 혁명의 완성이 되었다고 할 수 있다.

⟩

작전 세력, 삼성 알바, 세작으로 매도되는 지금 우리 문파는 모두 드레퓌스요, 진실을 드러내고 알리고자 하는 피카르다. 프랑스군 지휘부가 보여줬던 무사안일과 일종의 '진영 논리', '친목질'은 필연적으로 진실과 상극일 수밖에 없다. 좋은 게 좋은 거라는 '호호주의'(?)와도 진실은 같이 가지 않는다.

19세기 말의 프랑스처럼 지금 우리도 어쩌면 마지막 싸움을 하는지도 모른다. 그것은 진영의 싸움 너머 근본적인 상식과 몰상식의 싸움이며, 도덕과 양심에 어긋나지 않는 한국 정치의 지평이 확실히 열리느냐의 싸움이며, 마침내 '시민의 나라'로 가느냐의 싸움이다.

⟩

"가장 추악한 범죄, 즉 대중의 양심을 흐리게 하고 민족 전체를 방황하게 하는 범죄를 저지른 저 인간 몰이꾼들, 노회한 논쟁가들, 광기 어린 선동가들, 협애한 애국자들을 보고 있노라면 나도 모르게 형용할 수 없는 슬픔에 빠지게 된다! 이런 작태는 그것이 몇몇 신문(그리고 팟캐 – 현 상황에 비추어 추가)에서 거짓, 명예 훼손, 밀고 등 온갖 천박한 방식, 후일 우리 시대의 치욕으로 기록될 온갖 천박한 방식으로 이루어지는 만큼 더욱더 혐오스럽다."

– 에밀 졸라, 『나는 고발한다』중에서

덧말_진짜 세작 에스테라지를 비호한 프랑스군 지휘부와, 이재명과 '주황 뻐꾸기'를 비호하는 작금의 민주당 지도부는 무엇이 다른가. 그리고 드클랑 같은 존재가 수구 쪽에만 있는 게 아니라는 건 '어준이떠준이'들이 증명한다.

– 2018. 9. 12.

문재인 대통령 업적에
배 아픈 수구 좌파들

녹색당, '남북 긴장 완화와 신뢰 구축이 중요하지만, 그 목적지가 남북한의 불평등 구조를 강화하는 것이어서는 안 된다.'

→ 환경 보호와 생태계 보전도 중요하지만, 그 목적지가 상황이나 맥락 고

려도 없이 원론만 읊어대는 수구 좌파의 구강 구조를 강화하는 것은 아니어
야 한다.

한겨레, '문재인 대통령 말고 다른 사람이 대통령 됐어도 남북 대화가 시작되었
을 것. 지금 화해 국면은 문 대통령 혼자 힘으로 만든 게 아니다.'

→ 한겨레 없었어도 한국 진보는 딱 여기까지 이루어졌다. 지금의 민주 정
부 수립에 한겨레는 아무것도 한 게 없다. 한겨레 종업원들이 혼자 힘으로
할 수 있는 건 살인, 추행, 마약이다.

- 2018. 9. 18.

피라미드의 해체, 그리고 적폐 청산과 한반도 평화

"우리가 잊지 말아야 할 것은 '정치란 사회의 잠재적 역량을 최대한으로 조직
해내고 키우는 일'이라는 것입니다. 권력의 창출 그 자체는 잠재적 역량의 계발
과 무관하거나 오히려 그 반대라고 생각합니다. 피라미드의 건설이 정치가 아
니라 피라미드의 해체가 정치라는 당신의 글귀를 이해할 수 있습니다. 땅을 회
복하고 노역을 해방하기 위해서는 먼저 모든 형태의 피라미드를 허물어야 한

다고 믿기 때문입니다."

문통령이 내건 '적폐 청산'을 보면 생각나는 신영복 선생의 글이다. 적폐야말로 우리 사회를 '규모의 힘'으로 억압하고 군림해온 피라미드이며 그 해체가 곧 정치라고 할 수도 있을 것이다. 그 해체 과정에서, 그동안 피라미드에 억눌려온 우리 사회의 잠재적 역량을 최대한으로 조직해내고 키우는 일이 수반된다. 완전히 끝날 때까지 적폐 청산을 밀어붙여야 할 이유이기도 하다.

그런데 문통령은 이제 남한만이 아닌 전 한반도의 피라미드를 해체하려고 한다. 냉전과 갈등, 분단 모순이라는 돌덩이로 쌓아 올려진 피라미드. 죽은 파라오를 위한 고대 이집트의 피라미드처럼, 한반도의 피라미드 역시 '민족의 죽음'만을 띠고 있었다. 그 해체는 민족을 회복하고 남북 국(인)민들의 각종 분단 노역을 해방하는 일이다. 남북의 잠재적 역량을 무한대로 키우는 일이다.

"평화는 평등과 조화이며 평등과 조화는 갇혀 있는 우리의 이성과 역량을 해방해 겨레의 자존(自尊)을 지키고 진정한 삶의 가치를 깨닫게 함으로써 자기(自己)의 이유(理由)로 걸어갈 수 있게 하는 자유(自由) 그 자체입니다."

그리고 피라미드가 해체된 자리에 들어설 한반도의 평화는 한반도를 자유롭게 할 것이다.

- 2018. 9. 20.

문 대통령 북한 방문, 내가 뽑은 포토제닉

백두산 방문 사진 중 내가 포토제닉으로 뽑고 싶은 사진은, 백두산 천지에서 리설주 여사가 김정숙 여사의 옷이 젖지 않게 잡아주는 사진이다. 리설주 여사의 심성, 배려심, 예의가 묻어나오는 한편, 문통령을 맞이한 김정은 위원장 등 북한 전체의 정성과 마음을 상징한다고 여긴다. 남북 관계 역사에 있어 길이 빛날 장면이다.

– 2018. 9. 20.

이재명을 반드시 퇴출해야 하는 이유

왜 이재명을 비판하고, 이재명 두둔하는 이해찬과 '어준이떠준이'들 같은 '작태 세력'을 비판하는지 모르는 사람들, 왜 문파들이 이 문제에 이렇게 집중할 수밖에 없는지 실감 못 하는 사람들, 왜 같은 진영 안에서 싸워야 하냐고 생각하는 사람들, 분명 있을 것이다. 내 페친 중에도, 내 실친 중에도 있다.

그런 사람들에게 묻는다. 만에 하나 이재명이 민주당 대선 후보로 나오면 이길 수 있다고 생각하나? 꿈 깨라. 민주 진영의 필패 카드가 이재명이다. 그자가 가진 수많은 문제 가운데 단 하나만 터져도, 조중동과 자한당에서 작정하고 융단폭격 퍼부으면 그걸로 끝이다.*

전에 정동영 지지자들이 그 난리를 쳤어도 정동영은 역대 가장 큰 표 차로 졌다. 그 데자뷔를 보게 될 것이다.

이재명 지지자들은 그때처럼 이렇게들 생각하고 있다. '그렇다고 자한당 찍을 거야?' 이 자들은 역사에서 배우는 게 없다. 정동영이 왜 그렇게 처참하게 졌는지에 대해. 물론 그럴 일도 없지만, 민주당 지지층이 죄다 이재명 찍어도 진다. 한국 선거판은 중도층 싸움이다. 어느 쪽에서 중도층을 더 많이 끌어오느냐가 승부를 결정 짓는다. 그런데 골수 '찢빠'들 외에 확장성이라곤 병아리 눈물만큼도 없는 이재명 앞세워 선거 이기겠다고? 게다가, 도덕성 바닥인 자를 도대체 뭔 명목으로 내세울 건데? '진짜 교체?' 진짜, 우리가 교체당한다. 실리도 잃고, 저런 거 내세웠다고 명분까지 잃는다.

이제 이재명은 사실상 끝났으니 그냥 놔두고 외부 적폐에나 신경 쓰자고도 한다. 도대체 끝나긴 뭐가 끝났는지 모르겠다. 지금 민주당 조직을 장악하고 있는 것들이 '범찢류'다. 이대로 당원들이 침묵하고 손 놓고 있으면 앞으로 뭔 일이 벌어질지 모른다. 이재명이 대선 후보 되는 건 아주 어려운 일도 아니다.

게다가 민주당의 '재명파'들은 당원 중심의 정당 구조를 혐오하는 것들이다. 공천에나 목매고 있는 의원들도 다음 총선을 앞두고 이해찬 당권파 쪽에 가담할 것이다. 자신들 공천만 보장된다면 이재명이든 누구든 후보로 지지할 자들이 민주당에 널렸다. 당원에겐 공천권 주기 싫고, 공천권 없는 문통령은 관심 없는 자들.

그런데 그걸 그대로 두고 보자고? 문프 지킨다면서 도대체 뭐로 지킬 건가? 문통령 지지율 떨어지면, 아니 별로 떨어지지 않아도 임기 후반으로 갈

---

* 그때까진 조중동도 이재명을 보호할 것인데, 꽃놀이패 하나로 이재명 문제를 끝까지 덮어줄 가능성도 있다. 그런데, 수구 세력이 문제를 덮어줄 정도의 정치인이 당선되어야 할 이유는 또 뭔가?

수록 제일 크게 청와대와 대립각 세울 자들도 바로 민주당 내 '범찢류'다. 민주당 그대로 두고 문통령 지킨다는 것은 어불성설이다.

지금 문파들이 절박하게 '찢류'와 '털류'를 비판하는 이유가 이런 것들이다. 최대한 빨리 이재명 문제를 마무리 지어 리스크를 없애는 것이 절대적으로 필요하고 이후 정권 재창출을 위해서도 바람직하기 때문이며, 또한 이와 맞물려 당원 중심의 정당 건설을 비로소 제대로 시작할 수 있기 때문이다. 이게 외부 적폐와 싸우는 것보다 가치가 없어 보이는가? (근데 누가 들으면 저들이 문파보다 더 제대로 싸우는 줄 알겠네.) 내부 정비가 제대로 안 된 상태에서 하는 전쟁은 궁극적으로 승리할 수 없는 법이다.

- 2018. 9. 23.

어떤 남자가
사는 법

이명박, 박근혜, 이젠 삼성.

절대 악을 상정한다. 그리고 자신은 그 절대 악에 맞서는 정의의 화신으로 자리매김한다.

그리고 그 '정의의 화신'에게 사람들이 보내주는 후원금으로 연명한다. 내역? '정의의 화신'에게 그런 건 필요 없다. 알아서 잘 쓴다고 믿어라.

정의른 '선택'까기 희는 수준이므로 그 깅사에 방애가 되는 사람늘은 작전 세력이요, 삼성 알바로 몰면 된다. 삼성, 중앙일보가 밀어주는 이재명을 같이 밀어주지만 삼성 알바는 어디까지나 이재명 비판자들이요, 그들이 악이다. 그에겐 그 '악'이 눈에 보이는데, 천리안을 넘어 '만리안' 수준이라 한국에 앉아 중국에 있는 그들을 볼 수 있을 정도다.

그의 모든 말씀을 길이요, 진리요, 생명으로 여기는 '뇌찾사(뇌를 찾아야 하는 사람들)'교의 교주이지만 다른 모든 시민의 여론까지 좌지우지하려는 '삼성질'이 특기이다. 이것은 정신이 '찢어지는' 권능을 가졌기에 가능하다.

- 2018. 9. 25.

'샤이 이재명 지지자'가
더 문제다

'샤이 이재명 지지자'들이 주로 하는 얘기, '이재명이 대법원 판결로 유죄 확정되면 버린다'라는 것, 대놓고 '빠질'은 못 하겠으니 개구멍으로 도망치며 하는 주장이다. 그러니끼 이들에게는 이재명이 구속까지 될 사안은 아닌 문제들, 이를테면 이미 저지른 전과, 논문 표절, 형수 쌍욕, 혜경궁 등은 전혀 문제가 되지 않는다는 것이다. 하나하나가 법적 처벌과는 관련없이 핵폭탄급인데 그냥 무시한다. 비위가 좋은 건지 모르겠다.

이재명을 대놓고 옹호는 못 하겠으니 하는 짓거리가 이재명에 대해 비판적인 사람들을 '마녀(김어준 버전으로는 '작세')사냥' 하는 것이다. 그 반대로 이재명 싸고 도는 전우용, 황교익, 이동형, 김용민 등에 대해선 그들이 뭔 소리를 해도 침묵하거나 이해해주고 넘어간다.

민주당 내부로만 본다면 '찟빠'들보다 이 '샤이 찟빠'들이 더 문제다. 문파인 척하며 문파의 목소리를 막으려는 작태를 보이기 때문이다. '마녀사냥'은 반이성의 결정체다.

– 2018. 9. 28.

지녕신이 강림하면 사고력이 마비된다

결국, 같은 민주당이라면 그가 어떤 개차반이든, 어떤 개망나니이든 침묵해줘야 한다는, 그리고 외부하고나 싸워야 한다는 이 천박하기 이를 데 없는 '진영 논리', '싸우는 것'(?)에만 매몰된 채 도대체 무엇을 위해 싸워야 하는지도 망각해버린 이 불쌍하기 이를 데 없는 '진영 강박'.

"'지름신'이 강림하면 절제력이 마비되며, '지녕(진영)신'이 강림하면 사고력이 마비된다."

문프 말씀 반복한다.

"우리가 권력을 갖는다면 기존 권력과 기반 자체가 다릅니다. 기득권자들의 권력은 그 세력들 간의 공고한 연합, 카르텔 같은 거지요. 실제로 그런 힘들이 권력의 기반이 되는 건데, 그에 맞서는 우리 권력의 기반은 도덕성과 역사적 소명의식입니다. 그 힘으로 기득권 세력의 연합을 우리가 깨나가야 합니다. 그렇게 해야만 또 국민의 지지를 받을 수 있고요. 참여정부를 겪으면서 느낀 소회는 그렇습니다. 국민의 손을 꼭 붙잡고 함께 가야 합니다. 그 손을 놓아 버리면 절대로 이겨낼 수가 없죠."

-『대한민국이 묻는다』중에서

– 2018. 9. 30.

황교익의
건방과 오만

황교익의 포스팅을 보면 '후학들에게' 어쩌고 하는 말이 나온다. 후학이라…. 이런 표현 또한 이 사람이 얼마나 건방지고 교만한가를 단적으로 드러낸다. 고희 기념 논총을 발간한 노교수도 자신의 제자들에게 함부로 '후학'이란 말을 쓰지 않는다. 한참 위 대학원 선배가 자신의 박사학위 논문을 이제 갓 대학원 들어온 석사 1학기생에게 줄 때도 'ㅇㅇㅇ 동학(同學)에게'라고 하는 게 보통이다. '후학'은 주로 제삼자가 쓰는 표현이기도 하다.

나는 그가 얼마나 '학'을 이루었는지 모른다.[*] 그러나 교만과 독선은 '학'을 떼게 만든다. 자신의 글과 주장에 대해 엄청난 자부심을 가지고 있는 듯한데, 그걸 뒷받침한다는 게 고작 '전문 인력'에 의해 '오류를 지적받은 적이 없다'는 것이다. 자신을 비판하는 사람들은 간단히 '악플러'로 치부하면서 그러는데, 이거야말로 상대방이 대꾸 안 하면 자신이 이겼다고 '정신 승리'하는 악플러 수준이라는 자백에 다름 아니다.

(한국어가 우랄 알타이 어족에 속하는 게 맞는지부터 그 좋아하는 '전문 연구가'들에게 물어보기 바란다.)

그가 자신을 비판하는 사람들을 향해 '중졸 정도의 지적 수준'이라고 한 말은 오히려 황교익의 지적 수준을 여지없이 드러낸다. 학력과 지적 수준은 관계가 없다. 학력이 아주 약간 알려줄 수 있는 지식 수준도 그 사람의 전공 분야에나 해당할 뿐이다. 황교익은 '악플러'들이 박사 학위자를 추앙한다며 학벌 중시자로 몰고 있는데 정작 학력 따지는 건 자신을 비판하는 사람들을 중졸 수준이요, '이름도 얼굴도 직업도 모르는 자'라고 떠드는 황교익 자신이다.

황교익 본인이 오히려 고작(?) 학사 학위만 가지고 있는 것에 콤플렉스가 있는지 모르겠다. 이걸 "20년 넘게" "공부하고 관찰하고 사색한 걸"로 커버하고 살아왔는데 요즘 그게 '이름도 없는' 네티즌들에 의해 깨지니 정신이 없는 듯하다.

황교익은 자신의 전문(?) 분야에 대해 "이 판이 호락호락하지 않아 허튼소리 하면 금방 씹히고 뒤로 밀려난다"라고 한다. 어느 판인들 안 그런 판이 있을까. SNS 판도 그렇다. 허튼소리 하면 금방 씹히고 뒤로 밀려난다. 진중권이 그렇게 됐고 나꼼수가 그렇게 되는 중이다. 황교익도 마찬가지. 지금 현상은 본인의 이 주장을 입증하고 있으니 겸허히 받아들이면 된다.

– 2018. 10. 4.

---

[*] 무슨 대단한 학술적 업적이라도 세웠나? 기껏해야 불고기, 한정식 등이 일본에서 유래했다는 '아베스러운' 주장이나 한 주제에 말이다.

조선 시대 김자점과
대한민국 이자점

김자점, 조선 인조—효종 때의 인물(일설에 의하면 얼굴에 점이 있어 이름을 그렇게 지었다고 함), 명과 청 사이에서 중립 외교를 펼친 광해군을 몰아낸 인조반정 참여 공신, 병자호란 때 군을 통솔하는 도원수로서 토산 전투에서 대패, 이후에는 아예 전투 회피, 이로 인해 나중에 유배되기도 했으나 인조의 후의로 복귀, 부원군과 영의정 자리에까지 오름.

자신의 막하에 있던 임경업과 친밀했으나 그가 심기원의 역모에 연루되자 자신에게 불똥이 튈 것을 우려하여 그의 처형을 주장, 결국 임경업을 무고하여 죽인 사람으로 민초들에게 각인. 청나라의 위세를 등에 업고 '친청파'로서 권력을 휘둘렀으나, 효종 즉위 후 산림 세력의 등장과 '북벌론' 헤게모니 아래 역모 혐의로 숙청됨.

김자점에 대한 『조선왕조실록』 기록 일부를 보면,

- 좌승지 김자점(金自點)은 박효립을 부당하게 비호하여 두세 번 아뢰어 공론을 막고 군율을 어지럽혔으니 중한 법으로 추고하소서.
- 이에 앞서 양남·양춘천 등이 고을 백성의 정소(呈訴)로 인하여 옥사(獄事)에 계류된 지 오래되었는데, 이괄의 변란 때에 김자점(金自點)이 말 두 필을 바치게 하여 자기 편비(褊裨)에게 주고 계청하여 석방시켰으므로, 사람들이 모두 거리낌 없는 그의 행동을 비판하였다.
- 듣건대 김자점(金自點)과 심명세(沈命世)가 경연(經筵)에서의 망령된 발언 때문에 무거운 벌을 받게 되었다고 합니다.
- 김자점은 성미가 모질고 사나웠으며 일 처리도 엄하고 급했으므로….
- "성을 쌓는 것은 옳은 일이지마는 변방을 지키는 신하로서 먼저 시행하고 뒤

늦게 아뢰는 처사는 잘못이다. 김자점은 일찍이 백마 산성(白馬山城)을 쌓을 때 조정에 아뢰지 않았었고 이번에 또 제 마음대로 성을 쌓았으니, 매우 외람하다. 무겁게 추고하라."

- 훈척이나 권귀들이 호화 주택을 짓는 것을 법으로 금하게 하다. … 이때 김 자점(金自點)이 새로 큰 집을 지었는데, 도성에서 으뜸이었기 때문에 이런 논의가 있은 것이다.

- 교리 조계원이 상소하여 김자점이 국난에 달려온 곡절을 갖추어 아뢰고 억울한 상황을 호소하면서 그의 재주가 유수(留守)의 직책을 감당하기에 넉넉함을 아뢰니, 상이 일이 외람되다 하여 상소를 도로 내렸다. 계원은 일찍이 병자년 난리 때에 자점의 종사관으로서 거취를 함께하던 자이다.

김자점이나 이자점이나….

모질고 사나운 성미도 같고, 대명 의리 내세운 인조반정에 참여했으나 청나라 힘이 강해지자 거기에 빌붙은 김자점과 정동영계 출신이면서 노무현·문재인 대통령 존중하는 척하는 이자점, 죄가 있어도 인조가 비호해 영의정까지 오른 김자점과 이해찬이 비호하는 이자점, 경연에서 망령된 발언하는 김자점과 시장, 도지사 회의에서 자기 잘난 척이나 하는 이자점, 제 맘대로 성을 쌓는 김자점과 주택 정책이나 국토보유세 등 정부와는 따로 놀겠다는 이자점, 큰 집 좋아하는 김자점과 관사에 목숨(?) 거는 이자점, 거취 함께하던 자가 옹호하는 김자점과 '찢 묻은 자'들이 감싸주는 이자점,

말년도 같기를…

덧말_둘의 행태가 비슷하여 이자점이라 한 것이니 다른 상상들은 하지 마시길….

- 2018. 10. 11.

이재명에 대한 내 생각의 여로

나 역시 다른 사람들과 비슷하게 처음에는 이재명에게 호감이 있었다. 성남시에 펄럭이던 세월호 리본 깃발을 봤을 땐 꽤나 괜찮은 시장이라고 생각했고, 그가 단식을 할 땐 찾아온 성남 상인들과 맞절을 하는 사진을 보고 감동도 먹었다.

그런 환상이 깨진 건 대선 경선 때이다. 그의 지저분한 네거티브를 보면서 '뭐 이런 게 다 있지?' 하게 되었고, 전과, 논문 표절, 형수 쌍욕, 철거민에 대한 고압적 태도 등 그의 과거 여러 가지 행태도 알게 되었다. 모라토리엄 극복, 복지 등 시장 시절 업적이라고 내세운 것들도 '빛 좋은 개살구'에 불과했고 그것조차 언플의 힘이었다는 것, 그리고 극히 혐오해 마지않는 정동영 사조직 출신이라는 것까지. 나에게선 완전히 아웃. 게다가 '음주 페북 코스프레'는 나로 하여금 그의 바닥을 보게 하였고, 조선일보가 띄워준 건 확인 사살이었다.

그러나 이때까지만 해도 이재명을 지지하는 사람들까지 혐오하지는 않았다. 그냥 맘에 좀 안 들었을 뿐.

내가 이재명을 더욱더 혐오하게 되고, 그 지지자들까지 사람으로 안 보게 된 건 혜경궁 문제가 터졌을 때부터다. 혜경궁이 그의 마누라이든 아니든, 그런 인간 같지도 않은 것과 그렇게 오래 시시덕거리며 지냈다는 것 자체가 나에겐 도저히 용서가 안 되는 것이었다.

(혜경궁이 그런 트윗을 한 걸 몰랐다는 변명도 이재명은 하지 못했다. 자신과 관련 없다는 말만 해왔을 뿐.)

역시 정동영계 출신은 어쩔 수 없다는 생각을 하게 만들었고, 그걸 옹호하며 분파에게 극렬한 언사를 내뱉던 이재명빠들을 보면서 이것들은 아예 상종할 가치가 없다고 결론 내렸다. 문통령 팔면서 이재명 문제엔 침묵하는 자들의 위선도 역겨웠다.

내가 페북에서 이재명과 그 일파들만 주로 비판하기 시작한 것도 그때부터다. 페친들이 떨어져 나가기도 했다. 어떤 사람은 나랑 설전 후, 어떤 사람은 말도 없이, 또 어떤 사람은 '도덕성이 뭐가 중요하냐'라는 식의 댓글만 남기고는 내가 뭐라고 할 사이도 없이 차단 박고 가버렸다. 그 외, 비교적 최근에 전해철을 '개해철'이라 부른 자까지.

내가 이재명 위주로 비판하니 내가 있는 페북 지역 모임에서도 그게 마음에 안 드는 사람이 있는 모양이었다. 예전부터 아무 반응도 없던 사람들이 이젠 아예 나타나지를 않았으니까. 그러나 상관 안 한다. 모임 커지는 것보다 중요한 건 따로 있으니까.

단정적으로 말하는데, 혜경궁에 분노하지 않는 자, 노무현·문재인 두 분 대통령의 이름을 입에 담지 말라. 그 혜경궁과 결국 한통속인 이재명에게 분노하지 않는 자도 마찬가지다. 진보? 민주? 이런 거창한 거보다 '인간에 대한 예의'가 먼저다.

사실 따져보면 자한당과 크게 다를 것도 없는 민주당. 더러운 건 감추고 친목질 쩔고, 의원직 유지 따위가 지상 최대의 과제인 저 자영업자들. 그 모든 문제가 지금은 이재명에게 집중돼 있다. 이재명은 민주당 묘든 적폐의 현신(現身)이다. 어쩌면 그의 존재는 민주당의 문제를 드러내 그걸 도려내는 용도로 쓰기 위한 것인지 모른다. 지금 우리는 그것을 해야 한다. 민주당 장기 집권의 열쇠는 거기에 있다.

그리고 이재명의 모든 적폐는 혜경궁에게 집중돼 있다.

- 2018. 10. 14.

추가 덧말_다시 말하지만, 경찰의 수사 결과는 혜경궁이 이재명 본인일 가능성이 높음을 말해준다.

'불편 부당성'의 대지에 '선택적 정의파'가 지을 집은 없다

정의(正義), 정의란 과연 무엇인가? 마이클 샌델처럼 서양 철학의 본류로 들어가지 않더라도, 보편적인 상식선에서 정의는 '사람이 지켜야 할 올바른 도리이자 인간의 행위나 제도의 시시비비(是是非非)의 판단 기준(정치학 대사전)'이라고 할 수 있다. '올바른 도리'라고 생각해 우리는 이명박근혜를 반대했으며, '시시비비의 판단 기준'에 따라 촛불을 들었다. 우리는 '정의가 너희를 자유롭게 하리라'를 신봉했고, 민주개혁 진영은 모두, 서로의 의견은 다른 점이 있어도 그 명제만은 함께하고 있다고 믿었다.

그런데, 정의는 진영만으로 이루어지지 않는다는 걸 촛불 이후 시대는 증명하고 있다. 김어준, 주진우, 이동형, 김용민, 황교익, 전우용, 이외수, 이승훈, 김갑수 등, 진영 간의 대결일 때는 '정의'를 함께한다고 생각했던 이들이 막상 그 구도가 엷어지자 그 본 모습을 여과 없이 보여주고 있다.[*]

이른바 '선택적 정의파', 그 리트머스는 바로 이재명.

혜경궁의 그 패륜, 이재명의 선거법 위반 관련 사항, 친형 강제 입원, 성추문 등에 대해 철저한 침묵을 선택한 것도 모자라, 이 문제들에 대한 의혹 규명을 요구하고 비판하는 사람들을 급기야 작전 세력으로 몰아간다. 그래, 누구 말대로 '유죄 확정'된 건 없으니 비판은 안 할 수 있다 치자. (이명박근혜는 유죄가 확정돼 비판했는가?) 그러나 분명히 현실에서 객관적으로 존재하는 의혹들에 대해선 그 규명을 요구하는 것이 '정의' 아닌가? 혜경궁의 패륜엔 분노하는 것이 '정의' 아닌가? '사람이 지켜야 할 올바른 도리'를 한참 벗어난 행위에 대해 침묵하는 것이 설마 '사람이 지켜야 할 올바른 도리'라고 생각하는가?

지금 이재명의 문제 가운데 단 하나라도 자한당 정치인이 갖고 있었으면 그때도 침묵했을 것인가? 도대체 저들이 가진 '시시비비의 판단 기준'은 무엇인가? 그냥 민주당 정치인 비판하느냐 마느냐는, 결국은 '정의'가 아닌 '진영', 더 좁혀서 '친목 그룹'인가? 그것이 저들의 잘난 선택인가?

이재명에게 침묵하겠다면, 이재명을 비판하는 사람들에 대해서도 침묵해라. 자신들도 노골적으로 이재명을 옹호하진 못하겠으니 그 비판자들을 공격함으로써 스스로를 정당화하려는 짓거리는, 마녀사냥을 통해 자신들의 존재 가치를 증명하려던 중세의 신관들과 다를 게 없다.

---

[*] 최근엔 어떤 '원로 가수'도 등판했다. 자신이 먼저 노래 추천한다며 '나경원질, 전여옥질'하더니 그걸 비판한 사람들을 고소한다. 피해자인 척하는 그에게 나도 노래 하나 추천한다. 〈찢어진 바지 – 그런 짓은 하지 말아야 했는데〉(스펀지 밥 송), 입에 갈길 거다

그리고 자신을 '광장에 선 첫 번째 대중가수'라고 하는데, 신중현, 정태춘, 안치환 등은 광장에 서지 않았다는 것인지, 아니면 본인 눈엔 이들이 대중가수가 아니라는 것인지 묻고 싶다.

독일의 법철학자 오트프리트 회페는 『정의 – 인류의 가장 소중한 유산』에서 '불평 부당성'을 정의의 본질적인 출발점으로 간주한다. 즉, '같은 경우들은 똑같이 다루어야 한다'는 것, 행위 자체가 같으면 그 행위자가 달라도 똑같이 취급해야 한다는 것이다. 자한당 부류가 했든, 민주당이 했든, 또 다른 누군가가 했든, 패륜 막말, 선거법 위반, 불륜, 형제에 대한 폭력 등은 똑같이 다루어야 한다. 의혹이 있으면 규명을 요구하고, 입증되면 깔끔하게 처벌하고···. 예외는 없으며, '불편 부당성'의 대지에는 '선택적 정의파'가 지을 집은 없다. 오로지 '실행 책임이 있는 도덕(회페)'인 정의뿐.

– 2018. 10. 24.

공지영 작가 테러하는
'굿모닝 충청'의
정문영

'굿모닝 충청'이라는 지역 신문의 정문영, 그가 이재명을 옹호하고 치켜주는 기사들을 보면* 아예 이재명의 개인 대변인 수준이다. 최소한의 객관성,

---

* 그 기사들 제목을 보면, 「이재명, "한 점 부끄럼 없다"」, 「이재명, "경찰이 정치를 해서는 안 된다" 강력 경고」, 「이재명, "장판교 앞에 선 장비의 심정으로 신체 공개하겠다"」, 「이재명 "김부선 스캔들, 불필요한 논쟁 끝낼 때 됐다" 반격 예고」 등이다. 낯이 뜨거울 지경이다.

중립성 코스프레조차 없다. 충청권 신문의 서울지부장이란 자가 어째 경기도 일에 그렇게 관심과 정성이 뻗쳤는지 알다가도 알(!) 일이다.

문파에게는 '홍위병' 운운하던 정문영이 요즘 집중 공격하는 대상은 공지영 작가. 물론 이재명의 성 추문 문제를 호도하기 위한 것으로, 메시지에 반박 못 하면 메신저를 공격하라는 '악플러 헌장' 1조 2항(?)을 제대로 수행하고 있다.

공 작가를 타깃으로 삼은 기사는,

[단독] 「전주 여목사 봉침 사건」 … "소설 『해리』 쓰기 위한 공지영의 기획 날조"」

인용부호는 거들 뿐, '기획 날조'라는 비방을 제목으로 건 것부터가 한 개인에 대한 테러다.

'전주 여목사 봉침 사건'에 대해선 일단 다음의 기사를 참조한다.

'개신교 현직 목사라고 주장하는 여성 사회복지사가 허위 경력 증명서를 바탕으로 장애인 난체를 설립해 여기에 들어온 수억 원의 기부금을 가로챘다는 혐의로 검찰에 의해 기소됐다. 검찰은 돈을 가로채는 과정에 면직된 천주교 신부가 공모한 것으로 보고 함께 기소했다. 두 사람은 전북 지역 사회에서 덕망 있는 종교인으로 존경받아 왔지만, 검찰 수사 결과 그들은 철저하게 이중생활을 해 왔던 것으로 드러나 충격을 던져주고 있다.

이 여성은 정부에서 발급한 의료인 면허 없이 봉침(벌침)을 시술했다는 혐의(의료법 위반)로도 기소됐다. 그가 남성의 성기에 봉침을 놓고 이것을 빌미로 남성들을 협박해 돈을 뜯어냈다는 다수의 증언도 취재 과정에서 나왔다. 특히 피해자 중에는 전직 국가정보원장을 비롯해 다수의 저명인사들도 포함돼 있었다.'

(시사저널)

'사건이 세간에 드러난 지 수개월이 흘렀지만 여성 목사 이 씨와 전주 지역 사회를 둘러싼 갖가지 의혹은 좀체 풀릴 기미를 보이지 않고 있다. 오히려 이 목사를 향한 비호, 사건 축소 수사 등 전주시청과 전주지방검찰청에 대한 새로운 의혹들이 지역 언론을 중심으로 추가로 불거지는 상황이다. 이 두 곳은 봉침 사건을 꾸준히 쫓아온 공지영 작가와 시민 단체에 의해 이 목사와의 유착 관계를 의심받아 왔다.'(시사저널)

'면직된 신부'는 그 면직 이유가 간음 때문이었는데, 이 일로 공지영 작가가 그 신부에 대한 후원 중단을 촉구하자 신부가 고소하기도 한 일이 있었다 (공 작가는 무혐의 판결). 그리고 그 신부가 봉침 사건에도 연루되고, 전주시가 이들을 비호한 의혹이 있자 공지영 작가는 직접 여기에 관여해 진실 규명 촉구와 관련자 처벌 시위를 하기도 했었다.

정문영은 바로 이걸 끌어온 것이다. 봉침 사건 이 목사가 지방 법원에서 봉침 시술은 유죄, 사기는 무죄로 판결받은 걸 갖고 아예 이 목사가 아무 문제 없는 것처럼 전제로 깔고 말이다. (봉침 시술은 사기 아닌가? 게다가 위 기사에도 나오듯이 조직적 비호가 의심되는 상황이다.) 그리고 이 목사 쪽 인물이 분명해 보이는 자들의 의견과 제보(?)가 마치 객관적 사실인 양 기사를 쓰고 있다. 대체, 공 작가 혼자 봉침 사건을 '기획 날조'했다면, 공 작가는 신인가?

'보도 내용의 진실성에 책임을 지며 잘못이 발견된 경우 신속하게 정정한다.' '굿모닝 충청'의 사규 내용 가운데 하나이다. 정정은 바라지 않는다. 정문영은 이 기사에 분명히 책임을 지기 바란다.

- 2018. 10. 31.

의원 평가 하위 20%
컷오프 없애겠다는
이해찬

본인이 컷오프당한 전력이 있어서 그런가? 정치를 자기 감정대로 하나? 아니면 민주당 사당화의 신호탄인가? 현역 의원 하위 20% 컷오프는 2015년 문통령이 당 대표 하던 시절에 도입된 제도인데, 이걸 날리겠다는 것은 당 운영에 있어 문통령과는 다른 길을 가겠다는 것이다.

"하위 20%를 배제할 경우 의원들 사이에 불안감이 커진다는 것을 이 대표가 잘 알고 있다"라고 민주당 의원들은 말한다. 그런데, 그런 불안감도 없이 국민의 대표를 하겠다는 것인가? 이제 컷오프당할 수도 있다는 경각심마저 없어진다면 의원들 팔자는 그야말로 개 팔자다. '한 번 의원은 영원한 의원'이라는 '해병대당'이 될 수도 있다. (해병대는 정신이 그렇다는 것이지만, 민주당은 의원 자리 자체가 그렇게 됨.) 게다가 이건 현역 의원들이 '하일 해틀러!' 하게 만들 것이고.

"도덕적으로 문제가 있는 후보자의 경우 심사를 통해 배제하되, 선출직 공직자 평가 위원회의 평가 결과로 후보자를 배제하지는 않을 방침이다"라고 하는데, 이재명도 도덕성에 문제가 없다고 한 그 심사를 믿으란 건가? 게다가 평가 결과 갖고도 배제를 안 한다면 도대체 그 평가는 뭐 하려고 하는 것인가? 결국, 평가 점수 안 좋아도 이런저런 정무적(이라 쓰고 '내 맘대로'라고 읽는다) 이유로 공천하겠다는 얘기 아닌가. 공천 시스템 개혁은 당 쇄신의 핵심인데 그걸 그대로 쓰레기통에 처넣고 있다.

당 대표 나올 때 공약은 단 하나도 지키지 않은 채 의전과 권력, 사당화만 추구하는 이해찬, 도대체 이 사람이 문통령에게 도움 될 거라고 지지한 사람들은 여전히 그 생각인지 궁금하다. 우리 당 대표니까 누구라 해도 지지한다

는 '대인배 놀음' 계속하고 싶은지도….*

– 2018. 11. 1.

『찢부인전』

찢부인의 성은 '찢'이요, 이름은 '궁'이다. 계보는 '찢곤돈(緄黷 – 띠 모양의 담비 종류 모피. '회임'을 피하고자 할 때 주로 사용하던 물건)' 씨에서 시작되었다. 하필 그 부모가 사용한 '곤돈'이 찢어져 태어난 관계로 그런 성씨와 이름이 붙었다. 그 후손 가운데 하나는 마른오징어 등 건어물 찢는 일을 주로 해서 황제(黃帝)가 그를 뽑아 낙지 관리까지 맡겼다. 우(虞)나라 때의 '찢파(潑 – 성질이 난폭하여 붙은 이름)' 역시 그의 후손이다.

여기서 딸 하나를 낳았다. 바로 찢부인이다. 처녀로 있을 때 피아노(披芽玃 – 식물 싹만 보면 찢는 원숭이) 키우기에 관심을 두었다. 차츰 자라자 자점공이 혼인하기를 청했다. 그 부모가 말했다. "자점공은 인성이 못됐으나 돈은 잘 벌 것이니 떵떵거리고 살 수는 있을 것이다." 이리하여 부인을 그의 아내로 보냈다.

이로부터 부인의 성질은 더욱 더러워져서 일을 분별함이 없었다. 그의 이러한 성질은 '턱주가리 부인'이나 '발가락 부인'이 설쳤던 것조차 돌아볼 가치가 없었으니, 하물며 평범한 여염집 아낙네에 비교할 수 있으랴.

찢부인은 자점공이 지방 수령 권력을 이용해 자신의 가형을 '정신병도'라는

---

* 이런 '대인배 놀음'하던 자들은 결국 이해찬이 무얼 하든 일방적으로 옹호하고 김진표는 까고 있다. '대인배 놀음'의 본질이다.

206 세상을 비추는 달

무인도에 강제로 보내려 할 때도 질녀에게 쌍욕을 날릴 정도의 품성을 보였다.

안개 낀 아침이나 달 밝은 저녁, 바람을 임해서 투위타(鬪慰堆 - 사람들이 모여 싸우기도 하고 서로 위로도 하는 언덕)에 올라 주문을 외는 독기 어린 모습은 무엇으로도 형용할 수 없는 정도였다. 찢부인은 투위타에서 덕망 있는 황제들, 즉 과거의 노제(盧帝)와 현재의 문제(文帝) 등에게 패륜질 하는 주문을 주로 외웠다. 진짜 여인네가 맞나 싶을 정도였다. 의를 좋아하는 사람들은 그 모양을 그려서 똥과 쓰레기의 본으로 삼았다.

그런데 찢부인은 지아비에 대한 만절(晩節)은 있어 자점공이 다른 여인네와 놀아난 얘기가 돌고 여러 문제를 일으켜도 (적어도 겉으론) 한 번도 투기하거나 투정을 부리지 않았다. 그것은, 호적 대장도 만지작거릴 수 있는 자점공이 자신의 성씨를 바꿔줄 수 있다고 여겼기 때문이다. 찢부인은 자신의 성씨를 '영'으로 바꿔 '영부인'으로 불리기를 원했다. '영부인'이 된다면, 성씨를 물려준 조상쯤이야 가볍게 찢어버릴 수 있다는 마음가짐이었다.

어느 해인가, 투위타에서 황제들을 능멸한 죄로 포도청에 나가게 되었다. 그러나 증좌가 한둘이 아님에도 찢부인 본인은 그걸 인정하지 않았다. 이걸 누고 사람들은 "역시 찢부인, 찢어진 입이라고 전엔 말을 함부로 하더니 이젠 양심마저 찢는구나." 하였다.

사씨(史氏)는 말한다. 찢씨의 조상도 그저 그렇지만 찢부인이야말로 가증스럽다고 하겠다. 아아! 부인은 이미 자점공 같은 자와 짝지어 살아서 남에게 민폐함이 되었건만 덕망 있는 우리 황제들까지 능멸했으니 어찌 용서하겠는가. 이미 다른 죄도 많은 데다가 이런 찢부인과 어울린 자점공의 죄는 더욱 커지니, 저들이 천도(天道)는 아는 것이 없다는 말이 과연 헛말이 아니로다.*

- 2018. 11. 4.

---

* 『죽부인전』이란 좋은 작품에 폐를 끼친 듯해. 그 작가인 고려 말의 학자 이곡 선생(목은 이색의 부친)에게 죄송하다.

이재명 비판을 '순혈주의'라고 주장하는 '순점주의' 학자 전우용

그동안 본심을 숨기던 전우용이 본격적으로 '이재명 수호 전선'에 뛰어들었다. '문재인 탄핵'까지 인용해가며.

1. 이재명을 경찰이 기소 의견으로 송치한 게 그를 비호하는 '거대 정치 세력'이 없다는 걸 말해준단다.[*] 비호하는 '거대 정치 세력'이 있으면 문재인 정부의 경찰이 혐의 뚜렷한 피의자를 기소 의견 송치도 못 한다는 말인가? 문 정부가 그런 정부인가? 이건 정부 '돌려 까기'인가?

이명박근혜 때의 거대 정치 세력이 비호해줘서 그때부터 있었던 이재명의 여러 문제도 덮고 넘어갔다. 게다가 정부가 바뀌었어도 민주당이라는 '거대 정치 세력'이 싸고돌지만, 이재명의 범죄 혐의가 워낙 분명해 정부 간섭 안 받는 경찰이 도저히 그냥은 못 넘기게 된 거다. 허위 광고 등 선거법 위반 관련 내용, 친형 강제 입원 시도 등은 팩트인데 도대체 이걸 어떻게 그냥 넘기라는 것인가.

2. 그리고 전우용은 검찰, 법원의 판단을 '순리대로' 기다리라고 한다. 검찰, 법원 판단 나오기 전에 박근혜 물러나라고 촛불 든 시민들은 순리를 거스른 것인가? (순실이를 거슬렸다.) 언제부터 법원이 진리의 기준이었는가.

---

[*] 나중에, 민주당 국회의원 100여 명, 경기도 의원 다수가 삼권 분립도 무시하고 이재명 탄원서를 법원에 제출했다. 이들은 '거대 정치 세력'이 아닌가? 그리고 1심 법원에서 혐의는 인정하면서도 무죄 판결했는데 작금의 사법부는 '거대 정치 세력'과 정녕 관계가 없을까? 이 점에 대해선 어떻게 생각하나?

3. 지금 이재명, 이해찬, 박원순 공격하지만, 다음엔 서울시 부시장도 했던 임종석 등을 타깃으로 할 거라고? 요즘 소설 쓰기 공부하나? 서울시에 있었다고 해서 대체 누가 자동으로 박원순과 묶는가. 그런 식이면 반기문, 김병준도 친노인가? 이건 논리의 오류 가운데 '미끄러운 비탈길의 오류' 수준도 못 되는 질 떨어지는 프레임, 이미지 조작 시도다. 이재명에 비판적인 사람들이 '반청와대'요, 총이나 난사하는 사람들인 것처럼 인식시키려는…. 역사학자란 자가 논증은 없이 이미지 조작, 상징 조작, 프레임 짜기나 시도하고 있다.

이재명, 이해찬은 지금 분명히 문제가 있기에 비판하는 것이고, 다른 사람들은 비판해야 할 문제가 드러나면 하는 것이고 없으면 안 하는 것이다. 아주 간단한 것이다.

4. 더 어이없는 건, 뜬금없이 수구들이 흑색선전 떠드는 걸 끌고 온 내용이다. '문재인 탄핵', '때맞춰', '아군과 싸우려 드는 결사대' 운운하기도 한다. 그러니까 전우용이 하고 싶은 말은, 수구들이 '문재인 탄핵' 어쩌고 하는 상황이니 지금 이해찬, 이재명은 놔두고 저 수구 애들이나 신경 쓰라는 것 같다. (아니면 이재명 비판하는 사람들이 저런 부류라고 얘기하고 싶은지도….)

병에 걸려 골골대도 병은 신경 쓰지 말고 밖에서 욕하는 사람이나 신경 쓰라는 것인가? 집 안 쓰레기는 놔두고 집 밖 오물에만 관심 두라는 것인가? 대체 이재명을 묵인하면서 무슨 낯짝으로 수구는 비판하겠다는 것인가. 게다가 '오렌지' 운동권 정당을 아군이라고 생각한 적도, 노무현·문재인 대통령에게 그런 패륜을 저지른 자를 우리 편이라고 여긴 적도 없다.

5. 이재명 비판은 순혈주의라고? 민족 순혈주의 안 된다고 이완용도 끌어안을 건가? 본인 핏속에 에이즈균 들어가도 '그래 내 피는 너무 순수하면 안 돼' 할 것인가? 본인 집 쓰레기도 치우지 말고 살기 바란다. '순혈주

의'도 그렇게 좋은 게 아니라고 생각할 테니까. 악마가 좋아하는 피가 순혈
이라고 한 대목에선, 미안하지만 크게 웃었다. 뱀파이어 영화 좀 그만 보
기 바란다.

- 2018. 11. 7.

짧은 시 두 편으로
생각하는
노무현·문재인 대통령

그 사막에서 그는
너무도 외로워
때로는 뒷걸음질로 걸었다.
자기 앞에 찍힌 발자국을 보려고.

- 오르텅스 블루, 「사막」

: 노무현 대통령이 사막에 계셨으면 저렇게 걸어보셨을 듯싶다. 어쩌면 그
때 청와대가 사막이었을지도.

말수가 아주 적은 그와 강을 따라 걸었다

가도 가도 넓어져만 가는 강이었다
그러나 그는 충분히 이해되었다

- 문태준, 「강촌에서」

: 묵묵히 갈 길을 가는 문프와 함께 걷는다. 가도 가도 넓어질지라도 그저 따라 걷는다. 말은 필요 없다. 그에게 마음을 준 것으로 족하다.

- 2018. 11. 8.

이해찬의 유튜브 방송 '쎔'에 부쳐

이해찬이 한다는 유튜브 방송 이름이 '쎔'.

매크로는 안 잡겠'쎔'
공약했던 당원 게시판 만들 생각은 없'쎔'
하위 의원 컷오프제는 없애겠'쎔'
엠바고는 깨겠'쎔'
칭와대에서 하는 일 미리 흘리겠'쎔'

의전 받으면 좋아 죽'쓤'

상왕 놀이도 재미있'쓤'

그래도 이재명은 당의 자산이라 여기겠'쓤'

그래서 '쓤'인 듯. 보는 우리는 입맛이 '쓤'.

– 2018. 11. 10.

깨어 있는 시민의 실존, 정치 참여 국민의 새로운 기준, 문파

"역사는 대개의 경우, 역사로 하여금 개인을 선택게 하는 한편, 마찬가지로 각 개인으로 하여금 자기의 역사적 자세를 선택게 하는 것입니다. 이렇게 해서 각자가 역사와 자기 자신에게 책임을 지워 나가는 수밖에는 없지요."

– 다이 호우잉, 『사람아 아, 사람아!』 중에서

김어준, 이동형은 문파를 향해 '작세', '극문', '똥파리'라고 매도했다. 그런데 문파가 침묵했다면, '극렬'(?)하지 않았다면 혜경궁 문제는 수면 위로 드러나지도, 지금처럼 밝혀지지도 못했을 것이다. 이재명의 다른 문제들도 그대로 묻혔을 것이며, 그 마누라는 영부인 꿈속에서 여전히 트윗질 하고 있었을 것이다. 그리고 권력을 쥐면 문통령을 그들이 이르는 말로, "노무현 꼴" 되게 하려고 했을 것이고.

문파는 '진영의 늪'에서 허우적대지 않고 도덕과 상식을 선택했다. 그것이 문파의 역사적 자세다. 문파는 이제 단순히 문통령을 향한 팬덤에 그치지 않는다. '깨어 있는 시민'의 실존이요, 정치에 참여하는 국민의 새로운 기준이다. 문파와 척을 지는 정치인은 성공하지 못할 것이다. 도덕과 상식에서 벗어난 존재이기 때문이다.

이재명과 혜경궁 문제에 침묵한, 그렇게 혼자 꽃길 걸어가는 지지(?)를 한 '나문지'들(나도 문 대통령 지지, 문파가 다 이들 같았으면 혜경궁은 덮였다), 그 침묵을 선택한 것도 본인들이기에 그것에 대해 역사와 자기 자신에게 책임을 져야 할 것이다. 영원히 침묵하든가, 문파에 합류하든가.

여전히 이재명과 김어준 등에게서 헤어나지 못한 사람들은 언급할 가치조차 없다. 선택할 뇌조차 없었던 거니까.

– 2018. 11. 19.

이재명 사태는 민주당 내부 적폐 청산의 기회

혹자는 말한다. 이재명으로 끝내지고. 그래서 묻는다. 이재명 등장 전 민주당은 문제없는 정당이었나?

이재명을 여기까지 키워준 건 민주당이다. 독초의 토양 노릇 제대로 했다. 도덕성 문제도 통과시켜준 건 민주당 역사에서 길이 기억될 '금찟탑'이다.

이재명과 혜경궁 문제가 이렇게까지 왔는데도 여전히 대처가 없는 민주당 대표와 의원들의 침묵, 또는 호도. 이것은 그들 또한 크게 다르지 않다는 방증이다. 이걸 그대로 두면 제2의 이재명은 언제든 등장할 수 있다.

총선 승리를 위해 접어두자고? 무엇을 위한 총선 승리인가? 개혁과 재조산하를 위한 것인가, 민주당 정치인들의 밥그릇을 위한 것인가? 지금 상태의 민주당이 나중에 총선에서 승리하고 다수당이 되면 개혁 입법이 차질 없이 진행될까? 그걸 위해 우리는 과도한(?) 비판을 삼가야 할까? 그 비판이 해당 행위라고? 이재명이 민주당에 있는 것 자체, 이해찬 및 민주당 의원들이 이재명을 묵인해주는 것이야말로 해당 행위다. 중도 확장을 가로막고 있으므로.

지금 이 몰골을 하고서는 총선 승리도 불투명하고, 승리해봤자 열린우리 2탄이다. 다수가 되고도 아무것도 못 했던 무능의 반복. 지금 할 수 있는 일조차 제대로 안 하고 있다. 어떻게든 반드시 개혁을 이루겠다는 '배수진'의 각오도 없다. 그런데 총선에서 승리하면 뭘 한다고? 차라리 로또 되면 불우이웃 돕는다고 해라.

민주당의 적폐를 그 '많은 다리'로 긁어 가시화시켜준 이재명 사태는 기회이기도 하다. 민주당을 지금 제대로 쇄신해야 한다. 총선 승리와 개혁 입법이 부상품으로 따라올 것이다.

#이재명을_출당하라
#이해찬은_퇴진하라
#새로운_민주당의_시작은_여기에서

- 2018. 11. 19.

'종북' 타령하는 수구의
데칼코마니,
좌 적폐의 '종삼' 타령

논리의 오류 가운데 '허수아비 공격의 오류'라는 게 있다. 상대의 주장을 확대, 과장, 왜곡하여 반박하기 쉬운 걸로 자기 맘대로 설정하고 그걸 공격하는 게 허수아비한테 주먹 휘두르는 것과 비슷해서 붙여진 이름이다. 예전에 김이수 헌법재판관의 헌법 소장 임명에 있어 문파들 대부분이 찬성했는데, 어떤 '나만 제대로 된 문빠' 하나가 김이수 후보자는 동성애에 찬성 입장인데 문파는 동성애 반대하면서 그런다고 꼴값 떤 적이 있다. 문파는 문재인 대통령 후보에게 행패를 부린 그 특정 동성애 집단과 그 특정 행위만 비판했을 뿐 동성애 자체에 반대를 표한 적은 없다. 따라서 김이수 후보자를 반대할 이유가 전혀 없었다. 그런데도 문파는 동성애 반대한다고 '허수아비'를 세워놓고 자기 혼자 거품 문 것이다. 한마디로 '놀고 있네'였다.

'허수아비 공격의 오류' 가운데 가장 대표적인 것은 아무래도 '너 종북이지?' 하는 주장일 것이다. 북한을 이해하자고 해도, 남북한 평화 공존이 필요하다고 해도, 아니 '이명박근혜는 나쁜 것들이다'라는 주장을 해도 '종북' 딱지를 붙여 공격해댔다. 1980년대 '좌경용공'에 이어 수구 적폐들의 '전가의 보도'였다.

이것의 구좌파 버전이 '삼성 알바' 또는 '삼성 만능론'이다. 북한이 없었으면 수구 적폐들은 어떻게 살았을까 싶을 정도로, 이 구좌파들은 삼성 없었으면 어찌 살았을까 싶다. 상대에게 '종삼' 딱지 붙이기는 '종북' 딱지 붙이기 못지않다.

심어순이 문파를 '삼성 알바'로 몰고, 이재명은 삼성 바이오로직스에나 관심

가지라고 본질을 흐리고, '발로 쓰는' 고'발'뉴스 이상호는 '이재명, 박원순 날리기'가 '삼성 음모'라고 하는 지경이다. 이건 이재명, 박원순 비판하는 사람들을 삼성 알바나 삼성에 놀아나는 사람들로 몰기 위한 장치이다. 이재명, 박원순 비판의 내용과 이유는 관심 없고 그저 '너 종삼이지?' 하는 말을 하고 싶은 것이다.

솔직히 홍석현이 집권하려면 이재명, 박원순 날려서 뭐 하게? 어차피 지지율도 바닥인데 말이다. 이낙연, 김경수 등은 어찌하고. 그럼 김경수 잡으려던 드루킹 사건도 삼성 짓이었나?

삼성이 욕먹는 가장 큰 이유는 기업이 져야 할 사회적 책임은 회피한 채 돈으로 여론을 주무르려고 하기 때문이다. 그런데 구좌파 스피커나 찌라시들도 그 행태는 별반 다르지 않다. 그런 주제에 누굴 욕하고 있는지 모르겠다. 그리고, 만에 하나 이재명이 집권하면 '삼성 공화국'보다 나을 건 뭔가? 비판하는 사람들 죄다 정신 병원에 강제 입원당하는 세상이 될지도 모른다. 병원이 부족하면 '삼청교육 병원'이라도 만들려나.

이재명 문제가 이렇게 드러나고 있는데도 여전히 침묵하거나 본질을 회피하고, 나아가 옹호까지 하는 구좌파 '너절리즘'을 보면 저들은 그저 수구 적폐의 데칼코마니에 불과하다는 생각이 든다. 사이 좋게 손잡고 들에 가서 허수아비나 만들고 놀기 바란다.

– 2018. 11. 26.

문파는
지남철이다

가리키는 지남철은 무엇이 두려운지
항상 그 바늘 끝을 떨고 있다.
여윈 바늘 끝이 떨고 있는 한 그 지남철은
자기에게 지워진 사명을 완수하려는 의사를
잊지 않고 있음이 분명하며
바늘이 가리키는 방향을 믿어도 좋다.
만일 그 바늘 끝이 불안스러워 보이는 전율을 멈추고
어느 한쪽에 고정될 때
우리는 그것을 버려야 한다.
이미 지남철이 아니기 때문이다.

　– 신영복, 『담론』 중에서

고정 관념에 얽매이지 않는다.
늘 깨어 있고자 한다.
성찰을 게을리하지 않는다.
그것은 우리에게 지워진 사명을 완수하려는 의사를 잊지 않음이며,
오직 문프만을 향한다. 그 방향을 믿어도 좋다.
문파는 지남철이다.

– 2018. 11. 27.

진보 그 자체가 '선'이 아니라 '선'만이 진보가 될 수 있다

인간은 진보를 욕망함으로써 도덕적 선에 대한 사명을 가지게 되는 것이 아니라, 오히려 인간의 도덕적 본성을 통해서만 비로소 진보 자체의 개념과 진보에 대한 올바른 욕망이 생기는 것이라고 할 수 있다. 진보 그 자체가 선이 아니라 선한 것만이 진보가 될 수 있다. 도덕성이 없으면 어떤 진보도 가능하지 않다.

목적을 위해 수단은 가리지 않는 구좌파. '을'의 세상(?)을 위해서는 이재명 따위, 도덕성은 개차반인 자라도 상관없다는 맹목파들은, 정작 자기네 뜻대로 가면 결국 수구 적폐들에게 명분뿐만 아니라 실제 이익을 주게 되는데 그에 대한 인지도 못 한다. 도덕성 결여뿐만 아니라 인지 능력조차 제로에 수렴한다.

이재명뿐인가? 후원금 사용 내역조차 공개 못 하는 '나꼼수', 영수증 이중처리, 자기 비서 출신에게 국회 예산 몰아주기, 조폭에게 후원받기 하는 민주당 의원들, 성폭력 문제가 발생하고, 당비 사용 투명성도 떨어지는 자칭 진보 정당들. 이건 드러난 빙산의 일각일 뿐이다. 이런 자들이 행세하는 세상은 과연 서민의 세상, '을'을 위한 세상인가, 아니면 '을'을 빙자한 좌 적폐의 천년 왕국인가.

흔히 보수는 부패로 망하고 진보는 분열로 망한다고 한다. 이것은 틀렸다. 진보도 부패로 망한다. 이재명 같은 자를 계속 끌어안고 있으면 민주당이 망하는 것과 같은 이치이다. 부패하면 진보고 보수고 뭐고 없다. 그냥 망한다. 부패의 고리를 끊어내는 것은 분열이 아니다. 선한 것만이 진보가 될 수 있기에 그걸 실행하는 것이다.

그리고 이 실행은 몰상식과 비이성을 우리에게 종속시키고 지배하여, 상식과 이성의 세상을 만들고자 하는 것이다. 상식과 이성은 진영과 이데올로기 위에서 나부끼는 영원한 깃발이다.

)

"인간은 행복을 욕망함으로써 도덕적 선에 대한 사명을 가지게 되는 것이 아니라, 오히려 인간의 도덕적 본성을 통해서만 비로소 행복 자체의 개념과 행복에 대한 욕망이 생긴다는 사실입니다. 행복하게 하는 것이 선한 것이 아니라, 선한 것만이 행복하게 하는 것입니다. 도덕성이 없으면 어떤 행복도 가능하지 않습니다.

(중략)

비이성적인 모든 것을 자신에게 종속시키고 고유의 법칙에 따라 비이성적인 모든 것을 자유롭게 지배해나가는 것, 이것이 바로 인간의 궁극적인 최종 목적입니다."

– 요한 피히테, 『학자의 사명에 관한 몇 차례의 강의』 중에서

덧말_제목은 요한 피히테 글의 '행복'을 '진보'로 바꾼 것이다. 진보는 궁극적으로 인간의 행복을 위한 것이 아닌가.

– 2018. 12. 1.

'찢카르텔'이 된
이재명의
자기편 만들기

이재명이 한창 이재선 씨를 정신 병원에 강제 입원시키려고 하던 시기에 그 모친과 형제들은 이재선 씨에 대해 정신 건강 치료 의뢰서까지 썼다고 한다. 이 또한 이재명의 작품(?)이었을 것이다. 가족들까지 자기편으로 끌어들이며 이재선 씨를 압박한 것 아닌지 의심이 든다.

얼마 전엔 이재명 둘째 형이라는 자가 이재선 씨 정신 병원 입원은 자기가 꺼낸 얘기라고도 했고, 지난 대선 경선 때도 형과의 문제가 회자되자 저 가족은 일방적으로 이재명을 편드는 해명서(?)를 내기도 했었다. 그때 든 생각은, '죽은 놈 하나 죽일 놈 만들고 산 놈은 대통령 만들기' 프로젝트.

이재명의 '자기편 만들기'는 정치 인생의 특징이기도 하다. 경기동부와의 결탁, 성남시 주최 여러 강연이나 공연을 통해 세금 뿌리며 이런저런 부류와 '현금 연대'를 맺은 것(진중권, 김갑수, 최승호 등), 이해찬, 정성호 등등 민주당 유력 정치인들도 이미 '작업'을 끝내놓은 점 등을 보면 그렇다.

자기편 만들기 자체는 문제가 되지 않을 수도 있다. 상식과 합리를 바탕으로 한다면. 근데 이재명의 그 짓은 그저 '찢목질'이다. 현금이나 영향력 확대, 자리 꿰차기, '가문의 영광'(?) 등 주로 눈앞의 이익만을 바탕으로 한다. 결국, 이것은 카르텔이 되었고, 이재명 하나로 끝나지 않는 문제가 되었다. 민주 진영의 적폐가 고구마 줄기처럼 얽혀 있기에 반드시 모두 뿌리를 뽑아야 할 문제이다.

[그는(이재선 씨 부인) 당시 어머니와 형제들이 재선 씨에 대한 정신 건강 치료 의뢰서까지 썼던 일도 몰랐다고 했다. 올해 6월 우연히 관련 서류를 확인하고 하늘이 무너지는 줄 알았다고 한다. 박 씨는 "2012년 7월 동생들과 실랑이를 벌일 때 남편은 손가락이 찢어지고 인대가 늘어나는 등 다쳤는데도 '내 동생인데 어떻게 그러냐'며 맞고소하지 않았다. 만약 어머니와 형·동생들이 4월에 동의서 등을 쓴 사실을 알았다면 남편은 배신감에 그 자리에서 스스로 목숨을 끊었을 것이다. 이런 사실을 모르고 하늘나라로 간 것이 오히려 고맙다"고 눈물을 흘렸다.]

- 이재선 씨 부인 인터뷰 중에서

덧말 1_늦게나마 고 이재선 씨의 명복을 빕니다. 그때 몰라서 죄송합니다. 유가족분들에게도 위로를 드립니다.

덧말 2_악마 하나가 민주 진영에 얼마나 재앙이 되고 있는지 똑똑히들 보기 바린다. 이새닝 비판하면 '분열'이라고 하는 사람들이 있다. 주로 문프와 이재명을 같이 지지한다는 '정신 분열'인 사람들이 '분열' 운운하는데, 당신들은 악마에게도 입맞출 인간들이다.

- 2018. 12. 6.

미완은
끝이 아니라
새로운 시작

노무현 대통령 당선 후, 많은 노빠가 손을 놔버렸다. 대통령이 알아서 잘하겠지. 잘하는지 못 하는지 감시나 해야지…. 그리고 결국 노통을 잃었다.

그 핏값을 치른 문파는 문재인 대통령에 대한 절대적 지지를 표방한다. 임기 끝날 때까지 함께하면서 반드시 문재인 정부를 성공시키고 문프를 지키겠노라 다짐하고 또 다짐했다. 물론 여기에는 문재인 대통령이 걸어온 고행의 길과 그의 인간적 매력이 큰 영향을 끼치기도 했다.

그런데 대선 직후 때만 해도 이런 경우까지 예상은 하지 못했다. 수구 적폐와의 싸움보다 내부 적폐와의 싸움이 더 지난하고 치열하고 힘겨운 투쟁이 될 줄은….

법적 판단을 하지 않고 '정치적 판단'을 한 검찰은 그 스스로 여전히 개혁 대상임을 보여주었다. 도덕성 개판에다 친형 강제 입원 기도, 허위 사실 공표 등으로 기소까지 된 정치인을 징계조차 안 하고 오히려 싸고도는 민주당은 그 스스로 자한당보다 크게 나을 것도 없다는 것을 인증했다.

어차피 쉽게 끝날 싸움은 아니었다. 민주당, 나아가 구좌파의 모든 적폐가 응축된 것인데 쉽게 끝나겠는가(여기다 적폐의 대명사 검찰까지). 그래서 결국 지금은 미완이다. 이재명 문제 해결을 완성 짓지 못한 지금, 우리는 긴 싸움을 다시 시작해야 할 듯하다. 이명박근혜 시절이 민주주의가 후퇴할 수도 있다는 것을 알려준 시기였다면, 지금은 진영 놀음 또한 반드시 넘어야 할 것을 알려주는, 민주 진영이라고 특별히 잘난 것도 없다는 것을 알려주는 시기라고 할 수 있다.

민주주의를 다시 찾아오는 데 9년이 걸렸듯, 썩어 빠진 민주 진영의 적폐를 깨는 것도 짧은 시간에 이루어지진 않을 것이다. 어쩌면 그게 '역사'인 듯도 싶다.

– 2018. 12. 11.

나무에게서 배우는 또 하나

마을이 기끼 올수록
나무는 흠집이 많다.
내 몸이 너무 성하다.

– 이정록, 「서시」 전문

현실에서 치열할수록
상처가 많을 수밖에 없다.

나에게 상처가 없게 됨을 경계한다.

그리고,

구름 위에 올라앉지 않는다.

- 2018. 12. 16.

세상을 비추는 달
어느 문파의 세상 보기

세상을 비추는 달

2019년의 기록

세상 보기
어느 문파의

이재명을 노무현 대통령과 비교하는 자들, 그 인식의 저렴함

언감생심, 이재명을 노무현 대통령에 비교하는 자들이 있다. 그 가운데 어떤 사람은, '노무현 대통령에겐 폭력적인 성격, 분노조절 장애가 있다, 근데 이런 사람들은 결이 송곳 같다, 시대적 소명에 물러서지 않는다, 네가 깨지든 내가 깨지든 들이받는다, 서민의 언어를 쓴다, 지금도 이런 사람이 필요하다, 우리에겐 도덕군자가 아니라 대차게 싸워줄 덜 나쁜 놈, 덜 도둑놈이 필요하다, 이재명이 그렇다'라는 글을 쓰기도 했다. 노무현 대통령의 성격을 언급한 첫 부분부터 인식 조절 장애가 있는 글이다.[*]

이 사람은 몇 가지 단편적인 것만 자기 편한 대로 끌고 와 노통을 멋대로 판단하고 그걸 이재명에게 투영한다. 그리고 자신의 근거 없는 주관에 따라 둘을 일치시킨다. 그러나 이건 그림자가 같은 까만 색이면 같은 사람이라는 정도의 인식 수준에 불과하다.

분명히 하자. 노무현 대통령은 이재명과 달리 도덕성에 흠잡을 게 없는 분이셨다. 젊은 날의 과오도 반성하시고 인격조차도 새롭게 승화시키셨다. 어따 대고 감히 노통을 이따위 말종 옹호용으로 쓰는가.

노무현 대통령에겐 다듬어지지 않은 면이 있긴 했다. 그런데 그것은 원초적 야성이 가진 날 것 그대로의 순수함이었다. 그래서 공공의 악에 분노해 명패를 던지는 등(일부에서 알고 있듯 전두환을 향해 던진 건 아니다) 즉자적인 '거룩한 분노'도 숨기지 않았고, 3당 야합에 대해 홀로 분연히 맞섰던 것이다. 그리고 노통은 순수함이 있었기에 솔직담백한 언어를 구사하셨지만, 이재명처럼 아무에게나 쌍욕을 날리시지도 않았다.

---

[*] 이렇게 비슷하게 생각하는 사람이 내 주변에도 있다. '거칠고 양아치 같은 수구들에 대항하려면 이쪽도 좀 거칠고 양아치 같은 사람이 필요하다'라는. 적폐 청산을 뒷골목 조폭들 '구역' 싸움쯤으로 보는 듯하다.

이와 반대로 이재명의 거칢은 그저 제 성질 못 이겨 발광하는 수준이요, 자신에게 방해가 된다 싶으면 (공익 차원이 절대 아니라) 끝까지 상대를 압살하려는 집요함이다. 여기에 교활함과 사악함이 추가된다. 만일 이재명이 노통과 같은 상황에 있었다면 명패를 던지는 게 자기 이미지에 도움이 될까 안 될까를 먼저 머리 굴렸을 것이다. 3당 야합을 해도 '그릇' 커진다고 좋아하며 '이 좋은 그릇을 왜 버리느냐.' 했을 것이다.

노무현 대통령은 강자에겐 강하고 약자에겐 굽힐 줄 아는 분이셨다. 그가 분노를 표한 상대는 조중동 등 언론 권력과 새누리 같은 정치 권력, 그리고 검찰 등이었다. 그런데 이재명이 제 성질 못 이겨 난리 친 상대는 철거민이나 장애인 같은 사회적 약자였다. 자신에게 방해가 되니 끝까지 죽이려고 든 상대는 친형이었다.

저 성질머리가 적폐 청산엔 도움이 될 거라 착각들 하는데, 약점 많고 문제 많은 자는 칼춤을 추려야 출 수가 없다. 이재명은 다른 정치인들의 선거법 위반, 음주운전, 논문 표절, 무고, 성 추문 등에 대해 입 자체를 열 수가 없다. 그자의 모든 약점 다 쥐고 있는 검찰 개혁도 못 한다.

국정원 권력 쥐면 그 개혁이 아니라, 성남시 공무원 동원했듯, 댓글 공작만 심해질 것이다. 삼성? 정보력이 국정원에 필적한다는 삼성이 이재명 문제 모를 것 같나? 그거 갖고 딜 넣으면 이재명은 그저 삼성의 개가 될 뿐이다. 그렇게 자신 있으면 우선 삼성을 비롯한 재벌 주식부터 사회에 환원하고 중앙일보와 싸워봐라. 싸우기는커녕 조중동에 돈이나 퍼주는 주제에….

양아치스러움을 양아치스러움으로 대처하는 건 조폭들에게나 맡기고, 나쁨보단 덜 나쁨(근데 이재명이 덜 나쁘기나 해? 더하잖아!)이 낫다는 건 미세먼지 농도 구분할 때나 써라. 문프 말씀 반복한다. 우리 권력의 기반은 도덕성과 역사적 소명 의식이다.

2019. 1. 9.

당선 무효되면
파산 운운하는
이재명

'유죄 받아 당선 무효되면 파산해요.'

　명색이 변호사 출신이라는 자가 범죄 사실 자체의 성립 여부 및 법리 해석이 아니라 지극히 사적인 이유를 들어 호소하는 짓을 하고 있다. 그런 식이면, 어떤 흉악 범죄자라도 '나 없으면 가족 부양 못 한다.' 그러면 무죄로 해 줘야 해?

　그리고 너 하나 파산하면 되지 너 하나 때문에 민주당, 경기도, 개혁 진영이 파산해야 하나?

– 2019. 1. 10.

이재명은 파산해도 걱정하지 마라.
변호사가 필요한 조폭은 얼마든지 있으며, 유튜브 방송이나 하면 된다.
방송 이름은 '찢을레오'.

– 2019. 1. 11.

이재명은 끝났다고
얘기하는 자들의
문제점

'이재명은 끝났다'라고 말하는 사람들이 간혹 있다. 재판을 받고 있는 지금뿐만 아니라 지난 지방 선거 때도 그렇게 얘기하는 사람들이 있었다. 이미 끝난 애니까 도지사까지만 하게 하자고. (그렇게 악마한테 날개 달아준 결과가 민주당이 점점 '이재명화'되고 있는 것이다.)

이렇게 말하는 사람들의 대체적인 특징은, 자신이 이재명 비판은 거의 하지 않는다는 것. 그러니까 결국 이런 셈이다. 이재명은 이미 끝났는데 굳이 비판할 필요가 뭐 있겠나 하며 자신의 침묵을 합리화하게 된다는 것이다, 의도하든 안 하든. 그리고, 이재명은 이미 끝났으니 자꾸 비판해서 문제를 확대(?)하지 말라는 속내도 있다.

(이재명이 끝났나? 당선무효형이라도 받았어? 당선 무효형 받는다고 해서 끝나는 게 아니다. 이 자는 어떻게든 당에서 평지풍파 일으킬 것이다. 이미 당도 장악하고 있는데.)

'이재명은 끝났다'라고 얘기하는 사람들은, 그래서 자연스럽게 민주당의 문제에도 '불감증'일 수밖에 없다. 이재명은 끝났으니 그에 관련된 민주당의 문제도 별로 중요한 게 아닌 게 된다. 아예 문제가 없다고 생각하거나. 이재명만을 생각할 뿐, 이재명이 민주당 모든 적폐의 '인적 구현'이라는 생각은 없는 것이다. 게다가, 끝난(?) 문제니 당 대표가 아무런 조치를 취하지 않아도 문제의식을 못 갖는다. 그러니 여전히 그런 당 대표를 지지하고 있지.

그리고 이런 사람들의 또 다른 특징이, '찢빠'는 아니라고 하면서 김어준류는 엄청나게 신뢰하고 따른다는 것이다. 뇌라도 맡긴 듯할 때도 많다.

골수 '찢빠'들은 당연히 문제이지만 저 부류의 해악성 또한 작지는 않다고 나는 생각한다. '반쬣전선'의 동력을 약화시킬 우려가 있기 때문이다. 좀 성격이 다르긴 하지만, 영화 〈대부〉에 나오는 '적과의 화해를 주선하는 자'가 생각나기도 한다. 이재명은 끝났다고 생각하니 그 문제로 '쬣류'들과 싸울 일도 없고 '민주당 원팀론'에 의탁을 하니까.

사실 지금 이재명이 저들 눈에만 '끝난 것처럼 보이는' 상황에 올 때까지 저들이 한 건 아무것도 없다. 그러니 지금부터라도 더 이상 숟가락만 얹지 말고, '끝났다'고 떠들지만 말고, '끝내는 일'에 동참하고 힘을 보태주었으면 좋겠다.

모든 일은, 끝날 때까지 끝나지 않는다.

- 2019. 1. 25.

공룡보다 자신이
더 크다고 착각하고 사는
민주당 토끼들

지금 시국에 대통령 놀이나 하고 있는 이해찬, 이재명에 대해선 극존칭까지 써가며 병풍 역할을 하면서 김경수 지사에 대해선 침묵한다. 그리고 청와대에는 강한(?) 당 대표지만 사법부와 적폐들에겐 얌전하다.

'상품권'* 갖고 이재명이랑 어울려 만세나 하고 있는 문희상, 청와대더러

---

* 이재명은 이걸 '지역 화폐'라고 하는데, 사람들은 일명 '조폭 화폐'라고 부르기도 한다. 조폭들이 대량으로 이른바 '깡'을 하기에 적합하기 때문이다. 이재명이 오로지 상품권에 목매는 이유가 궁금하다.

국회 뜻을 국민 뜻으로 알란다. 국민 신뢰율이 청와대보다 한참 떨어지는 집단 우두머리가 그런 말을 할 수 있다는 게 놀랍다. 그리고, 문희상뿐이랴. '상품권 입법'에 서명한 민주당 의원은 공수처 찬성보다 많다.

그 외, 김경수 지사더러 판결을 겸허히 수용하라는 표창원(경기 지사 선거 때 이유는 묻지 말고 일단 1번 찍으라고 했었던 것처럼 일단 수용해라?), 대통령 가족에 대해 국민이 알 권리 있다고 떠드는 조응천(무슨 비리 연관된 것도 아니고 대통령 가족 사생활을 우리가 왜 알아야 하는데? 그렇게 말하는 당신 사생활이 더 궁금하다) 등등.

이런 마당에, 민주당 정치인들 비판하면 세작? 갈라치기? 김어준에게 뇌 맡긴 거 자랑하는가?

아주 쉽게들 산다. 사법 적폐 청산과 공수처 설치에 팔 걷어붙이고 나서야 하는 것들이 아무것도 안 하거나 반대로 가는데 그냥 있으라고? 그게 오히려 적폐 도와주는 세작질 아닌가?

알튀세르는 이런 비유를 했다. 히말라야 설산에 사는 토끼가 가장 조심해야 할 것은 평지에 사는 코끼리보다 자기가 크다고 착각하지 않는 것. 문프 지지율에 얹혀사는 민주당 토끼들은 자신들이 공룡보다 크다고 착각하고 있다.

– **2019. 1. 31.**

문통령을 비판적 지지(?)하던 사람들의 본색

작년 초까지 이쪽(?) 진영 중에 내가 주로 비판한 부류가 이른바 문통령 비판적 지지자들(이하 '비지'로 줄임)이었다. 자기들 딴엔 뭔가 꽤 의식 있는 척하는 족속들이지만, 우병우가 구속 안 될 때, 그리고 이재용이 석방될 때 그걸 문통령 탓으로 돌린 것에서도 알 수 있듯, 삼권 분립도 모르는 의식 마비자들이다.

이 비지들이 다 어디로 갔을까? 그 다수가 지금은 '찢빠' 하고 있다. 이들은 원래 문통령 지지가 아니라, 문통령이 잘하나 못하나 감시나 하겠다는 부류였다. 잘하면 지지, 못하면 비판이라는 콘셉트로, 문통령에 대한 전폭적인 신뢰는 애당초 없었다. '이니 하고 싶은 대로 다 해'라는 것이 어떤 과정을 거쳐 나온 일종의 '테제'인지에 대해선 전혀 아는 게 없다. 결정적인 문제는, 이들이 문통령이 잘하고 못하고를 보는 기준 자체가 원칙과 상식에 전혀 부합하지 않는다는 것이다. 위에서 언급한 것처럼 사법부의 문제도 문통령이 잘못해서 안 고쳐지고 있다고 생각하는 수준이니까.

이들이 이러는 건 뭔가 눈에 확 띄는 성과가 빨리빨리 이루어지지 않는다고 생각하기 때문이다. (집권 2년도 안 된 시기에 이미 얼마나 많은 일을 이루셨는지는 모른다.) 이들은 그 성과(?)를 위해 법과 원칙은 잠시 유보하거나 피해 갈 수도 있다고 생각한다. 자신들이 바라는 더 큰 선(?)을 위해 그런 유보는 합리화된다.

그래서 감정 이입하는 게 이재명이다, 이 자는 뭔가 화끈하게 밀어붙일 것처럼 보여서. 그런데 이재명을 선택한 건 비지 자신들의 수준을 그대로 벌거벗은 채 보여주는 셈이 됐다. 도덕성 따위는 아랑곳하지 않는, 즉 수구와 본질적으로 차이가 없다는 것을.

사실 이재명은 도덕성이 가장 큰 문제이지만 그걸 떠나서도 지금까지 뭔가 제대로 보여준 적이 없다. 한때 '사이다' 소리를 듣긴 했지만, 그자가 지금까지 실제로 화끈하게 한 거라곤 자기 형 정신 병원에 강제 입원시키려 한 것, 조중동 등에 홍보비 퍼준 것, 허위 사실 공표하는 것, 자기 인맥 자리 챙겨주는 것, 상품권 발행하는 것, 성남의료원 말아먹은 것, 도지사 관사 뺏어가는 것, 인터뷰하다가 제 맘대로 끊는 것, 사람들 관심사에만 숟가락 얹는 것, 언론 플레이만 열심히 하는 것 등이다. 무척이나 잘난 듯 '비판적 지지' 어쩌고 하더니 고작 고른 자가 이 지경이다.

문통령도 다시 강조하신 게 적폐 청산 및 개혁은 어디까지나 법과 원칙에 따라 이루어져야 한다는 것이다. 옳은 길이며, 역사적으로 보면 이게 가장 빠른 길이기도 하다. 법과 원칙에서 벗어나면 '반동'을 초래한다는 건 역사가 알려준다. 그리고 누가(누구와) 하는지도 중요하다. 이재명 같은 불량품 끌어안고 수구들 공격해봤자 씨알도 안 먹힌다.

물론 비지는 위에서 언급한 부류 외에, 그냥 권력은 비판저으로 지지해야 한나고 생각하는 사람들도 있다. 그 권력의 성격 같은 건 안 따지는, 단순해서 행복한(?) 사람들.

그리고 '찢빠' 중엔 이 비지들만 있는 건 물론 아니다. 처음부터 골수였던 손가혁, 그리고 김어준에게 뇌를 맡긴 '뇌찾사' 멤버들, 그리고 '민주당 지상주의' 당빠들, 이런 자들이 '찢카르텔'을 형성하고 있다.

— 2019. 2. 7.

추가 덧말_이재명의 무능과 언플은 계속 더해지고 있다. 전임 남경필 지사 때 보건복지부와 협의해 이미 다 이루어놓은 '닥터 헬기'도 마치 자신의 공로인 양 낻쓸하는 등 숟가락만 얹는 건 한두 가지가 아니다. 여름 다 지나 계곡 장사꾼들 몰아낸다는 언론 플레이도 유난스럽게 했다. (그러나 장사꾼들은 그대로다.) 일본 전범 기업과 업무 협약도 체결했으면서 일본의 경제 도발로 반일 분위기가 고조되자 그 분위기에도 역시 편승한다. 대통령 흉내를 내면서 자신은 권한도 없고 하지도 못할 정책을 남발한다. 물론 언플용이다. 그러나 실제 능력은 최하위 수준이라 유독 경기도에서만 버스비가 엄청나게 오르게 만들었다. 아프리카 돼지 열병도 경기도만 뚫렸다.

도민들 세금으로 관사 치장하는 걸 보면 필리핀의 마르코스와 이멜다가 생각나기도 한다. 부부 침대 500만 원, 신발장 110만 원, 안방 욕실 욕조 140만 원, 식당 수납장 350만 원, 운동 기구 트레드밀 400여만 원, 냉장고 등 가전제품 700여만 원 등등, 그 외 관사 시설 공사에도 수천만 원을 쏟아부었다. 굿모닝 하우스를 뺏어가 '궁모닝 하우스'로 만들더니 새삼스레 신혼 기분이라도 내는 모양이다.

문파를 조롱하는 '나문지'들과는 함께 가지 않는다

"함께 배웠다 하여 끝까지 같은 길을 걷는 것도 아니며"(『사람아 아! 사람아』 중), 같은 곳에 있었다고 해서 꼭 같은 곳을 향해 가는 건 아니다. 서로 갈 길 가다 보니 어떤 길에선 같이 가게 된 경우도 많다. 한때 같이 걸었다고 해서 그다음에 무엇을 해도 납득하고 인정하고 이해해줘야 하는 것, 그게 친목질이다.

미키루크 이상호도 한때는 노사모 활동 열심히 하며 노무현 대통령 당선을 위해 뛰었다. 그다음엔? 노사모 정신을 팔아먹고 정동영에게 빌붙었다. 새누리 못지않게 노통에게 비수를 던진 열린우리 의원들도 그 전엔 노통 당선을 도왔다. 그래서? 나중에 그래도 그냥 '원팀'이었나? 노무현 대통령의 비극에 정동영 사조직 '정통'과 열린우리 의원들은 전혀 책임이 없다고 할 수 있는가? 또, 그들에게 나이브했던 사람들은 완벽하게 떳떳한가?

'찢빠'들의 용어로 문파를 조롱하는 '나문지(나도 문 대통령 지지)'를 나는 목적지까지 같이 가야 할 사람으로 결코 생각하지 않는다. 목적지가 같은지조차 의문이다. 이해찬, 이재명 따위가 여전히 활개 치는 세상, 민주당이라면 어떤 정치인이라도 받들어줘야 하는 세상은 나의 목적지가 아니다.

– 2019. 2. 10.

적폐를 행하지 않는 것보다
어떠한 적폐도 감수하지
않는 게 먼저다

대놓고 군사 반란을 부추기는 예비역 장성들, 검찰 개혁에 저항하기 위해 야당과 야합하는 검찰총장, 자신들의 적폐를 5·18 이용해 이념 대립으로 가리려는 자한당, 김경수만이 아니라 결국은 문통령을 향해 칼끝을 겨누기 위해 차문호를 2심 판사로 배정한 사법부, 그리고, 좌 적폐의 집대성이라고 할 수 있는 이재명, 그와 한 패거리인 민주당의 사실상 주류 '반문', 개혁 정부를 비판하는 것에서만 존재 의미를 찾는 '입진보' 등등. 한국엔 적폐의 종류도 많다.

대한민국엔 아직 태평성대가 오지 않았다. 태평성대는 저절로 오지 않는다. 우리가 어떠한 적폐도 감수하지 않을 때 비로소 우리에게 그 걸음을 내디딘다. 적폐를 감수하지 않는 것은 공화국의 주인으로서 우리의 '권리를 위한 투쟁'이기도 하다.

"신은 축복을 내리는 민족에게 그 민족이 필요로 하는 것을 거저 주지 않고, 또한 그것을 얻는 수고를 경감해주지도 않으며, 오히려 더 가중시킨다."

"인격 그 자체에 도전하는 굴욕적 불법에 대한 저항, 즉 권리에 대한 경시와 인격적 모욕의 성질을 지니고 있는 형태로서의 권리 침해에 저항하는 것은 의무다."

"만약 내가 '어떠한 불법도 행하지 말라'와 '어떠한 불법도 감수하지 말라'는 두 가지 원칙을 두고 거래를 위한 실천적 의미에 따라 평가해야만 한다면, 나는 '어떠한 불법도 감수하지 말라'를 첫 번째 원칙으로, '어떠한 불법도 행하지 말라'를 두 번째 원칙으로 삼고 싶다."

- 루돌프 V. 예링, 『권리를 위한 투쟁』 중에서

- 2019. 2. 14.

일제의 국권 강탈 정당화로
이어질 황교익의
위험한 역사 인식

1. 1910년에 고종이 대한제국을 팔아먹었단다. 1907년 헤이그 특사 건을 구실로 이미 강제 퇴위당한 고종이 뭔 재주로 1910년에 나라를 팔아먹나. 퇴위당할 정도로 힘이 없는 황제가 나라 팔아먹을 능력은 어찌 갖는가. 게다가 대한제국은 이미 1905년 을사늑약 때 사실상 망한 것이나 다름없다. 그 을사오적의 죄는 묻지 않고 그 늑약 비준을 거부한 고종에게만 '매국노' 딱지를 붙이는 건 공정한가? 친일 기득권 무리에겐 침묵하고 모든 문제를 고종 한 개인에게 돌리는 행태야말로 반역사적이다.

2. 대한제국이 고종 개인 소유 국가였다고 하는데, 대한제국 '국제(國制)'에서 황제의 전제권을 강조하고 있지만 그건 황제가 통치하는 나라며 일반적인 것이다. 민주 공화국이 아니라 어디까지나 '황국'이니까. 그런데 황제의 전제권은 그저 '글자'에 불과했으며, 대한제국이 망하지 않았다면 그 '무늬뿐인 전제권'조차 제한되는 입헌 군주제로 갔을 것이다.

고종의 황제 즉위도 그의 독단이 아니라 당시의 '만국공법'의 영향과 유생, 관료들의 즉위 상소에 따른 측면이 강하다. 대한제국 수립은 당시 열강의 틈바구니에서 자주 독립을 천명하기 위한 것이기도 했다.

3. 황교익 말대로 고종을 비롯해 당시 조선 왕족을 미화할 필요는 없다. (근데 누가 미화하지?) 그러나 역사적 사실까지 왜곡해가며 매도할 필요 역시 없다. 더구나 황교익은 일본 왕실은 '일본 황족'이라고 하면서 조선 왕족은 '이씨 왕족'이라고 폄훼한다. 조선 총독부가 조선 왕실을 '이 왕가'라 부른 것

의 재판이다.

4. 한일 강제 병합(황교익은 '강제'도 안 쓴다)이 백성 입장에서 나라 잃은 게 아니라는 소리엔 기가 막힐 따름이다. 국민 주권 의식을 발생시켰다고 하는데, 나라가 망하든 말든, 통치자가 일본 왕이라 해도 백성들이 주인의식만 가지면 된다는 것인지 묻고 싶다.

국권 피탈로 인해 기득권이 아니라 민중이 주인이라는 걸 각성하게 됐다고 하는 정도는 이해할 수 있으나, 그렇다고 나라를 잃은 게 아니라는 건 궤변이다. 그 나라가 일본이 아니고서야…. 이건 결국 일제 식민 지배를 정당화하는 걸로 귀결될 수밖에 없다. '식민지 근대화론'(일제 덕에 근대화했다는)이나 다름없는 '식민지 국민 주권론'(일제 덕에 주권 의식 성장했다는)의 허수아비라도 하나 세우고 싶은 모양이다.

– 2019. 2. 17.

지금 당장 공수처를
밀어붙여라

'나중에 시간 나면 책 읽어야지.'

→ 대부분, 시간 나도 안 읽는다.

'나중에 쪽수 되면 공수처 하지.'

→ 가능성은 거의 제로, 쪽수 돼도 안 한다.

평소의 모습이 본래의 모습. 지금만 봐도 공수처 찬성 민주당 의원 몇이나 되나? 이런 마당에 나중 어쩌고는 현금화 불가능한 '부도 어음'일 뿐.

열린우리 때도 그렇고, 지금도 그렇고, 법사위원장을 한 번도 아니고 두 번씩이나 자한당에 넘겨준 거, 그거 핑계 대고 민주당도 개혁 입법 하기 싫은 게 아닌가 하는 의심이 들 정도다. 금배지 연장에만 우선적으로 관심들을 두고 있으니.

그게 오해라면, 립서비스만 하지 말고 지금 당장 공수처 밀어붙여라. 제대로 못 하는 무능력자들은 사퇴하고.

덧말_문통령은 올해 안에 끝내고자 하신다. 받들어라.

- 2019. 2. 18.

추가 덧말_패스트 트랙 처리에서 민주당은 결국 사법 개혁 특위가 아니라 선거제 고치는 정치 개혁 특위를 맡기로 했다. 사개특위는 자한당에 넘겨주고. 공수처 설치는 절박하지 않다고 여기는 방증이다. 자한당은 원하는 걸 얻었다.

'그날이 오면', 그리고 '그날은 절대로 쉽게 오지 않는다'

내가 중학생 때 처음 접한 「그날이 오면」은 『상록수』의 작가, 심훈의 다음과 같은 시.

> '그날이 오면, 그날이 오면은
> 삼각산이 일어나 더덩실 춤이라도 추고
> 한강 물이 뒤집혀 용솟음칠 그날이
> 이 목숨이 끊기기 전에 와 주기만 하량이면,
> 나는 밤하늘에 나는 까마귀와 같이
> 종로의 인경을 머리로 들이받아 울리오리다.
> 두개골은 깨어져 산산조각이 나도
> 기뻐서 죽사오매 오히려 무슨 한이 남으오리까.'
>
> (이하 생략)

고등학생 때 3·1 항쟁에 참여해 4개월간 복역했던 심훈의 이 시는 그가 얼마나 조국의 독립을 염원했는지를 직선적인 투쟁의 시어로 잘 드러내고 있다.

그리고 대학 때 접한 두 번째 '그날이 오면'은 나중에 노찾사가 불러 유명해진 노래. 영화 〈1987〉에도 나온다.

'한밤의 꿈은 아니리 오랜 고통 다한 후에
내 형제 빛나는 두 눈에 뜨거운 눈물들
한 줄기 강물로 흘러 고된 땀방울 함께 흘러
드넓은 평화의 바다에 정의의 물결 넘치는 꿈
그날이 오면 그날이 오면
내 형제 그리운 얼굴들 그 아픈 추억도
아 짧았던 내 젊음도 헛된 꿈이 아니었으리'

(이하 생략)

민주주의에 대한 간절한 염원을 담고 있는 이 노래는 현실에 대한 투철한
인식을 아름다운 가사 말로 담아낸, 전투성과 서정성이 잘 조화된 노래라고
생각한다.

그리고 '그날'을 얘기하는 또 하나, 바로 문프가 인용하신 안도현의 글.

문재인 ✓
@moonriver365

그날은 절대로 쉽게 오지 않는다. 그날은 깨지
고 박살 나 온몸이 너덜너덜해진 다음에 온다.
그날은 참고 기다리면서 엉덩이가 짓물러진 다
음에 온다. 그날은 그날을 고대하는 마음과 마
음들이 뒤섞이고 걸러지고 나눠지고 침전되고
정리된 이후에 온다/ 안도현

오선 6:46 - 2015년 10월 28일

심훈의 시와 노찾사의 노래는 '그날'이 온 뒤에 중점을 두고 있다. 심훈의 시는 '그날'이 왔을 때의 격정과 기쁨을, 노찾사가 부른 노래에선 그날이 오기까지의 '오랜 고통', '아픈 추억' 같은 구절도 있지만 '그날'이 오면 그 모든 게 상쇄될 감격을 주로 다룬다.

그런데 안도현의 글에는 '그날'이 온 뒤의 얘기는 없다. 오로지, '그날'은 절대로 쉽게 오지 않는다는 얘기뿐. 그래서 우리에게 '그날'이 온 뒤에 대한 생각은 잠시 미뤄두고 오직 인내와 끈기만을 가지라고 조언한다.

위 세 가지(시, 노래, 글)는 보완적이라고 생각한다. '그날'이 우리에게 어떤 의미를 주는지, 그래서 우리가 지금 어떤 마음으로 살아야 하는지를 각각 보여주기 때문이다.

우리는 여전히 '그날'을 꿈꾼다. '깨지고 박살 나 온몸이 너덜너덜해지는' '오랜 고통' 뒤에야 오는 것임에도 결코 꿈을 꺾지 않는다. '엉덩이가 짓물러'질 정도로 '고된 땀방울'을 흘려야 함에도 포기하지 않는다. 그날은, '그날을 고대하는 마음과 마음들이' '뜨거운 눈물을 흘릴' 날이기에, '정의의 물결이 넘치는' 날이기에, 그날은 '삼각산이 춤추고 한강 물이 용솟음'치며, 그 누군가는 자신의 목숨과도 기쁘게 바꿀 수 있을 정도로 고귀한 날이기에.

그래서 '걸러지고 나눠고 침전되고 정리되'는 과정도 기꺼이 거친다.* 그 정리 이후에도 남은 자만이 '그날'을 끝내 가져올 수 있기에.

– 2019. 3. 3.

---

* 나는 문파들이 '찢빠'들과 "나눠지고" 맹목 당빠들 "걸러지고" 나문지들 "침전되고" 그렇게 "정리"되는 것을 목격한다. 그리고 이것이 '그날'을 위한 필수 과정일 수밖에 없을 거라고 생각한다. 이제 '그날'은 '덮어놓고 뭉치는 것'으로는 오지 않는다. '민주 진보'의 껍데기만으로는 오지 않는다. '원칙'이 없고 '인간'이 결여되어 있으면 '그날'은 영원히 '먼 훗날'로만 남을 것이다.

세상의 모든 강을 비추는 달

"달의 숫자가 강물의 숫자와 같아서, 강물이 만 개라면 달의 숫자도 그와 똑같다. 그러나 저 하늘에 뜬 달은 여전히 하나일 뿐이다.

(중략)

달이 와서 비추면 모두 제 형태를 따른다. … 그 물의 큰 근본을 총괄하면 달의 정화다.

나는 알았다! 그 물은 세상 사람들이고, 달이 비춰 생긴 그림자는 사람들의 모습이며, 달은 태극이고, 태극은 바로 나다. 이 어찌 옛사람들이 세상 모든 강물의 밝은 달에 비유하고 태극의 신비한 활용에 기탁한 것이 아니겠는가."

조선 후기의 개혁 군주 정조(正祖)의 글이다. 정조는 그 자신을 '만천명월주인옹(萬川明月主人翁)'이라 칭했다. 세상의 모든 강물을 비추는 달에 자신을 빗댄 것이다. 그만큼 자신의 통치 역량에 대한 자부심이 강했고, 실제로 그는 많은 업적을 이루기도 했다.

그의 개혁은 왕권 강화를 바탕으로 하여 이루어졌다. "왕이 의도하는 혁신 정치의 중추" 규장각과 왕의 친위부대 장용영 설치는 그걸 위한 것이었다. 어느 시대에나 왕권이 약했을 때는 주로 권신들이 국정을 농단했고, 정조 사후에도 세도가와 외척의 발호가 있었던 것만 보더라도 개혁 군주의 강력한 왕권은 개혁의 절대적인 필요조건이었다고 할 수 있었다.

정조는 자신이 자신에게, 문통령의 경우는 지지자들이 붙여준 차이가 있지만 '달'에 비유되고(하고) 있는 건 똑같다. 그리고 문통령 역시 '개혁 대통령'이며, "넓은 마음과 꼼꼼한 관찰로 트인 자를 상대하고, 넉넉함과 여유로움으로 막힌 자를 상대하며, 부드러움으로 강한 자를 상대하고, (중략) 깊숙함으로 현명한 자를 상대하고, 강직함으로 교활한 자를 상대"하는 스타일도 비슷하다.

개혁 군주에게 필요한 게 강력한 왕권이었다면 개혁 대통령에게도 강력한 권력은 필요하다.* 다만 과거 시대와 달리 '법'과 '국민의 동의' 위에서만 가능하다.

결국, 국민의 절대적 지지가 필요하고 개혁 대통령을 뒷받침하는 국회와 사법부의 '법 제정'과 '법 판단'이 있어야 한다. 그런데 국회와 사법부는 오히려 반대로 가고 있다. 자신들이 개혁 대상이니 어쩌면 당연한 일이다. 과거, 왕권 약화를 노리던 척신들처럼.

정조는 강력한 왕권을 구축하고, 24년이라는 짧다고는 할 수 없는 기간 동안 재위했지만, 그의 죽음 이후 모든 개혁은 물거품이 되었다. 고작 5년, 게다가 제약이 많은 대통령 권력으로 할 수 있는 건 분명 한계가 있다. 문통령을 계승하는 문재인 정부가 계속 이어지고 국민의 지지가 뒷받침돼야 하는 이유이다.

> 덧말 1_그리고 지금 당장은 '대통령이 의도하는 혁신 정치의 중추', 공수처가 필요하다.
> 덧말 2_지금은 여야보다는 행정부 대 입·사법부 구도이다. 입법부와 사법부에 초점을 맞춰야 한다.

---

* 따라서 대통령 중심제는 현시대에 양보할 수 없는 체제이다. 의원 내각제나 이원 집정부제가 가져올 결과는 외척과 권신의 세상과 크게 다르지 않다.

덧말 3_강물에 비친 달이 많아도 저 하늘에 뜬 달은 하나이듯, '서울 외곽' 에 사는 어떤 도지사를 비롯해 문통령 하시는 일에 숟가락 얹는 것 들은 많아도 원래 빛나는 건 문통령뿐.

– 2019. 3. 7.

여성에 대한 권력의 폭력

김학의 사건, 고 장자연 씨 유린 사건, 버닝썬 사건 등의 공통점은 '여성에 대한 권력의 폭력', 그것도 '제도화된 폭력'이다. '권력'이 지지른 일이기에 그 동안 제대로 드러나지 않았고, 지금도 제대로 드러날 거라고 확신을 못 한 다. 검경은 기본적으로 믿을 수 없는 집단인데 직접 관여되어 있는 상황에선 더더욱 그렇다. 어떤 사안이 어떤 사안을 덮는다는 말도 나오는가 본데, 덜 중요한 사건은 없으며, 결국 본질에선 모두 같은 사건이다. 따라서 한 사건 은 다른 사건의 '트리거' 역할을 할 수도 있다.

그리고 5 · 18은 '인간에 대한 권력의 폭력'이었다. 그조차도 아직 완전한 진상 규명이 이루어지지 않고 있다. 사실, 국가 권력이 저지른 폭력을 국가 가 작정하고 숨기면, 나중에 밝히는 게 쉽지 않다.

이 모든 '폭력'을 벌거벗긴 채(규명) 우리 앞에 무릎 꿇려야 하는 게 우리의 일이다. 권력의 폭력이 '제도화'될 때 (한나 아렌트가 구분하듯 원래는 다른) 권력 과 폭력은 결국 동의어가 된다. 정권 교체를 통해 그 '제도화'의 단절(!)은 어느 정도 이뤘으나 그 단죄(!)는 아직 이루지 못했다.

덧말 1_특검을 하든, 궁극적으로 공수처를 설치하든 그 단죄를 위해 앞장
서야 하는 게 국민의 공복 정치인들의 의무이다. '전두환 물러가라'
라고 외친 광주의 초등학생들처럼 외친다. '폭력은 물러가라!'
덧말 2_시민이 국가에 허용한 것은 권력이지 폭력이 아니다. 폭력은 전제
정치를 무너뜨리는 일에 한해 시민들만이 갖는 권리이다.

– 2019. 3. 14.

우리 안의 적
'토왜'

1. '길을 가다 진왜(眞倭)와 토왜(土倭)를 만나면 토왜부터 때려잡아라.' – 백
범 김구

알다시피 진왜는 오리지널 왜구, 토왜는 일제 부역자를 뜻한다. 토왜부터 잡으
라고 한 뜻은 분명하다. 토왜부터 잡아야 진왜와 제대로 싸울 수 있기 때문이다.

2. '토착 왜구'라는 말을 싫어한다니 그럼 그냥 '토왜'로 불러주마.

3. 현시기 '토왜'는 자한당 친일파에 국한되지 않는다. 수구 세력 자체가

'진왜'라면, 좌우 적폐 언론을 지원하고 그 비호를 받으며, '오렌지 일당'의 지지를 받는 자는 그 역시 '토왜'다.

'토왜'의 본질은 '우리 안의 적'이다, 국가 단위로 볼 때도, 진영 단위로 볼 때도.

"倭與亂賊, 其罪一也, 世皆言亂賊, 土倭也, 罪反其於眞倭也"

– 『昭義新編』(의병 관련 기록 문집) 중에서

– 2019. 3. 17.

문재인 정부
돌려 까는
주진우의 '꼼수'

1. 주진우, "정부와 법원은 대기업 편만 들고, 공정위는 대기업한테만 공정하고…."

수구 세력 잡는 사냥개니 나꼼수 비판하지 말라고 한 사람들도 있다. 근데 그 사냥개가 수구 세력이 아니라 문재인 정부를 향해 짖고 있다. 이건 어떻게 생각하시나? 수구 세력 잡을 생각은 별로 없어 보이고, 이명박 비밀 계좌나 '눈 찢어진 아이' 찾을 생각도 없는 듯한데, 멀쩡한 문재인 정부에 이빨을 드러낸다. 법원은 몰라도 현 정부, 공정위가 대기업 편? 명색이 기자 출신이, 현 정부에서 대기업의 '불공정 갑질 계약'에 대한 제재를 강화하고 있는 팩트는 체크도 안 하고 사시나?

2. "몇 년 전 기사가 아닙니다. 감옥 가실 분이 높은 자리로 영전하시다니…."

(한민구 전 국방장관의 한국국가전략연구원장 취임 기사 끌고 와 올린 트윗)

한국국가전략연구원은 민간 연구소다. 전직 장관이 민간 연구단체장으로 가는 걸 '영전'이라고 하고 있다. 게다가, '몇 년 전 기사가 아니다'(즉, 현 정부에서 일어난 일이다)라고 하며 문재인 정부를 돌려 깐다. '한국…' 어쩌고 하니 마치 정부 기관 같고 정부에서 임명한 것처럼 보이니 그걸 이용하고 있는 것이다.

영전이란, 그대처럼 주간지 기자질 하다가 공중파 시사 프로까지 맡게 된 걸 영전이라고 한다. 자위기구 팔던 그대의 친구 김어준이 공중파 방송까지 하며 스피커 권력질 하는 건 아예 '신분 상승'이고.

문파가 이재명 문제를 제대로 대응하지 않았다면 좌우 적폐 찌라시들과 진짜 저 '꼼수'들은 지금보다 훨씬 노골적으로 문재인 정부를 비난하고 이재명 찬양을 하고 있었을 것이다. 걸핏하면 '문재인 정부는 이게 문제다, 이재명만이 제대로 할 수 있다.' 이러면서.

이재명이 완전히 몰락하면 저들이 어떤 낯짝을 보일지 궁금하다. 구토를 감수하고라도 그 낯짝은 꼭 확인해야겠다.

– 2019. 3. 17. / 4. 23.

인연에
대하여

"말하자면 우리는 책임감 있게 행동하기 위해 우리의 역사를 회피하지 않으면서 동시에 그것으로부터 우리를 분리해야 하는 긴장 관계를 견뎌내야만 한다."

– 한스 위르겐 괴르츠

꼭 역사처럼 거창한 것이 아닐지라도….
우리가 맺는 인연들, 그것을 회피하지 않으면서, 기꺼이 연을 맺으면서도, 동시에 그 인연으로부터 우리를 분리해내는 긴장 관계를 견뎌내야 한다.
우선은 이 자체를 '긴장 관계'로 여기고 체득하는 것부터….

– 2019. 3. 20.

일베 출판사,
교학사

'불구대천'을 느끼는 분노가 이럴 것인가. 차마 그 렙치를 어기 나시 옮기지도 못하겠다. 노무현 대통령을 노비에 합성한 일베 교학사의 패륜. 관런자 니들 모두 그 이마에 똑같은 인두 자국을 새기고 살다 지옥에 가길 소망한다.

이 교학사라는 데는 이미 일제 식민 통치와 독재 찬양으로 문제가 됐던 교과서를 만든 곳이다. 즉, 이번 사태도 '단순 실수'가 아니라는 것, 김대중·노무현 대통령을 폄훼하고 이명박은 찬양하던 그 연속 선상에서 벌어진, 교학사의 정체성을 그대로 드러내는 사건이다.

그리고 그 교과서는 자격과 경력이 부족한 교사들이 필진으로 많이 참여해 오류투성이 교과서였는데 그 필진 중에는 일베도 있었을 것이다. (내가 알던 사람조차 '오유나 일베나' 했던 수준.) 이번 한국사 시험 교재 필진에도 당연히 있기에 이런 일이 벌어졌을 것이고.

교과서 대표 필진에 있던 사람은 역사 교과서 국정화에도 앞장섰던 권희영(한국학중앙연구원 교수)이다.* 그가 이번 사태 교재도 대표 필진으로 참여했는지 모르겠지만, 어차피 그 나물에 그 밥들만 모였을 것이다.

노무현재단은 그냥 사과만 받고 끝낼 모양이다. 지금까지 노무현 대통령 비하, 조롱, 패륜질에 단 한 번도 제대로 대응을 안 한 재단. 계속 이런 식이면 재단은 그냥 해체하는 게 낫지 싶다. 노통을 가슴에 묻은 사람들의 슬픔이 끝없이 '풍화 작용'하는 돈에 기대 연명이나 할 바엔.

– 2019. 3. 21.

---

* 한국학중앙연구원은 국비 장학금을 줘가며 외국 유학생을 유치하는 곳이며, 국가 기관이다. 그런 곳의 역사 교수가 근대사 담당 권희영, 현대사 담당 정영순(국정 교과서에 찬성한, 권희영과 같은 부류)이다. 한국 학생은 물론 외국 유학생들에게 잘못된 근현대사 수업이 진행되고 있다.

이재명의
'비명령적 명령'

"예컨대 한국 전쟁 발발 직후 보도 연맹원 학살에 이승만이 직접 명령을 했는지가 중요한 쟁점인데, 국군 방첩대나 치안국장 같은 사람이 보도 연맹원 수십만 명을 죽일 수 있는 명령을 내릴 때 최고 권력자인 이승만에게 보고하지 않았다는 것은 상식적으로 있을 수 없는 일이다.

대통령 측근 직속 기관, 그리고 대통령과 독대할 수 있는 기관장이 국민의 생명과 관련된 문제에서 최고 권력자의 묵인 없이 행동하는 것은 상식적으로 납득할 수 없다. 그러나 이후 제기될 책임을 면하기 위해 서면 보고 같은 것은 전혀 하지 않고, 구두로만 지시했을 것이다. '알아서 하라'고 하거나 아예 '당신 선에서 처리하라'고 말하는 것이다. 그것을 '비명령적 명령'이라고 하는데, 광주 5·18 당시 미국의 역할도 그렇게 볼 수 있을 것이다.

비명령적 명령은 사실상 명령이다. 공권력이 범죄나 잘못을 저지를 때 그 책임을 면하기 위해 묵인을 하면서 사실상 명령에 가까운 효과를 가지는 것이다."

– 김동춘 외 『리영희를 함께 읽다』 중에서

)

'강제 입원시켜라'는 아니지만, 강제 입원 검토를 지시하고, '강제 입원 안 되는 천 가지 이유를 대라'고 한 이재명의 지시는 비명령적 명령을 넘어 더 나아가 '망령적 명령'이다. 거기다 실제로 감금 시도까지

한 '망령적 행동'도 뒷받침한다. 하는 행태가 이승만이나 박정희와 비슷하다.

- 2019. 3. 21.

글 쓰는 자들의
여론 왜곡으로
만들어진 절벽

"글을 짓는 문체는 세 종류가 있다. 첫째는 '간명함[簡]'이고, 둘째는 '참됨[眞]'이고, 셋째는 '올바름[正]'이다. 하늘을 말할 때는 하늘만 말하고, 땅을 말할 때는 땅만 말하는 것을 간명함이라 한다. 날아다니는 것은 자맥질할 수 없고, 검은 것은 흰 것이 될 수 없는 것을 참됨이라 한다. 그른 것을 그르다 하고 옳은 것을 옳다 하는 것을 올바름이라 한다."

글로 밥 먹고 사는 '기레기'들 또는 '먹물'들 가운데 이걸 제대로 따르는 자는 몇이나 될까? 대통령 해외 순방 수행하면서 굳이, 기어이, 한사코, 반드시, 어쨌든 국내 현안을 묻거나, 걸핏하면 논점 이탈하는 등 '간명함'도 없고, 자기들도 문제없다는 걸 알면서도 어떤 이의 집 장만을 투기로 몰아가는 등 '참됨'도 없으며, 친형 강제 입원이나 혜경궁 문제를 그르다고 하는 '올바름'도 없다.

"간명하게 말해서 부족하면 말을 덧붙여서 의미를 분명히 하고, 참되게 말해서 부족하면 다른 사물이나 상황을 빌려서 비유하고, 올바르게 말해서 부족하면 뜻을 뒤집어서 깨우친다.

말을 덧붙여서 의미를 분명히 하되 속됨을 꺼리지 않고, 사물이나 상황을 빌려서 비유하되 기이함을 싫어하지 않고, 뒤집어서 깨우치되 격동시키는 것을 문제시하지 않는다.

(중략)

속됨은 의미를 분명히 함에 적합하되 천박함으로 흐르지 않고, 기이함은 비유함에 넉넉하되 괴상함과는 거리가 있고, 격동함은 깨우침을 기약하되 뒤틀림[拗戾]으로 떨어지지 않은 것이다."

— 김매순, 「韓義烈女傳序」, 『매일 읽는 우리 옛글』 참조

애초에 전제가 안 되니 뒤에 보완하는 것 자체도 말이 안 되지만, 그럼에도 꾸역꾸역 말을 덧붙이면 '혓바닥 길어지는' 지경이요, 제대로 된 비유가 아니라 '견강부회'하는 수준에다, 뜻을 뒤집는 게 아니라 사실과 원칙을 뒤집는다. '찢류'에게는 관대한, '선택적 정의'만 분명한 천박함, 되도 안 하게 노무현·문재인 두 대통령의 케이스를 끌어와 비유(?)하는 괴상함, 모든 게 대통령 탓, 또는 대통령에게 무소불위의 총통 권력을 휘두르라는 뒤틀림만이 난무한다.

결국, "글의 쓰임이 제대로 작동하지 않아" 여론 왜곡이 이루어지고, '기울어진 운동장' 정도가 아니라 사방이 절벽인 상황이다. 이런 구조가 언제 깨질까, 깨지기나 할까, 의문이 들 정도다. 간명하고 참되고 올바른 건, 이 구조가 깨져야만 '재조산하'가 가능하다는 사실일 것이다.

2019. 3. 31.

이재명을 통해 드러난 좌 적폐의 단면

목수정과 서화숙, '대법관을 불러 호통쳐라, 검찰을 장악해라.'

대통령에게 법 이상의 권력을 휘두르라는, 민주주의의 기본도 모르는 자들이 '혁명'을 입에 담는다. 김학의 강간 사건, 장자연 씨 유린 사건도 그나마 문재인 정부이기에 다시 세상 밖으로 나올 수 있었다. 그런데 그 해결은 결국 법이 뒷받침해줘야 한다. 그러려면 민주당이 나서서 싸워야 한다. 근데 당신들은 민주당 지도부를 향해 뭐라고 한 적이라도 있나? 공수처 설치도 미적거리는 민주당을 향해 '호통'친 적 있나? 민주당이 이재명을 덮어주니 당신들도 민주당 지도부에는 입 닫고 있는 거 아닌가?

당신들 속셈은 뻔하다. '문재인 정부는 안 된다. 이재명만이 대안이다.' 그 얘기를 하고 싶은 거잖아. 계속 그렇게 밑밥 깔기. 그런데 착각하지 마라. 이재명은 수구 세력의 애완동물이다. 지금은 필요하니까 한껏 띄워주고 덮어주고 있을 정도로.

이재명을 통해 좌 적폐의 단면이 나타나고 있다. 그건 대통령더러 법원과 검찰도 장악하라는 것에서 드러나듯, 파시즘 DNA가 극우의 전유물이 아니리는 것이다.

– 2019. 4. 2.

추가 덧말_목수정은 이재명에게 무죄 내려준 법원을 여전히 '법폐'라고 생각하는지 묻고 싶다.

철저하게 잊힌
독립운동가,
그리고
평화 운동가 최능진

　4·3 학살의 원흉을 꼽으라면 일단 미군정, 그리고 이승만과 조병옥일 것이다. 정부 수립 전에는 미군정과 경무부장 조병옥이, 정부 수립 후에는 대통령 이승만이 학살의 책임자라고 할 수 있다.[*]

　이승만과 조병옥, 나중엔 정적이 되지만 조병옥이 몸담은 한민당과 이승만이 미군정기 동안 손을 잡았을 때는 여러 가지로 공통점이 있었다. 정부 수립 후 이승만이 '사당(私黨)'을 원해 한민당을 버리면서 어쩔 수 없이(!) 한민당은[**] 야당의 길을 걸었고 조병옥은 야당 영수, 대통령 후보까지 했다.

　한국 현대사에서 이승만, 조병옥 둘과 모두 맞섰던 유일한 사람이 바로 최능진이다. 평안도 출신으로 미국 유학파인 최능진은 평양 숭실전문 교수를 지냈고, 수양동우회 활동으로 옥고를 치르기도 했으며 해방 후에는 조만식이 주도한 평안남도 건국 준비 위원회에서 치안부장을 역임하였다. 이후에 월남하여 미군정 경무부 수사국장이 되었다.

　철저한 민족주의자였던 그는 미군정 경무부장 조병옥과 충돌하였다. 조병옥이 일본 강점기 때의 친일 경찰을 그대로 등용하고 비호했기 때문이다. 친일파는 모두 경찰에서 물러나게 해야 한다는 것이 최능진의 신조였다.

　결국, 최능진은 수사국장에서 해임된다. 단독 정부 수립을 위해 한민당의

---

[*] 조병옥은 '대한민국을 위해 온 섬에 휘발유를 뿌리고 불태워야 한다'는 발언도 했다고 아는데 그 신뢰와는 별개로 4·3 강경 진압과 학살을 주도한 건 사실이다.

[**] 그 한민당이 지금의 민주당 전신이다. 정책적인 면에서는 이승만보다 보수적이고 퇴보적이기도 했다.

조력이 필요했던 미군정이 조병옥의 손을 들어준 결과다. 미군정으로서도 경찰의 과거 전력은 별로 중요하지 않았고.

이후 약 1년 반 뒤, 최능진은 단독 선거가 시행되자 이승만이 출마한 동대문 갑구에 출사표를 던진다. 이승만의 독재 성향을 알고 있던 데다가, 이승만이 집권하면 통일은 어려워질 거로 판단했기 때문이었다.[*]

둘의 대결은 애초에 게임이 되지 않을 거라는 견해가 지배적이었으나 민심은 다르게 흘렀다. 최능진이 승리할 수도 있다는 조사가 나온 것이다. 친일 경찰 청산을 외쳤던 최능진을 유권자들이 우호적으로 기억하고 있었던 것, 이승만 쪽은 다급해졌다.[**]

그런 상황이 되자 이승만 측근과 옹호 세력은 최능진의 후보 등록을 집요하게 방해하였고, 결국 최능진은 후보 등록조차 못 하게 된다.[***] 단독 후보로 나선 이승만은 무투표 당선되었다.

이후의 시간은 이승만의 집요한 정치 보복의 시간이었다. 단독 정부가 수립된 후 같은 해 10월, 최능진은 수도경찰청에 체포되었다. 국방경비대에 '혁명 의용군'을 조직해 정부를 전복하려고 했다는 혐의였다. 결국, 최능진은 5년 형을 언도받는다.[****]

서대문 형무소에서 복역 중 한국 전쟁이 발발한다. 전쟁의 와중에 밖으로 나오게 된 최능진은 전쟁 종식을 위해 뛰어다녔다. 남북 양측에 전쟁 중단과 유엔을 통한 평화적 통일을 촉구하였다.

그러나 그해 11월 최능진은 김창룡이 본부장이던 합동수사본부에 다시 체

---

[*] 김구, 김규식의 통일 정부 수립 노선 쪽이던 최능진은 처음부터 단독 정부 수립을 주장한 이승만이 더욱더 마음에 들지 않았을 것이다.

[**] 그런데 최능진이 출마할 때부터 이승만 쪽과 교감하에 경찰이 개입하고 있었다. 최능진과 조병옥의 대립 때 조병옥 편에 서기도 했던, 조병옥과 같은 부류인 장택상 수도경찰청장의 극비 지령에 따라 동대문 경찰서에서 최능진을 사찰했다. 최능진이 우세하게 나온 여론 동향도 그 사찰의 내용이었다.

[***] 미군정 자료에는 '1948년 5월 총선거에서 이승만을 상대로 출마를 시도했으나, 그의 이름이 널리 알려지게 된 투쟁 이후 기술적 이유로 자격을 상실했다'라고만 언급돼 있다.

[****] 이른바 '혁명 의용군 사건'은 정부 수립 후 최초의 '내란 음모 조작 사건'이다. '이승만 키드'이자 악질적인 일제 관동군 출신 김창룡의 조작이었다.

포된다. 이번에는 북한에 부역했다는 혐의였다. 그리고 고등 군법 회의에 회부됐는데, 민간인을 군법 회의에 회부한 것 자체가 언어도단의 행태였다. 결국, 그는 이듬해인 1951년 1월 총살형을 언도받고 그다음 달 경북의 한 야산에서 이슬로 사라진다. 그의 나이 52세였다. 그의 시신은 1960년 4·19 이후에야 유족들이 수습할 수 있었다.[*]

)

DJ와 YS의 '양김 시대'까지 민주당에서 가장 떠받들었던 사람은 한민당의 조병옥과 신익희였다. 이들의 계보가 사실상 민주당 주류였다. 이에 비해 노무현, 문재인 대통령은 비주류 출신에다 정치 사상적으로도 김구 선생과 최능진 쪽이라고 할 수 있다. (노무현 대통령이 설치한 과거사 위원회가 최능진의 무고함을 밝힌 것, 문재인 대통령의 임시 정부에 대한 예우 등은 어쩌면 그 상징일지도….)

지금의 민주당은 한민당과 김구 선생이 이끈 한독당, 두 모습을 다 갖고 있다. 끝내는 어떤 정체성을 갖느냐가 민주당의 미래를 좌우할 것이다.

– 2019. 4. 4.

---

[*] 이상의 내용은 국사 편찬위 웹 사이트 및 한국 역대 인물 종합 정보 시스템 참조.

한식날 관련
개자추 이야기

산불도 잡았고, 또 한식(寒食)이라니 그 관련 얘기.

중국 진(晉)나라에 개자추(介子推)라는 사람이 있었다. 晉文公에게 충성을 다했는데, 진문공이 나중에 왕이 되었음에도 그를 등용하지 않았다고 한다. 삐친 개자추는 산에 들어가 숨어 버렸고, 진문공이 나중에 알고 그를 불러도 나오지 않았다. 그래서 진문공은 산에 불을 놓아 그를 나오게 하려 했으나 오히려 개자추는 불에 타 죽고 말았다. 그 개자추를 기리기 위해 불을 이용하지 않고 찬 음식을 그냥 먹는 한식날이 생겼다고 한다. 고려 때 이규보는 이 고사에 감탄하여 다음과 같은 시를 남기기도 했다.

「寒食感子推事(한식감자추사)」(한식날 자추의 얘기에 감탄하며)

(전략)

면산의 산 정상까지 타오른 불길에 / 뛰어난 인재만 잔인하게 태워버렸네.

어찌 놓아주지 않고 불가사의한 불을 놓아 / 천 년 동안 전하는 이름까지 태워버렸나.

마침내 후세 사람들로 하여금 / 이름 듣고 번번이 마음 아프게 하네.

매번 동지 이후 105일 되는 때 / 집집이 연기 내는 걸 금하게 되었네.

(후략)

근데 이 개자추 고사는 나중에 각색되었을지 모른다. 이미 그 이전 주나라 때에는 한식날쯤에(그때도 한식날이 있었는지 모르지만, 아무튼 이 시기) 바람이 심하게 불므로 산불 방지를 위해 불을 피우지 못하게 했다고 한다. 개자추의 고사도 결국은 산불 예방 차원에서 각색이 된 게 아닐까 한다. 어쨌든 한식 즈음의 산불은 역사도 오래되었고[*] 우리나라에만 해당하는 것도 아닌 건 분명하다.

덧말_속초에서 발생한 산불 진화에 애써주신 소방대원 및 모든 분에게 경의를. 신속하고 효율적으로 대처해 큰 재난을 막은 정부에 박수를.

— 2019. 4. 6.

손님, 이건 고데기예요

'손님, 이건 고데기예요.'

유행어라면 유행어. 미용실에 가서 연예인 사진 보여주며 이런 머리로 해달라고 하면 이건 고데기로 한 머리라 파마로는 안 된다는 뜻이라고 한다. 굳이 원하면 해줄 수는 있는데 손님 머리결로는 저렇게 나오지 않을 것이란 말이 뒤따른다.

민주당에서 총선 기획을 위해 탁현민을 차출하는 걸 고려한다고 한다. 거기 일부 여성 의원들이 탁현민에게 어떻게 했는지 벌써 잊었나?

뭐 부르는 건 자유고 탁현민이 응한다면 그것도 자유다. 다만 탁현민의 속마음은 이럴 것이다. '손님, 이건 고데기예요.'

---

[*] 『조선왕조실록』에도 이 시기에 발생한 산불이 많이 기록되어 있다.

아무나 이렇게 꾸며달라고 해서 되는 게 아니다. 그 대상이 문프이기에 탁현민의 행사 기획도 빛을 발한 것이다. 이해찬 부류로 하면 그게 제대로 될 거 같은가?

패션의 완성은 얼굴, 기획의 완성은 그 대상이 되는 '사람'이다.

- 2019. 4. 7.

<u>사람이 ㅁㅈ다</u>

사람이 먼저다 - 문 대통령의 철학

사람이 문제다 - 자점 이재명의 작태

사람이 먼지다 - 이해찬의 국민 속 존재감

- 2019. 4. 7.

해방 공간의
도살자,
서북청년단

　서북청년단은 북한에서 월남한 청년들이 1946년 3월 조직한 평남동지회(곧 평안청년회로 바뀜)를 모태로 하고, 같은 해 11월 다른 월남 청년 단체가 합쳐져 '서북청년회'로 출발했다.[*] 이들에게는 한민당, 이승만 등이 자금을 제공했는데, 아이러니한 건 김구 선생도 자금을 대주었다는 것이다. 사실 이때만 해도 서청은 그냥 결성만 되었을 뿐 특별히 문제가 있는 조직은 아니었기에 그랬을 것이다. 게다가 김구 선생도 황해도 해주 출신이라 동병상련, 비슷한 걸 느끼지 않았나 싶다. 한민당과 이승만은 그들의 극렬 반공 성향을 보고 그 이용 가치를 계산한 거고.

　어쨌든, 결성 이후 서청은 미군정과 극우파의 손이 되어 철저히 봉사를 한다. 백색 테러(백색은 프랑스 혁명 이후 왕당파의 상징색)에는 언제나 이들이 있었다. 서청이 가장 큰 악명을 떨친 것은 제주 4·3 때였다. '사람 백정'이었던 이들에 대해 당시 경찰마저 '서청은 토벌이 아니라 주로 힘없는 주민들을 괴롭히고 학살했다'라고 증언할 정도였다.

　김구 선생을 시해한 안두희도 서청 단원이었다.[**] 김구 선생 암살 실무 계획을 짠 홍종만, 김지웅 등과도 서청을 통해 연결되었고, 결국 행동대원으로 낙점되었던 것이다.

　해방 이후에는 일제 강점기하 1920년대처럼 많은 청년 단체가 등장했는데, 그중 큰 조직으로는 이범석의 '조선민족청년단(족청. 정부 수립 후 '대한민족청년단'으로 개칭)', 여러 단체가 통합하고 이청천을 단장으로 추대한 '대동청

---

[*] '서북청년회'가 정식 명칭이긴 하지만 흔히 '서북청년단'으로 불리었다.

[**] 당시 주한 미 대사 무초가 미 국무부에 보낸 전문에서도 이를 언급하고 있다.

년단(대청)'이 있었다. 이에 비하면 서청은 규모는 작았지만 극렬함만은 견줄 자가 없었다. 족청과 충돌해 수십 명의 사상자를 낸 적도 있었다.

그런데 이런 청년 단체들이 1948년 12월에는 거의 모두 정부 관변 단체 '대한청년단'으로 통합되는데, 그 총재는 대통령 이승만, 단장은 초대 문교 장관 안호상*이었다. 이때 족청과 대청도 흡수되었고(대한청년단 결성 이후에도 족청이 남아 있자 이승만은 족청 해산 담화까지 발표), 서청 역시 일부가 대한청년 단**에 들어가면서 공식적으로는 없어지는 걸로 알려진다.

그러나 서청은 없어진 게 아니었다. 위에서 언급한 대로 1949년 김구 선 생 시해 때도 있었고 그 이후에도 존재했다. 한국 전쟁 중에 이승만은 북한 지역 통치 구상과 서북청년단의 적극 활용 등에 관한 담화를 발표한다. 다른 단체는 해산 담화까지 하면서, 서청은 통합 단체인 '대한청년단'과 별도의 별 동대로 두고 있었던 것이다. 이 담화에서 이승만은 '민주주의를 가르치기 위 해'라는 명분을 내걸고 서청을 북한에서 활용하겠다고 했는데, 결국 이건 그 악명 높은 살육 행위를 마음껏 하라는 것이나 다름없었다.

지금, 이런 서청의 이름을 달고 현 정부와 시민들을 향해 극렬한 언사를 내뱉는 자들이 있다. 이들뿐이랴. 박사모 등 현 민주 정부를 비방하고 왜곡 하는 수구들에겐 모두 서청의 피가 흐르고 있다.

— **2019. 4. 8.**

---

* 학도호국단을 만들고, 사상 검증을 통해 교원 5,000여 명을 축출한 국수주의 학자.

** 이런 청년단 조직도 일제의 잔재였다. 조선 총독부는 자생적인 청년회를 체제 내로 포섭하는 한편 전국에 관제 청년단을 조직하였는데, 말기에는 이걸 모두 망라하여 '조선청년단'을 결성하였다. (총독부 정무총감과 학무국장이 총재 및 단장을 맡는 등 최고 지도부인 것도 비슷하다.) 이를 통해 조선의 청년들을 통제하고 황 국 신민 의식을 주입하는 한편, 노동력 징발과 지원병제 및 징병제 시행의 토대로 삼았다. 이걸 학계에서 내 가 가장 먼저 다루었다는 것 하나로 난 내가 역사를 전공한 값은 했다고 외람되이 자부한다.

청백리가 아니라 '백리'면 족하다

청백리(淸白吏), 청렴하고 결백한 관리란 뜻으로, 고려 때 염리(廉吏 – 청렴한 관리)란 개념으로 등장하고 조선 시대에 제도화된, 어진 관리의 표상. "거처하는 집은 잡목으로 만든 두 칸 초가집으로서, 겨우 무릎을 움직일 수 있을 정도로 낮고 좁아 제대로 모습을 갖추지 못했다"라는 선조 때의 이원익은 아마 대표적인 청백리일 것이다.

이원익은 좀 극단적인 경우고, 재테크 수단이라고는 자신이 물려받은 토지나 나라에서 주는 녹 이외에 없던 시절에는 웬만한 관리는 청백리가 되어야 했을 것이다. 관리로서 많은 '부'를 쌓았다는 건 그만큼 부패와 관련이 있을 수밖에 없었으므로.

현대에도 청백리는 있을 것이다. 과거처럼, 그런 청백리에 대한 칭송은 당연한 일이다. 그러나 재테크 수단이 다양하고, '부'를 쌓는 합법적인 방법도 널린 지금, 청백리만이 좋은 관리의 표상은 아니다. 주식이든, 토지든, 건물이든, 그 치부 과정에 불법, 탈법, 지위 이용 등이 없다면 문제 삼을 일은 아니다. '조선 시대 백성 정서'가 아니라면.

청백리가 아니라 '백리(결백한 관리)'이면 그걸로 족하다. 인사 검증에서 그것만 제대로 밝혀진다면 충분하다. '청'까지 문제 삼는 건 어떻게든 청와대를 공격하겠다는 정략에 불과한 것이기도 하다.

)

자한당의 '탐관오리'들이 이미선 후보자를 비토하는 걸 보면 '재견벼견' 수준도 못 되는 듯싶고, 친노동자 성향의 이미선 후보자를 정의당이 반대하는 걸 보면 이들은 그저 당리당략에 찌든 부류일 뿐이라는 생각이 든다. 민주당 '반문'들도 그러는 걸 보면 '청와대 흔들기'가 존재의 이유가 아닐까 하는 생각이 든다.

- 2019. 4. 14.

한국 언론이 만들어내는 주옥(?)같은 장면들

장면 1: ···········

문재인 대통령 해외 순방 시 언론의 반응, 세상에서 가장 비열하고 더러운 침묵.

장면 2: 문재인 대통령 밑에 인공기를 넣거나, 트럼프 옆에 계신 모습 아예 삭제. '북 대통령' 운운. 때 이른 여름 날씨 어쩌고 하면서 겨울 사진을 내보냄. 그 뒤에 있는 '문재인 퇴진' 글자를 보이게 하려고.

역시 세상에서 가장 비열하고 더러운 실수(?). 실수가 반복되면 '실성'이다.

이 또한 세상에서 가장 비열하고 더러운 양비론. 여야 대치나 갈등만 있으면 언제나 하는 헛소리. 무엇 때문에 그런 일이 벌어지는지 분석할 생각은 없다. 중립을 가장하고 있으나 이건 결국 문제 있는 쪽의 문제를 덮어주고 손을 들어주는 행위.

깨어 있는 시민은 문파, 이 나라 언론은 거의 다 편파.

언론 자유도는 다시 아시아 1위이나 신뢰도는 꼴찌.
언로는 열린 사회에서 뇌 회로는 닫힌 자들이 만들어낸 풍경.

- 2019. 4. 25.

한 시대의
역사를 완성한 건
언제나 '개인'

"개혁에 뜻을 둔 사람들이 민중의 마음을 깊이 모른다면, 개선의 방법을 놓고 아무리 심오하고 학식 있는 토론을 벌여 보았자, 전혀 소용없는 일이다. 그것은 서재에서 몇몇이 나누는 자화자찬에 불과하고, 자기만족일 뿐이다. 일부 주장처럼 설사 '좋은 사람'들로 정부를 구성하여 개혁을 실행한다고 해도, 금세 그들에게 접수당해 옛날 방식으로 되돌아갈 것이다."

100여 년 전 루쉰(노신)이 지금의 찢류와 입진보에게 던지는 듯했던 말. 뭔가 화끈할(?) 것 같은 자가 권력을 잡고, 사회 과학 서적의 죽은 활자로나 무장한 자들이 주류가 된다 해도 그 자체가 과거 회귀의 스모킹 건이다.

촛불 정국에서 촛불 시민의 마음을 알고, 그들의 마음을 얻은 건 어디까지나 문재인 '개인'이었다, 본질인 태도와 행동을 통해. 개인의 역할이 역사를 넘을 순 없지만, 한 시대의 역사를 완성한 건 언제나 '개인'이었다.

"옛날을 흠모하는 자, 옛날로 돌아가라! 세상에서 떠나고 싶은 자, 어서 떠나가라! 하늘로 오르고 싶은 자, 어서 올라가라! 영혼이 육체를 떠나고 싶은 자, 어서 떠나거라! 현재의 지상은 현재를 끌어안고 지상을 끌어안는 사람들이 사는 곳이도다."

– 루쉰(노신), 『아침 꽃을 저녁에 줍다』 중에서

– 2019. 4. 28.

'평범함'의
위대함

"도덕적 행동이야말로 부정한 권력에 대항해 평범한 사람들이 보여줄 수 있는 가장 위대한 행동이라는 것을 한국인들은 알고 있습니다. 도덕적 승리는 느려 보이지만 진실로 세상을 바꾸는 가장 빠른 방법입니다.

민주주의는 평범한 사람들에 의해 존중되고 보완되며 확장되고 있습니다. 제도적이고 형식적인 완성을 넘어 개인의 삶에서 일터, 사회에 이르기까지 실질적인 민주주의로 실천되고 있습니다. 평범함의 힘이고, 평범함이 쌓여 이룬 발전입니다."

– 문재인 대통령, 독일 FAZ 기고문 「평범함의 위대함」 중에서

우리가 민주당에 바라는 것도 도덕적 승리.

그리고 그것은 '유별난' 그 무엇이 아니고, 지극한 평범함, 그러나 '위대한 평범함'.

– 2019. 5. 6.

이재명 무죄 판결한
'법까' 사법부

'예(禮)는 서민에게 내려가지 않고 형(刑)은 사대부에게 올라가지 않는다.'

중국 주나라 때부터 적용되던 '법치'(?) 논리였다고 한다. 형벌은 서민에게만 적용하고, 사대부의 잘못은 '예'로 다스렸다는 것. 이걸 바로 잡으려고 한 게 전국 시대의 '법가'였다. 사대부나 서민을 구분하지 않고 모두 '형벌'로 다스리고 법치를 바로 세우고자 했다. 그리고 그것이 진나라가 전국 시대를 통일한 바탕이 되었다.

그러나 수천 년 뒤 대한민국의 '법까(사법부)'는 스스로 법치(法治)를 내던지고 법치(法癡)임을 인증했다. 드루킹의 진술에만 의존한 김경수 재판에선 유죄를, 온갖 증거와 증언 등 사실 관계가 분명한 이재명에겐 무죄를 선고한 것은 이 '법까'가 법 천치임을 말해준다.

우리가 원하는 '법치주의'는 법 앞에 만인이 평등하다는 걸 전제로 한다. 누구에게나 '형'이 적용되어야 한다. 그러나 한국의 '법까'는 적폐 청산에 저항하기 위해, 자신들에게 도움이 안 되는 사람에게는 '형'을 내리고, 도움이 될 자에게는 '예'를 올린다.

(현 정부의 폭탄이 되는 자를 정확하게 인지하는 능력은 인정한다.)

이 '법까'를 '법가'로 바로 세우지 못하는 한 대한민국은 언제든 과거로 회귀한다. 회귀하게 되면, 다시 여기까지 오는 데엔 두 배 이상의 시간과 피땀이 필요할지 모른다. 아니, 어쩌면 불가능할지도 모른다.

- 2019. 5. 16.

문파의 적은
세상의 모든
위선과 '편파'

노무현 대통령을 진심으로 사랑한 사람들, 그가 서거하자 세상의 의미를 잃기도 했던 사람들, 그들은 당연히 패륜 이재명에게 분노했다. 그것은 '종교보다 깊은 분노'이자 학문보다 높은 상식이었다. 무엇보다도, 우리는 사람이라는 선언이었다.

그런데 과거에 노무현 대통령을 비난하고 조롱하던 자들이, 또는 노무현 대통령을 지키기 위해 뭐 하나 하지도 않던 자들이 '새로운'(!) 껍데기를 뒤집 어쓰고 나와 마치 처음부터 '천부(天賦) 친노'이거나 했던 것처럼 행세한다. (그 연장선에서 문프를 많이 팔기도 한다. 그런 자 중에는 안철수 지지하던 부류도 있고.) 거기서 그치지 않고 오히려, 노 대통령을 가슴에 묻은 사람들을 '작세'니 '수 누킹'이니 '분열 세력'이니 하며 비난한다. 패륜 이재명을 비판한다는 이유 로…, 가히 적반하장의 끝판왕이다

지금은 그런 시절이다. 진보니 민주니 정의니 입에 달고 살아도, 정작 가 슴 속엔 "축축한 검은 나뭇가지"*에 핀 욕망만이 꿈틀거리고 머릿속엔 '민정 농단'의 간교함만이 세포 분열하는 자들이 그 민낯을 교묘히 숨기고 설치는 시절. (필요해진다면 과거 노 대통령에게 한 짓을 언제라도 문 대통령에게 할 자들.)

수구 적폐만 넘는다고 노무현 대통령이, 문재인 대통령이 바라는 세상은 오 지 않는다. 군림하는 자들의 얼굴만 바뀔 뿐 구조가 달라지는 게 아니다. 우리 가 끝내 넘어야 하는 것은 정의조차 선택하는 자들과 세상의 모든 '위선'이다.

그리고 문파의 적은 세상의 모든 '편파'다.

- 2019. 5. 23.

---

* 에즈라 파운드의 시 「지하철역에서」 한 구절.

유시민에게

1. 그대는 이제 '슬픔'도 '노여움'도 없이 살아가는 듯하다.
잘 가라, 노무현 대통령을 위해 애써준 거는 고마웠다.

)

2. 그래, 아직 노 대통령에 대한 애정과 '슬픔'은 있을 수 있겠지. 그조차도 없다면 사람이 아니고.
그런데 노무현재단 이사장은 그런 것만으로 하는 자리가 아니다.

노 대통령을 비방하고 조롱하는 것들에 대한 '노여움'이 더 이상 없다면, 논두렁 시계 보도 행태도(옳지는 않다는 전제를 깔더라도) '언론의 생리니 그럴 수 있다'라는 나이브함이라면, 언론은 누구에게나(이명박근혜한테도) 그랬다는 판단력이라면, 노 대통령이 공격 거리를 던져줬다는 생각에다 은근슬쩍 '참여정부 실패론'에 힘이나 실어준다면, 노무현재단을 '찢류'들의 신분 세탁소로 그냥 놔두고 '노무현'을 좌 적폐에게 넘겨주는 짓이나 한다면, 그리고 벌써 차기 운운하면서 세력이 중요할 뿐 누가 돼도 똑같다고 노 대통령의 가치관과 다른 길을 간다면, 당신이 그 자리에 있어야 할 이유는 없다. 그냥 일반인으로 '슬픔'만 갖고 살기 바란다.

– 2019. 5. 27.

모든 기득권에
저항하라

"기득권은 여권(보수)에만 있는 것도 아닙니다. 아주 켜켜이 있어서, 야권(진보)에
도 야권의 기득권이 있습니다. 이런 기득권에 도전하고 기득권을 허물고자 했기
때문에 기득권을 지닌 모든 세력이 노무현 대통령을 불온한 사람으로 본 거죠.
제가 지금 '대청소'를 주장하고 있는데, 실은 참 어려운 일입니다. 지금도 제가 어
떤 공격을 받는지 한번 보십시오. 저를 향한 무도한 공격들을 보면 참 무섭잖아요.
그 공격이 단순한 반대의 형태로만 나타나지 않습니다. 우리가 미래를 향해 가
야 하는데 과거에 얽매여 못 가고 있다는 둥, 분열을 조장한다는 둥, 국민을 네
편, 내 편으로 나눈다는 둥, 패권주의라는 둥 갖가지 이데올로기로 음해하고
공격하죠. 국민 정서를 반으로 찢어발기려고 합니다. 그건 살인보다 더 위협적
이고 두려운 일이죠.
그러나 두려움을 피하지는 않습니다. 두렵기 때문에 직면하고 맞서는 것이죠.
두려움에 저항하는 것이 용기라고 했습니다. 잘못된 기득권의 저항을 이겨내려
면 한편으로 국민들의 지지가 필요하고, 그 과정에서 세심하고 정직하게 해나
가야 합니다."

– 문재인, 『대한민국이 묻는다』 중에서

여야 모두에 기득권이 있다는 것은 좀 더 넓게 말하면 좌우 모두 적폐가
있고 문제가 된다는 것. 그 모든 청산 없이 진보 개혁은 제대로 이루어지지
않는다는 것.
이것이 선후가 있는 것처럼 착각하지도 말라. 내부 적폐 도려내지 못하면,
외부 적폐를 향한 칼날도 무디어질 수밖에 없다.

모든 기득권에 저항하라. 깨어 있는 시민의 조직된 힘으로.

– 2019. 6. 10.

이육사와 김원봉, 그리고 서훈 문제

'민족시인'으로 잘 알려진 이육사, 그러나 시인이 아닌 독립투사이자 이데올로그로서 그는 철저한 맑스레닌주의자였다. 그는 「자연 과학과 유물 변증법」이란 평문에서, 역사적 유물론으로 사회와 역사를 파악해야 하며 변증법적 유물론을 혁명가의 사상적 무기로 삼아야 한다고 주장하기도 하였다.

이런 이육사의 진면목은 가리고 시인으로만 기억하는 것, 그것은 올바른 역사 인식이 될 수 있을까? (헬렌 켈러도 사회주의자였으나 그것은 감추고 '역경을 극복한 장애인'으로만 알리는 서구의 우파들도 비슷하다.) 그리고 '공산주의자'이기도 했던 이육사를 기린다면 그건 '좌경용공'이 되는 것인가?

이육사는 의열단이 세운 '조선혁명군사정치간부학교' 1기생이었다. 그런데 그는 의열단 단장이자 간부학교 교장인 김원봉에 대해선 꽤 비판적인 생각을 가지고 있었다. 그는 자신을 간부학교에 추천해준 사람에게 김원봉이 중국 국민당 정부의 지원을 받는 것을 지적하면서, '중국의 부르주아 계급과 야합', '사상이 애매하여 비계급적', '일국일당주의에 위반하고 조선의 혁명 사업을 한다는 것은 혁명적 정조를 의심하지 않을 수 없다'라고 신랄하게 비

판할 정도였다.[*]

　그저 저항 시인으로 알려진 이육사는 사실 맑스레닌주의자였고, 공산주의자로 알려진 김원봉은 아나키즘에도 관심을 두고 있었고 중국 국민당과도 연합할 정도로 사상적으로 유연했다고 볼 수 있다(이육사의 표현대로 '비계급적'). 그러했기에 임정에도 참여하여 광복군 부사령관, 임시 정부 군무부장도 역임했을 것이다. 그런데 이육사는 서훈을 하고 추모를 해도 상관없고 김원봉은 안 된다는 것은 무슨 논리일까? 한 사람은 주로 글을 썼고, 한 사람은 실제적인 공산주의 활동을 해서? 이육사 역시 17회나 투옥될 정도로 격렬한 투쟁을 했던 사람이니 그렇게 비교하는 건 이육사에겐 실례다.

　그렇다면 한 사람은 해방 전에 죽었고, 또 한 사람은 이념 대립이 날카롭던 시기에 월북한 후 고위직까지 지내서인가?[**] 이걸 이유로 들고 싶으면, 김원봉이 남북 협상 후 북에 남는 걸 결정하게 만든 당시 남한 꼬락서니를 돌아보는 게 먼저여야 한다. 악질 친일 경찰 노덕술 등이 해방 후에도 여전히 활개를 치게 만든 것 자체로 남한 지배층은 김원봉에 대해 무조건 고개를 숙여야 하며 그를 비난할 권리가 없다.

　사실 이데올로기란 이육사와 김원봉에겐 도구일 뿐, 그들은 철저한 민족주의자였다. 단 한 번도 변절하지 않은 독립투사였다. 그런데 한 명은 분하게도 해방 직전에 순국했고, 다른 한 명은 해방 후에 분한 일을 겪어야 했다.

　조국을 위해 희생한 그들에게 조국이 답을 해줘야 한다. 그대들 덕에 내가 다시 살아날 수 있었다고. 서훈은 그 기본적인 표시일 뿐이다. 여기에 이념을 덧칠하는 자들은 사실 자신들의 친일을 숨기려는 것에 불과하다.

– 2019. 6. 10.

---

[*] 김희곤, 「이육사 평전」 참조.
　그래서 그는 의열단이 세운 간부학교는 다녔으나 정작 의열단 가입은 하지 않은 듯하다. 그러나 그가 의열단의 간부학교에 다니고, 졸업 후 국내로 들어올 때 김원봉과 활동 방향을 논의하고 들어왔다는 점에서 의열단으로 봐도 큰 상관은 없어 보인다.

[**] 이걸 빌미로 삼는 자들은, 그렇다면 해방 전에 죽거나 북으로 가지 않은 모든 사회주의 독립운동가를 서훈하는 것은 찬성하는가?

'범찢련'의 등장

만약에, 만일에, 이재명이 정치적으로 끝내 성공한다면 그건 거의 백 퍼센트, 현금으로 이어진 '스피커(방송인)'와 '찌라시'들의 힘 때문일 것이다. 이름 좀 있는 것들한테 세금 퍼주고, 찌라시들한테는 세금으로 홍보비 뿌린 결과.

그래서 지금 거의 모든 찌라시와 스피커들은 '찢피아'를 결성해 '찢재명'이란 마약을 팔고 있는 것이다. '이거 효과 좋아(일 잘해), 완전 뽕 가(진짜 개혁 어쩌고)'라는 감언이설과 함께.

(이 장사가 성공하면 다른 정치인들도 일단 시장이나 군수 같은 거 꿰차고 세금질을 할 것이다. 어떤 헌 법(띄어쓰기 유의) 전문가에게 강연료 명목으로 '1KJD(1단위=천오백만 원)'씩이나 사실상의 뇌물을 바치고 있는 건 그 징조이다.)

민주당 내부 돌아가는 꼴도 심상치 않다. 당 대표는 물론 이재명에게 줄 선 정치인은 한둘이 아니다. 이미 그들의 '이재명 대통령 만들기' 프로젝트는 시작되었다고 해도 과언이 아니다. 그 바탕엔 역시 세금과 '깡'으로 버무려진 '현금 시멘트'가 발라져 있을 것이고.

여기에다 수구 좌파들은 친노 친문의 붕괴를 위해 이재명을 대리로 내세워 밀고 있다. 이들이 문프와 민주당은 욕해도 이재명에게 단 한 마디라도 한 적이 있는가? 민노총도 지난 지방 선거 때, 다른 민주당 광역단체장 후보 거의 모두를 찾아가서 행패를 부렸지만 경기도는 패스했다. 특히 '오렌지'라고 불리는 구통진당 세력은 민주당 잠식을 위해 적극적으로 이재명을 옹호하며 키우고 있다.

자한당은 어떤가. 이들은 '내가 되든, 네가 되든'의 마인드를 가진 걸로 보인다. 이재명이 권력을 잡은들 자신들에게 해가 되는 게 없다는 걸 이미 파악한 것이다. 이재명 문제에 침묵해주는 이유는 그거 외에 설명할 길이 없다. 대선에 상대 후보로 나오길 기다리고 있는 이유도 있겠지만, 이재명 문제를 그때 가서 실제로 터뜨릴 확률은 반반에 불과하다고 여겨진다.

과거 노빠였던 유시민, 문성근, 노혜경, 조기숙, 김정란 등 역시 이 범주에서 벗어나지 않는다. 정도의 차이는 있으나 이들 모두 이재명을 싸고돌며 선택지로 생각하는 건 똑같다.

혜경궁을 기소도 하지 않은 검찰, 이재명의 명백한 범죄도 무죄로 해준 법원은 이재명의 든든한 지원군이 돼주고 있다. 저폐는 적폐를 알아보기에.

결국 친목, 현금, 권력욕 등 모든 적폐스러움이 한데 엉켜 단 한 점, 이재명에게로 집중하고 있다. 정치 성향조차 문제 되지 않는다. '범찢련'의 등장이다. 원칙과 상식, 공정과 도덕성이 아닌 다른 것을 우선한다는 점에서 '범찢련'의 모든 계파는 동일하다.

지금까진 수구 대 개혁 구도였으나 이젠 그런 정치 성향보다는 좌우 불문하고 똬리를 틀고 있는 모든 '구시대의 유물'이 더 문제다. 이 유물들을 완전히 치우고 청산하지 못하면 '범찢련'은 붕괴되지 않을 것이다. 그리고 그 붕괴 없이는 '시민이 주인인 나라'는 오지 않는다.

덧말_'범찢련' 모든 계파는 나의 적이다. 특히 아군인 척하는 것들

- 2019. 6. 24.

우리는
역사를
살고 있다

북으로 간 트럼프, 남으로 온 김정은,

사상 처음으로 함께한 남북미 정상.

문재인 대통령 취임 이래 세워지고 있는 역사적 기념비들.

하나하나 쌓이고 쌓여 마침내 한반도 영구 평화로 우뚝 서는 불멸의 탑이 되길.

우리는 역사를 살고 있다.

손학규, '회담에서 대통령 역할 없었다.'

이인제, '판문점 쇼, 대한민국 대통령의 자리는 없다.'

황교안, '문 대통령, 북미 회담 참석 못 한 것 아쉬워.'

이들은 영화에 감독이 등장 안 하면 감독의 역할, 자리도 없다고 생각하고 출연 못(!) 해서 아쉽다고 하는 듯하다.

이해찬, '여야 5당에 방북단 구성 제안, 남북 국회 회담하자.'

역시 좋은 일엔 숟가락질.

남북문제는 극히 민감해 하나의 호흡을 길게 쉬며 가야 하는 것. 여야 의원들이 몰려가 중구난방 떠들면 될 일도 안 된다. 그리고 당신들이 회담할

게 뭐 있는데? 이해찬은 사진 찍는 거밖에 더 있나? 판문점 선언 비준 전까지 남북문제 관련해서 당신은 아무것도 하지 마라.

– 2019. 6. 29.

무늬뿐인 민주당 권리당원의 '권리'

권리당원 56만 명과 중앙위 648명, 대략 1,000대 1의 비율.

이걸 5:5로 반영하면서, '권리당원의 투표를 통한 결정', '상향식 민주주의', 이리고 있다.

산술적으로 권당 55만 명이 반대해도 중앙위원 고작 648명이 찬성하면 통과되는 구조. 이게 상향식인가? 이번 중앙위 투표율 56%에 찬성률 90%라고 해봐야 숫자는 320여 명에 불과하다. 이건 권당 20% 투표 시 90% 이상의 반대, 즉 최소한 10만 명 이상은 되어야 뒤집을 수 있다. 투표율이 똑같이 56%면 90% 이상의 반대는 대략 28만 명이 되어야 한다. 이게 합리적이라고 생각되는가?

권리당원은 문파가 다수라 해도 이런저런 부류가 있어 통일된 의견은 힘들지만,* 중앙위는 정치인과 준정치인으로 이루어진 사실상 하나의 조직이라 통일된 의견이 상대적으로 쉽게 이루어진다. 따라서 등가 비중을 두면 애초에 권당이 중앙위를 이기려야 이길 수가 없다.

---

* 이번 공천 룰 투표 찬성률 85%는 고작 투표율 29% 위에서 이루어진, '후다닥 투표'와 홍보 부족, 하나 마나 한 투표라 문파들이 대거 보이콧한 결과일 뿐이다.

(게다가 이번 공천 룰은 중앙위 멤버들 자신도 혜택을 볼 수 있는 게 아닌가.)

결국, 결정권은 중앙위가 가지면서 권리당원은 구색 맞추기용으로나 쓰이는 것이다. 당비 낸 값으로 투표는 하게 해주는데 결정권은 줄 수 없다는 게 지금 민주당의 '당내 민주주의'(?)다. 그러면서 엄청난 민주주의라도 하는 양 생색은 크게 내고 있다.

이 문제는 총선 공천 룰에 국한되지 않는다. 중앙위를 '찢류'가 장악하면 당원들 의사와 관계없이 다음 대선 후보가 결정될 수도 있다. 내 손으로 후보를 뽑고 싶어서 권당이 된 사람 모두를 물 먹이고 있는 것이다.

문프가 원했던, 추구했던 당은 이런 게 아니었다.

– 2019. 6. 30.

물산 장려 운동과 일제 불매 운동

"물산 장려란 무엇인가 (중략)
우리의 생산 기관을 발달시켜 산업을 진흥시키며 생활의 경제적 독립을 목표로 하는 것이라고 한다.
(중략) 그러나 '누구를 위해' (중략) 표방하는지 계급적 경계선을 분명히 할 필요가 있는 것이다. 그런데 물산 장려 운동의 사상적 배경에는 민족적 혹은 애국적

감정을 고취·고조시키는 일종의 정치적 색채가 묻어난다. (중략) 조선의 소수 자본가 중산 계급의 수중에 일체의 경제적·정치적 권리를 집중시켜 그 지배권을 장악하자는 것이다. (후략)"

– 이성태, 「일제 강점기 사회주의 이데올로그」, 동아일보, 1923. 3. 20.

"(전략) 물론 무산 계급의 해방을 절규하는 것은 우리도 대찬성이다. 될 수만 있으면 마르크스주의의 혁명이 그 단계를 뛰어넘어서라도 속히 실현되기를 갈망하는 바이다. 그러나 우리는 마르크스주의의 소위 필연성은 인정할 수 없다. 현재 우리의 경제 단계를 고려해야 하지 않는가. (중략)
조선인 전체의 경제력 증진에 유효한 이 운동이 어찌 일부 유산 계급에만 이익이 되고 무산 계급에는 아무 이익이 없다고 하는가. (중략) 조선인의 부력(富力)이 집중되면 소위 혁명 단계의 대세를 촉진하는 데 유력한 요인이 되지 않을까?
(중략) 또 물산 장려 운동의 결과가 자본주의를 향한 일 보 진전이라고 한다면 이 또한 필연적인 경로 … (중략) 사회 진화의 당연한 경로라 할 것이다. 요컨대 우리가 주장하는 이상은 조선인의 경제적 실력을 기르는 것이며, 이 이상을 실현하기 위해서는 조선인 자체의 생산 증진이 가장 급선무임을 확신한다. (후략)"

– 동아일보, 1923. 3. 31.

일제 강점기 때 있었던 물산 장려 운동을 둘러싼 논쟁이다. 국권 피탈 후 일본에 경제적 종속이 심화되고 민족 산업이 붕괴 위기에 이르자 민족 산업을 육성하여 자립 경제를 이루자는 운동이 일어났다. 이를 두고 좌파 쪽에선 민족 부르주아(자본가 중산 계급)의 이익만 추구하는 것이라고 비판하였고, 우파 쪽에선 사회 진화를 위해서라도 조선인의 경제적 실력을 기르는 것이 선행되어야 한다고 맞섰다.
양측의 의견은 나름대로 모두 타당한 면이 있다. 다만 우파 입장의 경우,

식민지 체제 자체를 극복하려는 정치적 독립 투쟁이 병행되지 않을 경우 '조선인의 경제적 실력'은 결국 일제의 경제적 실력으로 귀결될 수밖에 없다는 점을 간과하고 있는 문제가 있다.

일제 강점기하의 물산 장려 운동도 어느 정도 타당한 면이 있었고 꽤 큰 민족 운동으로 발전했었다. 지금의 일제 불매 운동은 그 이상 타당하며, 따라서 더 큰 운동으로 발전해야 할 당위가 있다.

첫째, 지금은 일제의 식민지가 아니므로 '한국인의 경제적 실력'은 그대로 한국 것이 된다는 점.

둘째, '전 세계에서 벌어 일본에 바친다'라는 말이 있는 것처럼 심각한 대일 경제 종속을 벗어나야 한다는 점(이런 구조 자체를 다카키 마사오가 만듦). 조금씩이라도 하나하나.

셋째, 일제 불매 운동은 말 그대로 그 대상이 일본일 뿐 단순한 '국산품 물산 장려'가 아니라는 것. 즉, 미국산이든, 유럽산이든, 중국산이든 경제적으로 이익이 된다면 다른 나라 제품은 구매하는 것이기에 '경제적 쇄국'과는 거리가 멀다는 점. ('국뽕'이 아니다. 반도체 소재만 해도 해당 기업이 다른 나라 제품을 구매하거나 국내 중소기업에 의한 국산화로 가는 것이기에 일부 '자본가 계급'만 이득 보는 것도 아니다.)

넷째, 우리가 먼저 건 싸움이 아니라 일본이 걸어온 싸움, 도전에는 제대로 된 응전만이 답이라는 점. 저것들이 저러는 이유인 위안부 및 징용 문제와 한반도 문제는 타협의 대상이 아니라는 점이다. 또한, 아-태 지역 외교에서 한국에 밀리고 있는 자신들의 무능을 덮기 위한 술책, 그리고 경제적 분쟁으로 타격을 줘 친일 정부를 세우겠다는 의도에 우리가 손을 들 이유 또한 전혀 없다.

지금의 일제 불매 운동이 과거 물산 장려 운동의 한계를 넘어, 그 운동이 표방했던 '사회 진화의 경로', '한국인의 경제적 실력', '한국 전체의 부력(富力) 집중'으로 이어지길 바란다.

덧말_그래도 저 때의 우파는 민족을 생각하는 입장이었지만, 지금의 '자칭 보수 우파'들은 일본을 먼저 생각하고 떠받든다. 완벽한 퇴화다.

– 2019. 7. 7.

한일 분쟁에서 일본 편에 선 '토왜'들

1. 중앙일보, 전영기

일본제품 불매하면 그것을 원료로 하는 국산품 생산도 어려워져 한국 경제에 궤멸적(표현 한번 어마무시) 타격을 준다고 하는데, 국민의 불매 대상은 일제 소비재인데 이게 국산품 생산과 뭔 관계가 있는가? (예를 들어, 일본 맥주 안 사면 한국 맥주 못 만드나?) 오히려 국산품 소비를 촉진해 우리 경제에 도움이 되면 되었지…. 그리고 제품의 원료가 되는 건 일본이 우리에게 안 판다고 먼저 문제를 일으킨 것이다. 일본 편을 들기 위해 기본적인 사실 관계도 무시하는 건, '도요토미 아베요시'가 걱정돼 밤잠에 '궤멸적 타격'을 입고 비몽사몽 해서인가?

그리고 '호혜 평등, 상호주의'는 정치적 사안에 대한 보복을 경제로 끌어와 먼저 도발한 '아베요시'한테나 얘기하고 와라. '평등하게' 일본의 도발에 대응하고, 안 판다고 하니 '상호주의'에 따라 안 사는 거니까 우리한테는 시비 걸지 말고.

2. 중앙일보, 서울대 교수 송호근

여야가 추천한 책사(?)들로 전문가(?) 위원회를 구성하고 거기서 내놓는 대안을 대통령이 무조건 따르라고 하는데, 그 위원회에서 내놓을 대안은 무엇이라고 생각하나? 일본에 백기 들라는 거? 게다가 국민이 뽑지도 않은 전문가(?) 집단의 의견을, 국민이 권력을 위임한 대통령이 무조건 따르라는 건 반헌법적 발상이라고 생각하지 않나?

그리고 대통령더러 무조건 아베를 만나라는데, 만나서 뭘 할까? 결국, 아베가 하자는 대로 하라는 것인가? 위안부 졸속 합의도 이행하고, 징용 문제도 덮어주고, 남북문제도 일본의 허락 받고, 주권 침해성 요구라 해도 들어주고, 그걸 원하나? 아예 외교권도 주라고 해라.

(문 대통령은 이미 일본과 대화할 뜻이 있다고 밝혔고, 일본에도 역사 문제 해결안을 제시했다. 거기에 먼저 답을 내놔야 하는 건 일본이다.)

당신은 장충기가 뭘 시키면 그대로 따라 할는지 모르겠지만, 한국도 일본에 그러기를 바라겠지만, 국가 간에는 그런 게 있을 수 없다. 게다가 여전히 전범 국가인 일본에 대해서는.

3. 의병이 나라를 구했냐고 말하는 SBS, 원일희

물론 의병이 나라를 구하진 못했다(레지스탕스가 프랑스를 구한 것도 아니듯). 그러나 그것은 이후 계속된 독립 투쟁의 뿌리였고 정신이었다. 의병 항쟁 없는 피

침략기, 독립 투쟁 없는 식민지 시기, 그건 사람에게 영혼이 없는 것과 같다.

4. 그 외에도 중앙일보 이철희, 카이스트 교수 이병태 등 일본을 편들고 한국 정부를 비난하는 자들이 많다. 조선일보와 중앙일보는 일본 신문인가 착각할 정도이며, 자한당은 자민당 한국지부 역할을 하고 있다. 이런 토왜들 때문에 김구 선생도 '길을 가다 진왜(眞倭)와 토왜(土倭)를 만나면 토왜부터 때려잡아라'라고 했을 것이다.

- 2019. 7. 17.

이재명류와는 '불구대천'

이재명 사법 처리 촉구하는 내 릴레이 포스팅에, 이 지역에서 알고 지내던 분이 댓글을 남겼다. '이재명'은 진보의 중요한 정치적 자산인데 무얼 위해 총질하냐고. 여기서 나에 대한 안 좋은 여론만 생긴다고.

이재명을 비판해서 안 좋은 여론이 생긴다면 얼마든지 환영이다. 그런 자 때문에 생기는 '안 좋은 여론'은 나에겐 훈장이다. 그자 문제에 침묵해 '좋은 (?) 여론'이 생긴다면, 친목만 두터워진다면, 그건 오히려 나에게 치욕이다.

뭐, 그런 느낌 비슷한 건 이미 가지고 있었다. 예전부터 여기서(미국 시애틀) 문통령 지지 모임을 해오고 있는데, 하나둘 빠져나가거나 연락을 끊거나 하는 사람들(지역 모임뿐만 아니라 전체 페친 차원에서도 그렇고), 알고 보니 대부분 이재명 지지자거나 그 알량한 진영론자들.

그래 당신들도 진보다. 아니, 난 진보 안 할 테니 당신들은 잘난 진보 맘껏 하시라. 수꼴들이나 까면서 깨인 척 많이 하시라. 그 '소중한 자산'(?) 어화둥둥 끌어안고 행복하게 사시라.

혜경궁 트윗을 보고도 아무런 문제의식을 못 갖는다면, 확인된 범죄나 비리만 해도 백화점 차릴 자를 여전히 '우리 편'이라 생각한다면, 난 결코 당신들과 같이 가지 않는다. 여기에서 아예 매장이 된다 해도.

나는 이재명 및 그 지지자들과는 같은 하늘 아래 사는 것도 싫은 사람이다.

덧말_당신들에게 묻는다. 당신들은 노무현 대통령은 왜 추모했고 '사람 사는 세상 모임' 활동은 왜 했는가?

- 2019. 8. 6.

멀지 않은 시기에 우리는 일본을 넘어서게 될 것

자유 무역 규정을 위반한 일본의 수출 규제 조치에 대한 저들의 방어 논리는 안보상의 우려 때문이라는 것이다(이건 GATT 조항에서도 용인). 그래서 한국 측의 전략 물자 관리에 시비를 걸고 있는 것인데, 정작 일본은 한국 측이 요구한 정확한 증거를 제시하지 못하고 있으며, 국제기구를 통해 양국의 전략 물자 관리를 검증받자는 제안도 받아들이지 않고 있다.[*]

따라서 앞으로 예상되는 WTO 소송에서 일본의 방어 무기는 그다지 날카롭지 않다. 지금 일본이 수출 규제 품목에서 한 개를 다시 푸는 등 꼬리를 약간 내리고 있는 건 그 무딘 '안보상의 우려'를 보완하여 소송을 대비한 것일 가능성이 있다. 물론 지금처럼 정부가 차분하고 과단성 있게 대응한다면 승리는 우리 것이다.

일본의 도발은 어쩌면 오래전부터 예정된 것이었을 것이다. 자신들이 '잃어버린 20년'에 빠져 있는 동안 맹추격해온 한국에 결국 추월당할 수도 있다는 공포감, 여기에다 문재인 정부가 들어서면서 동북아 외교의 주도권도 뺏기고 '신남방 정책'에도 밀리면서 점점 고립되어가는 일본의 초조함이 만들어낸 '자해 공갈'이다.

우리는 멀지 않은 시기에 일본의 몰락과 한국의 대일(對日) 우위를 볼 수 있을 것이다. 단, 문재인 정부를 계승하는 정부가(당연히 찢류는 아니다) 한동안은 이어져야 한다. 그리고 우리는 계속 일본 거 안 사고 안 쓰고 안 가면 된다.

– 2019. 8. 8.

---

* 이천기 대외경제정책연구원 부연구위원, '대한민국 정책 브리핑' 발언 참조.

'No abe'가 아니라 어디까지나 'No japan'이다

후원금이나 구걸하는 몇몇 단체와 천지 분간 못 하는 김홍걸 등 민주당의 몇몇이 '노 재팬'이 아니라 '노 아베'를 하잔다. 일본의 양심적인 시민들과 연대해야 한다면서 말이다.

국민의 집단 지성이 작동해 스스로 판단하고 실천하는 '노 재팬 운동'에 웬 꼰대질인지 모르겠다. '노 아베'를 한다면, 아베만 물러나면 끝내자는 말인가? 아베 후임으로 고노가 등장하면 그땐 뭐 하려고? 그럼 그땐 또 '노 고노' 할 것인가?*

일본이란 나라는 총리 하나 바뀐다고 달라지는 나라가 아니다. 아베는 군국주의 부활론자들의 '현 대변인'일 뿐 그 자체가 아니다.

그리고 일제 불매 운동을 '노 아베'라는 협소한 테제로 어떻게 담아낼 것인가? 불매 운동의 대상인 일본의 일반 기업들은 아베와 무슨 상관이라도 있어서 불매의 대상이 됐나? 일본의 평범한 사람들이 사는, 양심적인 시민들이 살지도 모를 관광지는 아베와 무슨 관련이 있어서 보이콧의 대상지가 됐나? 오로지 'japan 기업'이기에, 'japan 땅'이기에 그 대상이 된 것이다. 일본의 시민 몇몇과 연대 이전에, 지금의 일본 꼬라지에 대한 일본인 전체의 '연대 책임'을 묻는 것이 먼저다.

게다가 '노 아베'는 그저 정치 논리에 국한되는 한계가 있다. '노 재팬'은 정치 논리가 아니다. 우리 안에 스며든 왜색을 제거해 나라 자체를 건강하고 새롭게 하는 부활의 논리요, 일본이란 나라도 제대로 다시 태어

---

* '노 아베'가 '노 일본 정부'를 의미한다고 해도 한계는 분명하다. 일본 총리가 바뀌면 지속적인 대응이 힘들어진다. 처음부터 행동반경을 좁힌 것이기에.

나야 한다는 갱생의 논리다. (아무리 봐도 '자력갱생'을 못 할 듯하니 우리가 도와주는 셈.)

지금 우리는 일본의 모든 것을 거부하고 넘어서야 할 때이다. 일본의 극소수 양심적인 시민들과의 연대는 그들의 '노 아베'에 호응해주는 정도로 하고, 우리는 '노 재팬'으로 끝까지 가야 한다.

덧말 1_일본의 양심적인 시민들은 예전부터 있었다. 그들의 존재는 없는 것보단 물론 낫지만, 그러나 그들이 일본을 실질적으로 변화시킨 적은 단 한 번도 없었다. 그들의 활동은 우리의 민주 항쟁이나 촛불 시위와는 다르다. '연대'에 연연하지 마라.

덧말 2_어느 트위터리안이 일본 애들은 좁쌀스러우니 영문 표기를 대문자 아닌 소문자로 해야 한다고 해서 나도 그렇게 했다.

덧말 3_전우용은 무슨 해결책을 내놓는답시고 "No Abe's Japan"으로 하잔다. 어이가 없다. 이게 '노 아베'랑 뭐가 다른가?

- 2019. 8. 11.

추가 덧말_좌우 적폐 찌라시들이 '노 아베'로 대동단결한다. 진짜 투명할 지경으로 '초록 동색'의 본질이 드러난다. 다시 강조한다. 우리의 '노 재팬'에 의해 일본이 실제적인 손실을 보아야 일본 정치 체제에 조금이나마 균열이 간다. 일본인들이 생각을 다시 하게 될 테니. 그래야 현재 일부 일본인의 '노 아베' 요구도 이루어질, 다시 아베 같은 자가 등장하지 않을 가능성도 커진다.

임정의 역사를
무시하는
나경원

중경 임시 정부 청사를 방문한 나경원이 방명록에 '대일민국'이라 쓴 것처럼 보이는 글이 논란이 되고 있다. 근데 이건 해프닝으로 친다 해도 정작 심각한 건 나경원이 쓴 다음 문장이다.

"74년 전 오늘, 사실 대한민국이라는 나라 이름조차도 아직 정해지지 않은 시점이었다."

'건국절' 운운하는 것들보다 한술 더 뜬다. 아예 임정을 투명 인간, 아니 '투명 기관' 취급하는 지경이다. 이런 주제에 중경 임시 정부 청사는 왜 기어갔는지 모르겠다. 그 임정은 어디까지나 '대한민국 임시 정부'인데 말이다. 혹시 거기가 조선 총독부 임시 청사인 줄 알았던 거 아닐까?

나경원은 임정의 위상에 대한 자기 생각을 분명히 밝혀라. 임정을 희롱하기 위해 간 것이 아니라면 말이다.

– 2019. 8. 16.

조국 후보자에게
이빨 드러내는
이재명 지지자들

왜 문파들이 이재명을 그토록 비토했는지 가면 갈수록 드러나고 있다. 그 지지자들 하는 꼬라지를 봐라. 자신들 주군 앞길에 방해될까 봐 전해철, 김진표, 김경수 등을 비난하더니 그게 이낙연 총리로 이어지고 급기야 조국 후보자까지 물어뜯는 지경이다.

이 무리는 아예 우리와 결이 다르다는 거 모르겠나? '극렬 찢빠'들이 문제지 이재명은 아니라고? 놀고 계세요. 문준용 씨에게 무슨 특혜가 있었던 듯 제일 크게 제일 먼저 연기 피우고 문프에게 '엘시티' 묻히려던 게 이재명이다. '찢이' 곧 '찢빠'요, '찢빠'가 곧 '찢'이다.

민주당에 따리만 틀고 있으면 그게 무슨 면죄부인가? 이재명을 진작에 쳐 냈으면 지금 우린 자한당과 주중동만 상대하면 되었을 것이다. 저자가 아직 멀쩡하니 조국 후보자를 지키는 일에도 이재명 지지자들까지 상대해야 한다. 자한당만 까면 이게 해결되는 문제인가? 이재명이 버티게 해주는 민주당 '찢뭉'들 놔두고 풀 수 있는 문제인가?

선택해라. 조국이냐 이재명이냐? 조국을 선택했다면, 이재명과 '찢뭉'들 쳐내는 일에 동참해라.

– 2019. 8. 19.

제2의
논두렁 사태

이거야말로 제2의 논두렁 사태. 여당이란 자들은 하나둘씩 '선 긋기'나 하면서 조국 비토에 은근슬쩍 몸을 싣고, 진보라는 것들은 깨끗한 척 혼자 다 하면서 결국 수꼴들과 몸을 섞는다.

한겨레와 경향은 바로 그때 그 광란처럼, 자한당 주장을 기정사실화해 만평을 낙서질한다. 이제 이대근, 김종구, 유인화 같은 자들이 또 '기념비적'(?) 칼럼으로 받쳐줄 것이다. 이미 기사로는 그러고 있지만 말이다.

민주당, 입진보, 좌 적폐 찌라시들이 저렇게 같이 미친 춤을 추니 자한당과 수구들이 언제나 저 짓거리를 하는 게 아닌가. 그렇게 해서 세상이 한 뼘이라도 나아졌는가? 도대체 언제까지 이 미친 짓거리를 봐야 하는가.

안경환을 못 지키고, 김의겸을 못 지킨 게 결국 지금까지 이어진 것이다. 조국을 지키는 게 조국(祖國)을 지키는 일이라는 건 단순한 동음이의어 이용 과장이 아니다. 저 광란의 질주에 비로소 제대로 제동을 걸고 그 고리를 끊어내는 일이기 때문이다.

또한, 조국처럼 별문제도 없는 사람조차(조국 및 그 가족과 관련해 불법, 편법, 비리가 있었다면 팩트 제시해라. 그래도 배 아프다는 식의 헛소리 말고) 못 지키면 문 통령이 어디 사람 하나 제대로 쓰시겠는가? 레임덕이 다른 게 아니다. 원하시는 사람조차 못 쓰게 되면 그게 레임덕이다.

조국을 물어뜯고 비수를 들이대는 것들이 여야 불문, 좌우 불문 그 레임덕을 원한다는 건 똑같다. 그리고 그것들 모두가 적폐 청산의 대상인 것도 똑같다.

- 2019. 8. 22.

이제
조국 한 사람의
문제가 아니다

이제야 말한다.

난 원래 조국을 그다지 좋아하지 않았다. 그가 은수미 후원회장도 하고, 과거에 심상정을 가리켜 '저평가된 우량주'라고 치켜주는 등 그가 좌 적폐들과 상당히 가깝다고 여겼기 때문이다. 그가 민정 수석이 될 때도 그저 문프가 쓰시니까 그러나보다 했다. 그때만 해도 조국을 믿진 못했지만 문프는 믿으니까.

그런데 그의 확고한 반일 민족주의 신념을 보며 새롭게 보기 시작했고, 작금에 벌어지고 있는 그에 대한 광란의 마녀사냥을 보며 확신하게 됐다. 그는 검찰 개혁, 사법 개혁의 적임자다. 이게 아니면 지금의 광란은 설명이 안 된다. 문프가 가장 애를 쓰고 '문심초사' 하시는 분야가, 외적으로는 남북 평화라면 내적으로는 공수처 설치 등 검찰—사법 개혁이다, 지금 조국을 법무부 장관으로 쓰시겠다는 것은 문프 역시 그를 적임자로 여기기 때문이다. 집권 중반에 접어든 지금이야말로 적기이고, 이 시기에 선택했다는 것은 그만큼 그의 능력과 소신을 신뢰하고 있다는 증거이다.

이제 조국 한 사람의 문제가 아니다. 조국을 신뢰하는 문통령이 같이 얽혀 있으며, 남은 임기 동안 문 정부의 개혁과 적폐 청산의 거의 전부가 걸려 있는 문제가 됐다. 이 싸움에서 진다면 앞으로의 길은 더욱더 험난할 것이다. 아예 동력을 상실할 수도 있다. 그렇게 된다면 다른 그 누군가가 와도 조국을 대신할 수 없다. 시대의 소명을 감당할 수 없다. 그런 환상이 있다면 버려라.

하여 우리는 결단코 조국은 지켜야 한다. 조국이 우리고, 우리가 조국이이야 한다. 반드시 이겨야 한다.

덧말_조국 후보자는 힘내고 버티시라. 그리고 이 과정에서 강철같이 단련 되시라. 수구들은 물론 좌 적폐들의 민낯도 똑똑히 보면서.

- 2019. 8. 23.

추가 덧말_상황이 길어지니 지레 지쳐 조국 대안론을 떠드는 사람들이 있는 모양인데, 조국에게 진짜 문제가 있거나 처음부터 다른 사람이 지명되었으면 모를까, 지금 이렇게 적폐들의 무분별한 공세로 만에 하나 조국이 낙마하면 다른 사람이 제대로 검찰 개혁, 사법 개혁 할 수 있을 거라고 생각하나? 전쟁에서 이미 져놓고 어떻게? 결국, 수꼴과 좌 적폐, 검찰의 윤허(?)를 받은 장관이 나오게 되는 셈인데 잘도 개혁하겠다.

오히려 '인사 실패' 어쩌고 하는 소리와 함께 문 대통령에게로 공격이 집중될 것이다. 레임덕을 조장할 것이고. 순망치한이다. 조국을 잃으면 대통령 지키는 것도 힘들어진다.

조국 비난에 가담하는 민주당의 '반란 부역자들'

조응천, 금태섭, 박용진, 김해영, 이 자들은 반드시 쳐내야 한다. 일단 경선에서, 그게 안 되면 본선에서라도.

어차피 또 의원 돼봤자 도움 하나도 안 되고, 오히려 내부 총질로 해악만 끼칠 자들이다. 그건 자한당의 해악보다 크다. 예를 들어 청문회에 민주당과 자한당 각 4인씩 들어온다 치자. 자한당이야 원래 똑같은 부류 네 명이 들어오지만, 민주당 4인 중에 금태섭 같은 자가 끼면 이건 결국 3:5가 된다. 상임위 표결 때도 마찬가지이다. 게다가 공수처 법안을 표결해도 찬성할 자들이 아니지 않은가.

잘못하면 비판하지만, '무조건 민주당'이라고 하는 사람들도 있다. 그러나 말로만 하는 비판은 저 자들에겐 무용지물이다. '그렇게 욕해도 결국 우리 찍을 거잖아', 이런 마인드가 있는 한 저 부류는 절대로 변하지 않는다. '잘못하면 비판'은 말뿐이 아니라 '표'로 나타나야 그 실체를 획득한다.

덧말 1_저 4인이 포함된, 국회 과반이 되는 민주당 의석수 153석보다 저자들 없고 과반이 채 안 되는 149석이 차라리 나을 수 있다. 내용상 실제 의석수는 149석으로 동일하지만 자한당 의석수는 추가되지 않기 때문이다. 저들이 있다면 사실상 자한당 의석수가 추가되는 셈이다.

덧말 2_사쿠라는 사쿠라일 뿐이다.

– 2019. 9. 7.

기해검란,
또는
기해 쿠데타

압색이라는 '총'과 기소라는 '장갑차'를 앞세운 검찰의 '기해 쿠데타', 여기에 야당과 언론의 가세. 견제받지도, 선출되지도 않는, 기소 독점주의로 무장한 무소불위의 권력을 가진 검찰, 그런 검찰의 '조국 죽이기'는 '옛 검'의 민낯을 그대로 드러낸다. 지금의 권력을 영원히 누리겠다는 것, 대통령은 '5년짜리'이지만 자신들의 조직은 '천년 왕국'임을 인증하고 고수하고 싶은 것이다.

검찰은 지금 절대 권력은 절대 부패한다는 것을 명백히 보여준다. 내부 자정 작용도 불가능한 지경에 와 있다. 자신들의 조직만 있을 뿐 국민도, 소명 의식도 안중에 없다. 조직에 빠져, 그 조직이 왜 존재하는지도 망각해 버렸다. 지금의 광란은 오로지 자신들의 권력과 이익을 위해, 자신들에게 칼을 들이댈 '국민의 대리인'에게 미친개처럼 이빨을 드러내고 짖는 것에 다름 아니다.[*]

조국 동생과 그 전처, 딸, 이젠 부인을 건드리는 것은 그 광란을 포장하고 '견제받지 않는 권력 유지'라는 본질에 외피를 두르기 위한 것이다. 조국 가족에게 '박탈감'을 느낀다는 일부 국민과 다른 국민의 싸움으로 호도하기 위한 것이다. 언론이 그 나팔을 불고 있으며, 전문가요 지식인 흉내를 내는 자들 가운데 일부가 이 술책에 빠져 허우적대고 있다. 알면서 그러는 자들도 있지만.

---

[*] 검찰의 조국 공격은 자신들을 개혁하려는 사람을 제거하거나 '식물 장관'으로 만들겠다는 의도이다. 없는 죄도 만드는 게 검찰이다. 뭐 하나 작은 거 부풀려 '혐의' 어쩌고 하면 적폐 언론들은 그걸 또 받아서 확대하고, 그 혐의(?)를 기정사실화할 것이다. 노무현 대통령에게 했듯이.

이 쿠데타 진압 여부가 문재인 정부 5년의 중대 분수령이 됐다. 검찰을 비롯해 야당, 언론 등 모든 기득권이 완전한 하나의 반란군 카르텔로 집결해 '한강 다리' 저쪽에서 포화를 퍼붓고 있다. 이걸 진압하지 못한다면, 끝내 '한강 다리'를 넘게 한다면 문재인 정부는 '수녀원 피신'이라도 할 수밖에 없을지도 모른다. 적폐 청산과 재조산하는 모두 공염불이 되다.

기득권 카르텔의 전위 부대 검찰부터 확실하게 '척살'해야 한다. 공수처 설치 등의 제도 정비와 대규모의 인적 청산만이 답이다. 그리고 '반란 수괴'는 이제 국민이 끌어내려야 한다. 국민에게 견제받지 않는 권력은 그 존재 자체가 폭력이다.

– 2019. 9. 7.

조국 장관 가족들에게 빚진 우리

조국 장관 부인이 남편에게, 따님이 아버지에게 했다는 말이 가슴을 친다. 자신들은 괜찮으니 끝까지 가시라고 했다는 말.

단군 이래 최대 규모의 검찰이 동원된, 누구 하나 죽어 나가길 바라는 살인 수사에 심신은 물론 영혼마저 피폐해질 법한데 그들은 결코 무너지지 않는다. 속에선 피눈물이 강물 돼 흘러도 의연함을 잃지 않는다.

사실 저 누 사람 중 한 사람이라도 무너졌다면, 조국 장관도 버티지 못했을 것이다. 가족이 통곡하며 만류했다면, 그걸 끝내 뿌리치긴 힘들었으리라. 대한민국의 모든 적폐가 똘똘 뭉쳐 두 여인을 집중적으로 난타하고 있는 이 기막힌 현실, 반역의 세월, 우리는 아직 그런 시대를 살고 있다.

우리는 결코 잊지 않아야 할 것이다. 그리고 역사의 소명을 남편과 아버지와 함께 나누고 있는 두 여인을 지켜야 할 것이다. 다른 걸 떠나 '인간에 대한 예의'이다. 역사의 수레바퀴를 한번 굴리기 위해 모든 사람이 감내해야 할 '고통의 평균'이 저들에게 집중돼 우리가 감당해야 할 몫은 그만큼 줄었기 때문이기도 하다.

검찰 개혁이 마침내 이루어진다면 그것은 조국 장관은 물론 그 가족 모두의 고통 위에 세워진 탑일 터, 역사에서 개개인이 얼마나 위대할 수 있는지를 보여주는 또 하나의 기념탑으로 남을 것이다.

- 2019. 9. 14.

전쟁 끝나기 전의 '논공행상질', 그 헛발질

'조국 대전' 최강의 전사(戰士)는 누가 뭐래도 조국 장관 본인, 그리고 함께 버텨준 가족들이다. 그다음에 문파가 있다. 기레기들 소설과 검찰의 유포 내용을 팩트 체크해 무력화하고 포털 실검을 장악해 지지층이 굳건히 버티고 있음을 증명해주었다. 유명인 가운데는 공지영 작가의 절절한 메시지가 단연 돋보였다.

문파들을 '작세'요, 삼성 알바로나 몰던 김어준이 모처럼 제대로 선택을 했다고 해서 그를 재평가할 필요를 느끼지 않는다. 문파는 문재인 정부의 성공만을 위한 길을 간다면 그는 자신의 스피커 권력질의 길을 간다. 그렇게 서로 갈 길 가다가 우연히 마주친 것뿐이다. 게다가, 정작 포탄이 한창 쏟아질 땐 침묵하다가 '1945년 8월 14일 밤 11시 55분'부터 '독립운동'한 자를 '3·1운동' 때부터 싸웠던 사람들보다 위에 놓을 수는 없는 법이다.

이번 일을 통해 '신분 세탁'을 하면서 여전히 개혁 진영의 여론 메이커를 하고자 한다면 그건 더욱 경계해야 할 일이다. 언제든 우리를 다시 '작세'로 몰 수 있는 작자이니까.

유시민은 여전히 싸움이 한창인데 벌써 '논공행상'질이다. 김어준이 장판교 위의 장비라고 한 대목에선 이 사람이 전생에 장비를 죽인 범강, 장달이 아니었나 싶을 정도다. 일부러 장비를 욕먹이려고 하지 않고서야…. 그런 거 할 시간에 검찰이나 비판했으면 좋겠다.

싸움은 끝나지 않았다. 우리는 아직 절박하다. 검찰 개혁이 이뤄질 때까지 쓸데없는 소리는 듣고 싶지 않다.

— 2019. 9. 15.

덧말_그러던 김어준은 '윤석열의 충정' 운운하며 결국 꼬리를 내린다. 검찰 반란의 본질을 비켜 간다. 처음에는 검찰이 저렇게까지 나올 줄 몰랐을 것이다. 그저 야당과 언론의 반대만 보면서 조국을 옹호했다가, 광기 어린 검찰의 모습을 보고 검찰에는 이중적 태도를 보인다. 검찰과 윤석열을 분리하고, 검찰에는 비판적인 입장을 유지하나 윤석열은 띄워주는 기회주의 포지션을 취하고 있는 것이다. 그 역시 언제든 검찰에 의해 기소될 수 있는 문제가 있어서 그런 건지 모르겠다, 손석희처럼.

개혁 대상임을
스스로
인증하는 검찰

검찰의 행태가 가관이다. 갈수록 '썩엿(썩은 엿)'이다.

'성명불상자와 공모' 운운할 정도로 공모자를 특정하지도 못하고 구체적인 기소 혐의도 없는 엉성한 기소장, 2014년 표창장으로 2012년 표창장을 위조한 셈이 되는 타임머신의 존재 실증 행태, 법무부 간부들까지 '공무집행 방해죄'로 수사하겠다는 그야말로 위계질서도 없는 안하무인, 펀드 사기 피해자를 피의자로 둔갑시키는 '지록위마'질.

지금 대한민국 검찰의 모습이다. 자신들은 뭔 짓을 해도 괜찮지만, 견제는 전혀 받지 않겠다는 오만과 특권 의식의 결정체. 왜 검찰 개혁이 필요한지를 저들 스스로 인증하고 있다.

검찰의 이 반란은 적폐 청산의 어려움을 단적으로 보여주기도 한다. 일개 조직 하나 개혁하는 것도 이렇게나 힘들다. 주류 기득권의 해체까지 우리가 가야 할 길은 너무 멀다.

윤석열을 자르면 되지 않을까 하는 사람들도 있을 것이다. 나도 그런 생각이 들 때가 있다. 그러나 그것은 알렉산더가 고르디우스의 매듭을 풀지 않고 칼로 끊어낸 것과 비슷하지 않을까 한다. 시원해 보이고, 쉽지만 궁극적인 해결책은 아니다.

검찰은 어디까지나 시스템으로 무너뜨려야 한다. 공안 및 특수부 조직 축소와 피의사실 유포 금지 등의 공보준칙 개정, 수사 권한 축소, 감찰, 공수처 설치 등. 그리고 시민들은 끈질기게 검찰의 행태를 비판하며 항의해야 한다. 팩트 체크를 통해 언론 플레이를 무력화시켜야 한다. 그런 과정을 통해 윤석열을 철저히 패장으로 만드는 것이 바람직하다. 그래서 그 자리에 버티고 있지 못하게. 지금 그냥 날리면 '적폐의 스타'가 될 수도 있다. 단박에 대선 주자 급이 될 수도 있을 것이다.

덧말 1_시민들이 검찰을 압박하고 불신임 의사를 표시한다는 점에서 윤석열 해임을 촉구하는 건 상관없다고 생각한다. 스스로 사퇴할 것을 외치는 건 오히려 더 필요하다.

덧말 2_민주당에선 공보 준칙 개정을 '조국 대전' 다음부터 적용하자고 하는 모양이다. 지금 '조국 대전'이 검찰 개혁의 분수령인데 한가하게 놀고들 있다. (이재명 실드도 그렇게 한가하게 했나?)

내년부터 금주, 금연, 다이어트, 뭐 이런 건가? 지금 극심한 고통을 겪고 있는 조국 장관 가족들은 계속 그렇게 놔둬도 된다는 것과 다름없는데, 이것저것 재지 말고 사람부터 살려라.

사람이 먼저다.

- 2019. 9. 18.

조국 옹호,
이재명 반대 :
조국 반대,
이재명 옹호

가히 하늘과 땅이 뒤바뀌어 있는 형국이다. 조국은 죽이려고 광란이요, 이재명은 살리려고 염병이다. 대한민국은 도대체 얼마나 뒤틀려 있는 것인가?

신영복 선생은 '인간의 부류는 강자에게 강하고 약자에게 약한 사람과 강자에 약하고 약자에 강한 사람 두 가지로 나뉜다고 하면서 그 중간은 없다'라고 하였다. 즉, 강자와 약자에 모두 강하거나 모두 약한 사람은 없다는 것이다.

지금 한국도 크게 두 부류로 나뉜다. 조국을 지지하고 이재명을 반대하는 사람과 조국을 반대하고 이재명은 옹호하는 부류. 이 경우엔 물론 중간은 있다. 둘을 모두 지지하거나 모두 반대하는 사람, 그러나 전선에서 핵심적인 존재는 아니다.

전선은 크게 조국 지지, 이재명 반대의 한쪽과 조국 반대, 이재명 옹호(침묵 포함)의 다른 한쪽으로 그어져 있다. 자한당과 좌우 불문 모든 찌라시를 보라. 한결같이 조국은 비토하면서 이재명은 띄워 주거나 너러운 침묵을 하고 있다. 검찰 역시 이재명을 기소하긴 했지만, 혜경궁 등 그냥 덮어준 게 한두 개가 아니다. 솔직히, 바로 날릴 수 있는 것은 모두 덮어줬다. 조국 가족처럼 털지도 않았고.

조국과 이재명을 모두 지지한다고? 전선 이쪽과 저쪽에 모두 발 걸치고 무슨 싸움을 하려는가. 조국을 지지하는 그 바탕이 원칙과 상식, 정의인데 이게 이재명에게 적용되는가? 둘을 모두 지지한다는 건 그 알량한 진영 놀음에 불과하다. (결사적으로 지켜야 할 하나를 고르라면 민주당 당권파는 과연 누구를 선택할까?)

)

　조국을 지키는 일에는 나서지 않으면서 이재명 살리겠다고 노구를 이끌고 나선 '진보 꼰대'들 역시 조중동 등과 함께 전선 저쪽에 있다. 저들이 과거 한때 긍정적인 역할을 한 건 인정한다. 그러나 그 역시 어디까지나 이데올로기 싸움에 한정될 뿐 저들의 문화와 권위 의식은 그다지 진보스럽지도 않았다. 게다가 지금은 아예 수구가 된 구좌파 이상은 아니다. 저들은 지금의 행태로 과거 자신들의 삶을 스스로 부정해버렸다.

- 2019. 9. 19.

이재명 구명한답시고 탄원질 하는 자들에게 묻는다

　솔직하게 얘기하자. 당신들은 법대로 하자는 거냐, 말자는 거냐.

　법대로 하자는 거면 댁들 생각으로 이재명이 무죄라는 것을 논증하면 되는 것이다. 그걸 토대로 사법부에 법대로 판결해달라고 촉구하는 선에서 그

쳐야 하는 것이고. 그 외에는 '소중한 자산'이니 뭐니 어쩌고저쩌고할 필요가 없다. (이순신까지 들먹인 이국종은 현충사 참배 좀 하고 와라.)

법대로는 하지 말자는 거면 문제는 더 심각하다. 이재명은 법 위에 있나? 치외법권 지대에 있어? 이재명의 범죄 혐의가 그나마 정상 참작이라도 해줄 국가 보안법이나 집시법 위반인가? 장 발장처럼 빵을 훔친 생계형 범죄인가? 직권 남용과 선거법 위반이다.

여러 범죄 중 선출직 공직자에게 특정하게 해당하는 가장 질 나쁜 범죄가 직권 남용과 선거법 위반이다. 말이 좋아 '직권 남용'이지 이건 법에 정해진 것 이상으로 권력을 휘둘렀다는 것이다. 독재자들이나 하는 짓이다. 선거법 위반은 그 권력을 갖기 위해 수단, 방법을 가리지 않았다는 것이고. 그런데 탄원질 하고 싶은가? 당신들, 한때 반독재 투쟁했던 사람들 맞나?

도정 공백? 그렇게 따지면 안희정을 위해선 왜 구명 운동 안 했고, 정작 억울한 김경수에 대해선 왜 침묵하고 있나? 누군 도정이고 누군 도장인가? 그리고 도정 공백이라는 것만 있나? 시정 공백, 군정 공백, 구정 공백이란 것도 있을 수 있다. 그러면 일단 지자체장이 된 모두에게는 면죄부가 발급되어야 하는가? 자한당 지자체장이 어떤 범죄를 저질러도 '공백' 운운해줄 것인가? 게다가 그들이 그 논리 갖다 쓰면 어쩌려고. 당신들 하는 짓이 부메랑으로 돌아올 수도 있다는 거 정녕 모르겠나?

당신들 하는 짓은 그저 이데올로기 판 '우리가 남이가'일 뿐이다. '목적 지상주의'가 양념으로 버무려진.

법대로 하자. 당신들 스스로 법 없어'야' 살 사람들이라고 자백하는 거 아니라면 말이다.

- 2019. 9. 20.

조국은 우리다, 그리고 우리가 조국이다*

조국은 우리다.
이것이 나의 슬로건이다.

조국은 우리다.
적폐의 눈앞에서
검찰의 미친 칼날 앞에서
좌우 언론의 이빨 앞에서
조국은 우리다.
이것이 나의 슬로건이다.

나는 이제 쓰리라.
사람들이 오가는 모든 길 위에
조국이 우리 대신 검찰 개혁의 하늘을 짊어졌다고
오르막길 위에도 내리막길 위에도 쓰리라.
사나운 파도의 뱃길 위에도 쓰고
바위로 험한 산길 위에도 쓰리라.
조국이 우리 대신 나서서 우리의 권력을 검찰로부터 찾아온다고.
밤길 위에도 쓰고 새벽길 위에도 쓰고
재조산하로 가는 모든 길 위에 쓰리라.
그래서 '조국은 우리다'라고.

---

* 김남주 시인의 「조국은 하나다」를 차용함.

바다에 가서도 쓰리라, 모래 위에.
파도가 와서 지워버리면 나는
산에 가서 쓰리라, 바위 위에.
세월이 와서 긁어 버리면 나는
수를 놓으리라, 가슴에 내 가슴에.
아무리 사나운 검찰의 폭력도
아무리 사나운 언론의 폭력도
지워 버릴 수 없게 긁어 버릴 수 없게
수를 놓으리라,
이제는 '우리가 조국이다'라고.

그리고 나는 내걸리라, 마침내
지상에 깃대를 세워 하늘에 내걸리라,
나의 슬로건 '조국은 우리다'를.
견제받지 않는 무소불위 권력으로 남고자 하는 검찰의 손가락 끝도
언제나 검찰의 입이 되어 설치는 언론의 독사 같은 입김도
감히 범접을 못 하는 하늘 높이에
최후의 깃발처럼 내걸리라,
민주를 사랑하고 주권재민을 꿈꾸는
이 땅의 모든 시민이 볼 수 있도록
시대의 슬로건 '우리가 조국이다'를!

– 2019. 9. 21.

21세기
네 번째 촛불이
타오른다

지금까지 촛불 집회는 크게 세 번 정도 있었다고 할 수 있다. 노무현 대통령 탄핵 반대, 광우병, 그리고 박그네 퇴진. 노통 탄핵 반대는 국민이 선출한 대통령을 국회가 탄핵하자 그 국회를 상대로 한 싸움이었다. 광우병과 박그네 퇴진은 정부를 상대로 한 싸움이었다. 이렇게 촛불은 한국의 입법부와 행정부를 상대로 크게 밝혀졌었다.

그런데 사실 최악의 집단은 따로 있었다. 지금까지 제대로 국민의 규탄을 받지 않고 다른 적폐들 뒤에 숨은 채 희희낙락하며 지내온 자들, 바로 검찰과 법원의 사법 권력이다. (정부 조직상 검찰은 행정부 소속이다. 사법부인 법원과는 다르다. 그러나 법을 독점적으로, 배타적으로 행사하는 집단이라는 점에서 둘을 사법 권력으로 묶는다.) 그리고 국회나 정부와 달리 선출되지 않는 권력이다.

검찰의 마구잡이 압수 수색과 소환 조사, 그걸 가능하게 한 법원의 '자판기' 영장, 그야말로 '사법 권력 천하 시대'를 구가하는 '환장의 복식조'다. 과거 독재 정권 때에는 그 개가 되어, 주인의 명령에 따라 사람을 물어대더니, 민주 정부에선 지들 스스로가 권력이 되어, 목줄 풀린 개가 되어 사람을 물어뜯는다. 오로지 '사법 권력'이라는 자신들의 '밥그릇'을 지키기 위해.

선출되지 않는 권력일수록 더욱더 견제 장치가 필요하다. 국민의 감시와 문민 통제가 필요하다. 그렇게 하라고 국민은 정부에 위임했고, 그래서 법무부가 필요한 것이고 그 적임자가 필요한 것이다. (법원 견제는 정부에서 할 수 없고 공수처만이 답이다.) 그런데 선출되지 않는 권력이 견제조차 받지 않겠다고 '검변(檢變)'을 하고 있다. 그 '검변'은 곧 법무부에 권력을 위임한 국민에 대한 '검변'이다.

따라서 주권자인 국민이 또 나설 수밖에 없다. 검찰을 개혁하라는 뜻을 직접 보여서 정부에 힘을 실어주는 수밖에 없다. 법과 원칙대로만 해야 하는, 하고 있는 정부보다 온갖 수단을 가리지 않는 검찰의 힘, 언론까지 가세한 적폐들의 힘이 강하다. 국민이 나서서 그 힘의 균형을 맞춰줘야 한다. '기울어진 운동장'을 평평하게 해야 한다.

21세기 네 번째 촛불이 타오른다. 아마 이것은 마지막 촛불이 될지도 모른다. 또 그래야 한다. 지금껏 독재 권력의 밑에 있거나 풀어져 있을 땐 '미친 개'인 사법 권력을 제대로 국민의 통제 아래 두는 일이다. 그럴 때만이 '주권재민'과 촛불이 완성된다.

검찰 개혁은 원하지만, 조국은 아니다, 아닐 수도 있다고 하는 자들, 너희들도 적폐. 가장 비열한 자들의 목록에 너희들의 이름이 제일 위에 올라가야 한다. 조국이 물러나면 '검변'은 성공하고 사법 권력의 농단질은 더 심해질 텐데 검찰 개혁이 가능할 거로 생각하나? 전투가 치열하니 '낙동강 전선' 포기하고 그럼 '부산'에서 싸울까?

저렇게 털었는데도 저 정도로 깨끗한 사람이 조국 외에 또 있을 거로 생각하나? 다른 누군가가 나왔을 때 검찰이 또 털면 그들은 검찰을 개혁할 수 있을 거로 보는가? 검찰이 털지 않는다면 검찰의 '윤허'를 받은 사람이란 의미인데, 그가 검찰을 통제할 수 있을 거로 여기는가? 검찰에 가장 크게 공격을 받는 사람만이 검찰 개혁의 적임자일 수밖에 없는 역설, 그것이 현실이다.

정면 돌파를 해야 할 때 그걸 피하자는 사람들은 정작 필요한 싸움은 하지 않겠다는 것에 불과하다. 그러면서 뭔가 생각 있는 척은 한다. 백척간두의 싸움에서 고상이나 떨고 있다. 그리고, 조국을 버리는 건 그동안 유린당하고 물어뜯긴 조국 가족들을 함께 버리는 것인데, 다른 걸 떠나서 당신들이 인간인가?

– 2019. 9. 26.